Eherecht und Familiengut

Schriften des Historischen Kollegs

Herausgegeben
von der
Stiftung Historisches Kolleg
Kolloquien
22

R. Oldenbourg Verlag München 1992

Eherecht und Familiengut in Antike und Mittelalter

Herausgegeben von
Dieter Simon

R. Oldenbourg Verlag München 1992

Die Stiftung Historisches Kolleg hat sich für den Bereich der historisch orientierten Wissenschaften die Förderung von Gelehrten, die sich durch herausragende Leistungen in Forschung und Lehre ausgewiesen haben, zur Aufgabe gesetzt. Sie vergibt zu diesem Zweck jährlich bis zu drei Forschungsstipendien und ein Förderstipendium sowie alle drei Jahre den „Preis des Historischen Kollegs". Die Forschungsstipendien, deren Verleihung zugleich eine Auszeichnung für die bisherigen Leistungen darstellt, sollen den berufenen Wissenschaftlern während eines Kollegjahres die Möglichkeit bieten, frei von anderen Verpflichtungen eine größere Arbeit abzuschließen. Professor Dr. Dr. h.c. Dieter Simon (Frankfurt/Main) war – zusammen mit Professor Dr. Jürgen Miethke (Heidelberg) – Stipendiat des Historischen Kollegs im Kollegjahr 1988/89. Den Obliegenheiten der Stipendiaten gemäß hat Dieter Simon aus seinem Arbeitsbereich ein Kolloquium zum Thema „Ein Fleisch, ein Gut? Aspekte des Familienvermögens in den Rechtskulturen der griechischen Polis, der Spätantike und des byzantinischen Mittelalters" vom 1. bis 4. Juli 1989 im Historischen Kolleg gehalten. Die Ergebnisse des Kolloquiums werden in diesem Band veröffentlicht.

Die Stiftung Historisches Kolleg wird vom Stiftungsfonds Deutsche Bank zur Förderung der Wissenschaft in Forschung und Lehre und vom Stifterverband für die Deutsche Wissenschaft getragen.

Die Deutsche Bibliothek – CIP-Einheitsaufnahme

Eherecht und Familiengut in Antike und Mittelalter / hrsg. von
Dieter Simon. – München : Oldenbourg, 1992
(Schriften des Historischen Kollegs : Kolloquien ; 22)
ISBN 3-486-55885-4
NE: Simon, Dieter [Hrsg.]; Historisches Kolleg ‹München›: Schriften
des Historischen Kollegs / Kolloquien

Gesamtherstellung: R. Oldenbourg Graphische Betriebe GmbH, München
ISBN 3-486-55885-4

Inhalt

Einleitung

Über die byzantinische Familie als Strukturelement und organisatorische Zelle des byzantinischen Staates sind wir nicht schlecht informiert. Nicht so gut steht es mit der Erforschung der rechtlichen Aspekte dieser Familie. Für das persönliche Eherecht gibt es immerhin die dicken Bücher von Zhishman und Pitsakis. Für das Ehegüterrecht muß man praktisch weiterhin auf die Skizze von Zachariä von Lingenthal in seiner Geschichte des Griechisch-Römischen Rechts zurückgreifen.

Das ist um so fataler, als auch die Erforschung des spätantiken/frühbyzantinischen Ehegüterrechts, welches Zachariä von Lingenthal gleichsam als geltendes Recht voraussetzte, aber nicht traktierte, inzwischen nur recht geringe Fortschritte gemacht hat. In dem für den Forschungsstand verbindlichen Handbuch von Max Kaser (Teil II. Die nachklassischen Entwicklungen, 2. Auflage 1975) greift man sehr schnell und an sehr vielen Stellen über die nachgewiesenen mageren Aufsätze auf die (fundamental unhistorischen) Auffassungen der Pandektistik des 19. Jahrhunderts durch. Anders als im Schuld- und Sachenrecht konnte sich Kaser in diesem Bereich nicht auf die Führung durch Ernst Levy stützen. Fatal ist diese Sachlage deshalb, weil Justinian und seine Nachfolger bis zum Ende der byzantinischen Legislation sich durchgehend als Interpreten, Korrektoren und Diskurspartner ihrer Vorgänger verstehen, so daß selbst Entwicklungen des 12. und späterer Jahrhunderte ohne Rückgriff auf das 4. und 5. Jahrhundert schwer in Gänze zu durchschauen sind.

Anderes kommt hinzu. Die byzantinischen Papyri erfreuen sich bei Rechtshistorikern keiner großen Beliebtheit. Noch weniger Aufmerksamkeit haben dort die spätbyzantinischen Klosterurkunden gefunden. Die Editionen der legislativen Texte lassen zu viele Wünsche offen; Chomatian, Apokaukos, Patriarchatsregister und Synodaljudikate liegen erst teilweise vor. In dieser Lage sind strikte Fragen Zufallswürfe ins Dunkle.

Der vorliegende Wurf zielte auf den Sachverhalt der Gütergemeinschaft. Eine christliche Ehe stand zwangsläufig unter der *mia sarx*-Lehre (Genesis 2.24; Epheser 5.31). Freilich: Was heißt eigentlich „christliche Ehe“? Selb hat gezeigt, wie wenig die „Einführung“ des Christentums eine Christianisierung bedeutete. Als aber dann schließlich wirklich „ein Fleisch“ galt, bedeutete dies auch „ein Gut“? Nach den legislativen Quellen offenbar nicht. Fögen, Burgmann und Schminck haben jedenfalls an verschiedenen Stellen ohne Erfolg nach Belegen für eine solche These gebohrt. Allerdings klaffen normative Texte und notarielle Praxis häufig weit auseinander. Aber auch Beaucamp, Kravari und Macrides haben keine verläßlichen Spuren eines gemeinschaftlichen, durch Ehe begründeten Eigentums mit (nur) gemeinschaftlicher Verfügungsbefugnis gefunden.

Immerhin gab es Vergemeinschaftungen, gemeinsamen Erwerb während der Ehe, gemeinsame Verwaltung des gemeinsamen Besitzes. Aber ist dies etwas genuin Christliches? Gibt es Ähnliches in Idee (Goria) und Praxis (Thür) nicht längst im griechisch-hellenistischen Raum? Insgesamt scheint es bei dem geblieben zu sein, was schon vorbyzantinische mediterrane Rechtskultur war: prinzipielle Gütertrennung der Ehegatten. Schwankend zwar, abgemildert gelegentlich und eingebunden in verschiedene Konzepte der Familienordnung. Im Prinzip aber klar: die Güter folgen der Sippe. Das bewährt sich natürlich dort, wo eine Sippe legal nicht begründet werden konnte (Troianos), aber auch dort, wo Sippe rechtlich eigentlich hätte subsidiär sein müssen (Papagianni).

Die vorliegenden Versuche ergeben weder ein geordnetes noch ein eindeutiges Bild von der Rechtslage im Bereich des byzantinischen Familiengüterrechts. Aber einen Einblick von dem Mißverhältnis zwischen unseren offenen Fragen und den vorliegenden Antworten geben sie schon.

Die folgenden Texte wurden vom 1. bis 4. Juli 1989 beim Kollegiaten-Symposion des Kollegiaten Simon im Historischen Kolleg in München vorgetragen und in der intimen und Besinnlichkeit fördernden Atmosphäre des Kollegs ausführlich diskutiert. Die Teilnehmer wußten, daß ihre Arbeiten alsbald gedruckt werden sollten. Deshalb brachten einige ihren Vortrag druckfertig mit, andere lieferten ihn zu dem gesetzten Termin ab, und vereinzelt mußten noch ein paar Monate zugegeben werden. Die umsichtige Einsammlung der Manuskripte hat G. Kienast dem Herausgeber abgenommen. Die Autoren sollten bei der Einrichtung der Manuskripte bestimmten, vom Verlag vorgegebenen Regeln folgen. Soweit sie dies nicht taten, haben G. Kienast und A. Schminck nachträglich die Ordnung hergestellt. Auch die Korrektur und die Überwachung der Herstellung lag in ihren Händen. Das Quellenregister haben die Autoren angefertigt, so daß die Leistung des Herausgebers im wesentlichen in der zufriedenen Lektüre einerseits und dieser Danksagung andererseits besteht.

Organisiert wurde das Unternehmen durch das Historische Kolleg, d.h. hier durch E. Müller-Luckner und diejenigen, die ihr geholfen haben. Finanziert haben es die Träger des Kollegs, also der Stiftungsfonds Deutsche Bank und der Stifterverband für die Deutsche Wissenschaft, welche das Historische Kolleg zu einer über alle Maßen bequemen, schönen und anregenden Einrichtung ausgebaut haben. Man verläßt diesen Ort ungern und unausweichlich bereichert – auch wenn man ihn nur zehn Monate genoß und zudem von allerlei Unabwendbarem belästigt wurde.

Frankfurt am Main im Juli 1990 *Dieter Simon*

Verzeichnis der Tagungsteilnehmer

Dr. Joëlle Beaucamp, Aix-en-Provence/Frankreich
Dr. Ludwig Burgmann, Frankfurt/Main
Dr. Marie Theres Fögen, Frankfurt/Main
Prof. Dr. Fausto Goria, Turin/Italien
Dr. Vassiliki Kravari, Paris/Frankreich
Prof. Dr. Angeliki Laiou, Cambridge, Mass./USA
Dr. Ruth Macrides, St. Andrews/Großbritannien
Prof. Dr. Dr. h.c. Dieter Nörr, München
Dr. Eleftheria Papagianni, Athen/Griechenland
Prof. Dr. Walter Selb, Wien/Österreich
Prof. Dr. Dr. h.c. Dieter Simon, Frankfurt/Main (Stipendiat des Historischen Kollegs 1988/89)
Dr. Andreas Schminck, Frankfurt/Main
Prof. Dr. Gerhard Thür, München
Prof. Dr. Spyros N. Troianos, Athen/Griechenland

Walter Selb

Zur Christianisierung des Eherechts

I. Einleitung

Der Apostel Paulus bietet in Epheser 5,21–33 einige wenige Gedanken zur christlichen Ehe, darunter den Satz: „Deshalb wird der Mann Vater und Mutter verlassen und sich mit seiner Frau verbinden, und die beiden werden ein Fleisch" (5,31). Die *institutionelle* Bedeutung dieser im Mittelpunkt des Symposions stehenden und anderer Aussagen des Neuen Testaments für das Eherecht, das dort galt, wo Christen lebten, ist meines Erachtens für die Zeit von den Anfängen des Christentums bis zum 8./9. Jahrhundert von Ritzer[1], zumindest für das Abendland, erforscht. Sein Ergebnis: Die Suggestion moderner katholischer Kirchenrechtsdarstellungen, die sakramentale „christliche Ehe" nehme im Sinne einer kirchlichen Sozialordnung ihren Anfang sogleich mit der Stiftung der Kirche, hat kein rechtsgeschichtliches Gewicht. Die allein bei Tertullian bezeugte „Ehe als christliche Einrichtung" ist eine montanistische Sonderentwicklung.

1. Darstellungen katholischen Kirchenrechts in geschichtlicher Entwicklung zeigen demgegenüber zwei erhebliche Mängel. Im 8./9. Jahrhundert entstehen in der lateinischen Kirche neue Kirchenrechtsquellen, die ältere Quellen kirchlichen Rechts offiziell und real in Vergessenheit geraten lassen. Diese älteren Quellen bleiben nur in den orientalischen Kirchen erhalten und beachtet. Als rechtshistorisch relevante Quellen können sie für das Abendland nur etwas aussagen, wenn sicher wäre, daß sie je die dort heimische Sozialordnung überlagert hätten. Für Kleinasien und den Vorderen Orient könnten sie aber etwas aussagen, da sie dessen Realität und Denken spiegeln und einfach hätten durchdringen können. An diesem orientalischen Bereich waren jedoch ernsthaft nicht einmal jene Kanonisten interessiert, die sich dem Eherecht der unierten orientalischen Kirchen widmeten. Die entscheidenden Fragen für die Frühzeit der Christianisierung der Ehe im Bereich des Abendlandes könnten demnach eher von der säkularen Rechtsgeschichte des Römischen Rechts und des sogenannten Deutschen Rechts als von der Kanonistik gestellt werden. Leben die Christen nach wie vor in ihrem regional verschiedenen traditionellen Eherecht, das im tatsächlichen Leben von christlicher Disziplin überlagert wird und das mit der Zeit selbst christliche Züge annimmt? Oder gibt es die traditionelle und die christliche Eheord-

[1] *Korbinian Ritzer,* Formen, Riten und religiöses Brauchtum der Eheschließung in den christlichen Kirchen des ersten Jahrtausends (Münster 1962) (Formen).

nung als konkurrierende Ordnungen, die letztere so wie heute als auf die Kirche personal beschränkte Ordnung? Oder gibt es alsbald die Erscheinung, daß dieser Bereich sozialer Ordnung ausschließlich von einer geschlossenen christlichen Eheordnung beherrscht wird? Ritzer gelangt in der bereits genannten umfangreichen Untersuchung gegen die damals herrschende Meinung überzeugend zur ersten Lösung. Mit dem Diognetbrief kann man sein Ergebnis am kürzesten ausdrücken: γαμοῦσι ὡς πάντες[2] wird für die Christen allgemein ausgesagt. Wie gepreßt demgegenüber die Auslegung der wenigen Quellen ist, die wir im Westen für die ersten 8 Jahrhunderte n.Chr. vorfinden, zeigt nicht nur die ausführliche Kritik bei Ritzer, sondern das Exempel der anderen Meinung bei Plöchl[3].

2. Die Fragen stellen sich für den byzantinischen Herrschaftsbereich nicht anders. Das konkrete Verhältnis von Kirche und Staat wird hier für die allmähliche Entwicklung spezieller christlicher Ehevorstellungen zu Ehehindernissen, Eheabschlußformen, Mehrfachehe u.a. und deren Einführung in das „weltliche" Recht[4] in Betracht gezogen werden müssen. Leider besteht derzeit wenig Hoffnung, daß der Band „Geschichte des byzantinischen Kirchenrechts" geschrieben wird. Im Eherecht kann immerhin die Vorarbeit von Ritzer[5] benutzt werden. Auch hier ergibt das Studium der Quellen bislang, daß erst spät, etwa mit dem 7. Jahrhundert eine „kirchliche Trauung" erscheint, auf die es meines Erachtens wesentlich ankommt.

3. So möchte ich es unternehmen, Ihnen *eine* der regionalen, vielleicht exemplarischen Entwicklungen an Hand der Quellen der westsyrischen (syrisch-orthodoxen oder jakobitischen) Kirche zu zeigen. Der Raum: der fruchtbare Halbmond. Die Zeit: vom 3. bis zum 11. Jahrhundert. Die Fragen: Wo finden sich die Einbruchstellen für christliche Ehevorstellungen? Wie konkretisieren sich solche Vorstellungen in institutionellen Details? Ich glaube, daß das Erkenntnismodell aus den orientalischen Quellen besonders aufschlußreich ist: Einmal treffen die Aussagen des Neuen Testaments und des Alten Testaments auf eine Kultur, der sie selbst entstammen – die Spannung zwischen christlicher Offenbarung und z.B. römischem Recht ist sicher größer –, zum andern grenzen sich die christlichen Gemeinden in der alsbald moslemischen Umwelt in politischer Weise ab, so daß christliche Besonderheiten als Recht einer geschlossenen Gruppe überhaupt deutlicher hervortreten können. Die Quellen: Die westsyrische (syrisch-orthodoxe oder jakobitische) Tradition ist überreich an Quellen. Ich erwähne, um einen Eindruck zu geben: die testamenta DN Jesu Christi (2–3) – auch als Bücher 1–2 des klementinischen Oktateuch bekannt –, apostolisches Material – in den Büchern 3–8 des klementinischen Oktateuch verarbeitet, dabei auch eine Didache-Verarbeitung–, die Doctrina Addai, die Didaskalie. Es folgen die reichskirchlichen Kanones, zum Teil samt Akten in Fortschreibung früher Sammlungen von Ankyra bis Laodikeia, Konstantinopel und Ephesos, mit Chalkedon, Serdika, Seleukeia-Ktesi-

[2] Ed. *Karl Bihlmeyer,* Die Apostolischen Väter I (Tübingen 1924) 144, Z. 9–10.
[3] *Willibald M. Plöchl,* Geschichte des Kirchenrechts I[2] (Wien und München 1960) 89ff., 225ff.
[4] Mit dem Einfluß des Christentums auf die regional maßgeblichen weltlichen Rechtsordnungen, vgl. *Jean Gaudemet,* Droit romain et principes canoniques en matière de mariage au Bas-Empire, in: Sociétés et mariage (Paris 1980) 116ff. möchte ich mich hier nicht beschäftigen.
[5] Formen, 70ff.

phon. Weiter finden sich allgemein anerkannte Väter von Ignatios bis Basilios, westsyrische Väter und alexandrinische Väter, z. B. Severos von Antiochien bzw. Timotheos von Alexandrien, Material aus der Zeit der byzantinischen Verfolgung der Westsyrer, Johannes Bar Qūrsōs und Jakob von Edessa, eigene westsyrische Synoden der Zeit des 8.–10. Jahrhunderts, römisches und moslemisches Recht, Bußbücher des 11. Jahrhunderts neben zahlreichen Monographien zu fast allen Bereichen des christlichen Lebens[6]. Anders als in unserer westlichen Kanonistik gibt es hier zumindest für die Entstehungszeit des jeweiligen Werkes aus der Tradition beweiskräftig breites Material. Schon Ritzer hat immer wieder auf einige der Quellen der östlichen Reichskirche zurückgegriffen, um allgemeine Aussagen über die christliche Einstellung zur Ehe zu machen. Und er hat auch versucht, allgemeinere Erkenntnisse aus der Entwicklung bei den nichtgriechischen Nationalkirchen des Ostens zu ziehen[7], auch aus der bei den Jakobiten[8], doch fehlte ihm wohl noch weitgehend die Kenntnis der Originalquellen.

II. Hauptteil

1. „Kirchliche Ehen“?

Wir sind gewohnt zu unterscheiden, ob eine Ehe nur nach „weltlichem“ Recht oder nur oder auch nach „kirchlichem“ Recht besteht. Für die Frühzeit des Christentums scheint eine derartige Betrachtungsweise unpassend. Was damals eine „Ehe“ im Unterschied zu „anderen“ Geschlechtsgemeinschaften war (schon das ist eine terminologische crux), entschied nur die „weltliche“ Sozialordnung (auch das ist eine terminologische crux); die „Ehe“ war auch für die Kirche nur die des traditionellen „weltlichen“ Rechts der jeweiligen Region und der jeweiligen Zeit. Die Christen „lebten“ gesellschaftlich insoweit wie die Nichtchristen nach dem Recht der jüdischen Gemeinschaften, das seinerseits wieder teilweise religiösen Charakter hatte, nach römischem, nach persischem, nach hellenistischem oder nach autochthon orientalischem Recht usw., auch wenn sie für ihre Heiligung im Bereich der ehelichen Beziehungen anderen Anforderungen Rechnung tragen mußten. Die kirchlichen Kanones „Simeons des Kanaanäers“[9] (2. Jahrhundert n. Chr.) z. B. verlangen von den Taufkandidaten, daß sie ihre Geschlechtsbeziehungen in Ordnung bringen, d. h. außereheliche Beziehungen gänzlich abbrechen oder zu ehelichen machen. Eheliche Beziehungen in diesem Sinne waren aber ausschließlich solche, bei denen „gemäß dem Nomos der Welt“ geheiratet

[6] Vgl. *Walter Selb,* Orientalisches Kirchenrecht II Teil A, Quellenlehre (Wien 1990, im folgenden zitiert: OrKiR).

[7] OrKiR II 84 ff.

[8] OrKiR II 95–97.

[9] Auch „Taxis der Apostel durch Hippolyt“ oder „Apostelkanones gemeinsam oder einzeln“ genannt. Hier seien sie wie diese Quellen sämtlich aus der westsyrischen Tradition nach dem westsyrischen Synodikon zitiert, das *Arthur Vööbus,* The Synodicon in the West Syrian tradition I–II (Corpus Scriptorum Christianorum Orientalium vol. 367 und 375 = Scriptores Syri tom. 161 und 163 (Text) vol. 368 und 376 = Scriptores Syri tom. 162 und 164 (Übersetzung), (Louvain 1975–1976) ediert hat (Synodicon): I 93/83, Paulus „über die, welche erstmals zu den Mysterien treten“.

wurde. Eine davon unterschiedene, in ihrer Gültigkeit und Bedeutung auf die christliche Gemeinschaft beschränkte „Ehe nach kirchlichem Recht" gab es zu dieser Zeit sicher nicht. So verlangt „Paulus, der Apostel" in der oben zitierten Quelle, daß Sklaven, die unverheiratet zusammenleben, „gemäß dem Nomos heiraten" oder daß ein Freier seine Sklavenkonkubine oder freie Konkubine „gemäß dem Nomos" zur Frau nimmt. Dieselbe Quelle akzeptiert sogar den dauerhaften Konkubinat als moralisch korrekte Beziehung, wenn etwa der Sklavin als Taufkandidatin nach eben diesem weltlichen Nomos die Ehe nicht ermöglicht ist. Nicht anders formuliert es die von Hippolyt dem Papst Calixtus (217–222) zugeschriebene Entscheidung eines ähnlichen Falles in Italien[10].

Ein erster, nicht sehr gewichtiger Einbruch in diese sich an der nichtchristlichen, mit Vorbehalt so genannten „weltlichen" Ordnung orientierenden Denkweise erfolgte über religiös bestimmte Eheverbote. Zwar hinderten sie nach dem noch immer maßgeblichen „weltlichen" Recht eine gültige Ehe nicht (Ausnahme: Sie waren Teil dieser Ordnung, z.B. des jüdischen Rechts), aber sie führten zur Folge des Ausschlusses aus der christlichen Gemeinschaft[11], wenn der Forderung der Aufgabe der Ehe[12], wohl der nach weltlichem Recht ermöglichten Scheidung, nicht entsprochen wurde. Insoweit wurden dann im ehelichen Bereich der „Nomos der Welt" einerseits und die „Kanones" oder die „Nomoi Gottes" andererseits[13] unterschieden.

Eine ganz neue Betrachtungsweise ergibt sich – ich greife um viele Jahrhunderte vor – erst mit der Einführung besonderer obligatorischer christlicher Eheschließungsformen[14]. Das schafft erstmals eine institutionelle Divergenz von „kirchlicher" und „rein weltlicher" Ehe. In den Kanones der Synode unter dem westsyrischen Patriarchen Dionysios (gestorben 845 n.Chr.) findet sich demgemäß erstmals ein klarer Hinweis, daß sogenannte „weltliche Ehen"[15] kirchlich betrachtet „Unzucht" sind. Auf die Eheschließungsformen kommen wir zurück.

2. *Ehe und Eheschließung nach orientalischen Vorstellungen*

a. Eherechtstexte der westsyrischen Tradition sind nicht zu verstehen, stellt man sie nicht vor den Hintergrund einer alten gemeinorientalischen Vorstellung, die zwei Stufen der Ehebegründung unterscheidet, den Ehevertrag und die Heimführung[16]. Übersetzungen einschlägiger Texte wählen dafür nicht selten die Ausdrücke „Verlobung" und „Eheschließung". Darin liegt eine starke Verfremdung, denn es geht beim Ehe-

[10] Vgl. dazu *Jean Gaudemet,* La décision de Callixte en matière de mariage, in: Sociétés et mariage (Paris 1980) 104ff.
[11] Synode von Neokaisareia, Kanones 2 und 3.
[12] Synode von Neokaisareia, Kanon 2, zitiert auch in dem „Brief eines Bischofs an einen Freund" (6. Jahrhundert), einem der westsyrischen Väterzeugnisse aus dem Synodikon, vgl. Synodicon I 172/181, Kanon 3.
[13] „Brief eines Bischofs an einen Freund", Kanon 4.
[14] Dazu unten 3.
[15] Kanon 6, vgl. Synodicon II 33/30.
[16] Vgl. Syrisch-Römisches Rechtsbuch § 54, gezählt nach der Handschrift Dam 8/11, vgl. Synodicon II 128/124.

vertrag nicht um sponsalia de futuro wie bei der Verlobung nach heutiger westlicher Vorstellung, nicht um die vereinbarte Absicht, demnächst eine Ehe zu begründen, sondern um die *sofortige* Begründung eines *Ehebandes*. Der „Ehevertrag" ist die mekīrūtā (oder mekūrā), die Heimführung ist die meštūtā, das „Hochzeitsmahl". Die Benennungen für die Partner der Verbindung sind mekirta für die Frau in der Vertragsehe bzw. mekīrā für den Mann.

b. Die mekīrūtā (mekūrā) wurde traditionell von den Eltern oder von anderen nahen Verwandten der Brautleute mit Wirkung für diese abgeschlossen[17], häufig schon, wenn diese noch Kinder waren. Erst eine spätere Zeit setzte ein Mindestalter für die Brautleute fest[18] und verlangte deren persönliche Zustimmung[19]. Die Einigung der Brautleute selbst genügte wohl nur bei erwachsenen Partnern.

Die meštūtā ist demgegenüber die tatsächliche Heimführung der Frau, der Beginn des ehelichen Lebens, bei der Verheiratung von Kindern notwendigerweise zeitlich von der mekīrūtā getrennt.

c. Daß die „Vertragsehe" (mekīrūtā) in ihrer Bindung über die „Verlobung" unseres modernen Verständnisses hinausreichte, ergibt sich aus allen jenen Texten, die einige Rechtsfolgen der Ehe schlechthin bereits auf die „Vertragsehe" beziehen. So verfügte die Synode des Jōḥannān in Kanon 16[20], daß niemand die mekīrtā seines Bruders nach dessen Tod zur Frau nehmen durfte; das Band der Schwägerschaft war ungeachtet der Tatsache, daß beide noch nicht „ein Fleisch" geworden waren[21], begründet. Die Lösung des Ehebandes aus der „Vertragsehe" folgte fast ganz den engen Grenzen der Scheidung der bereits durch eine Heimführung vervollständigten Ehe[22]. Wer nach dem Tod seiner noch nicht heimgeführten mekīrtā eine Frau nahm, war digamos, er verstieß gegen das Verbot der Zweitehe; als Diakon bedurfte er dann einer besonderen Dispens, um noch geweiht zu werden[23]. Andererseits wird durch dieselbe Aussage deutlich, daß die Regel, wonach Kleriker nach der Weihe zum Diakon nicht mehr heiraten durften, nicht jene Strenge hatte, die wir ihr aus unserer modernen Sicht leicht beilegen. Es genügte die vorherige Begründung einer „Vertragsehe", möglicherweise schon in der Kinderzeit, längst vor dem Alter für eine Weihe zum Diakon. Die Heimführung konnte dann immer noch nachfolgen.

[17] Z.B. Synode unter Kyriakos (1. Reihe) Kanon 31, vgl. Synodicon II 15/13f. Noch immer in den allgemeinen Kanones des Jōḥannān von Mardē (12. Jahrhundert), Kanon 26, vgl. Synodicon II 260/247.

[18] Die Synode unter Kyriakos (1. Reihe) Kanon 33, vgl. Synodicon II 16/14, verlangte, daß die Brautleute zur Statur von Mann und Frau herangewachsen waren; die Synode unter Ignatios, Kanon 11, vgl. Synodicon II 60/56f., verlangte ein Alter von 15 Jahren; die Synode unter Dionysios (2. Reihe) Kanon 7, vgl. Synodicon II 64/60: 14 Jahre, die Kanones des Jōḥannān von Mardē, Kanon 26, vgl. Synodicon II 64/60: Burschen mit 15 Jahren, Mädchen mit 12 Jahren.

[19] Die Synode unter Ignatios, Kanon 11; die Synode unter Dionysios (2. Reihe) Kanon 7.

[20] Vgl. Synodicon II 45/42.

[21] Verkehr mit der mekīrtā vor der Heimführung war andererseits trotz des Ehebandes Unzucht, Synode unter Kyriakos (1. Reihe) Kanon 32.

[22] Vgl. Synode des Jōḥannān, Kanon 17 und unten 6.

[23] Synode unter Dionysios (2. Reihe), Kanon 21.

Zum Argument wird auch die Form der Eheschließung. Was sich im Laufe der Zeit an kirchlichen Formalien der Eheschließung entwickelte[24], bezog sich fast ausschließlich auf den Ehevertrag, nicht auf die Heimführung, sofern beide zeitlich voneinander getrennt waren[25].

Bar 'Ebrājā (13. Jahrhundert) hält in seinem Nomokanon an der beschriebenen traditionellen Unterscheidung fest[26]. Während jedoch in den älteren Quellen zumeist neutral davon gesprochen wird, daß jemand eine Frau oder einen Mann zur „Ehe" nimmt, eine zweite „Ehe" eingeht, einen „Ehepartner" verstößt oder verläßt oder eine „Ehevoraussetzung" nicht erfüllt, spricht Bar 'Ebrājā in allen diesen Zusammenhängen von der „Vertragsehe"[27], und grenzt sie, wo es erforderlich ist, genau von der Heimführung, dem „Hochzeitsmahl" ab[28].

Ich darf den Hinweis anschließen, daß die westliche Kanonistik einigen Anlaß hat anzunehmen, daß außerhalb des römischen Rechts in den westlichen Volksrechten dieselbe Vorstellung wie im Orient zu finden ist[29], der Vertrag der desponsatio die Ehe bereits begründete, die Heimführung sie nur vervollkommnete.

3. *Die Form der Eheschließung*

a) Die Form der beschriebenen zweigeteilten Eheschließung der Christen orientalischer Tradition war in den ersten Jahrhunderten ein Teil der allgemeinen Sozialordnung. Man heiratete gemäß dem Nomos der großen oder kleinen Welt, in der man lebte, so wie es die Kanones Simeons des Kanaanäers[30] ausdrücken. Die „Nomoi der Welt" sind überhaupt die Basis der Ehe unter Christen in Inhalt, Form, Voraussetzungen und Möglichkeiten der Auflösung. Für die christlichen Römer waren diese Nomoi das römische Recht, für die christlichen Stadtgriechen das hellenistische Stadtrecht, für die Judenchristen das jüdische Recht usw. Die Tradition judenchristlicher Gemeinden in Brauchtum und Altem Testament und einige wenige Schriftzeugnisse im Neuen Testament wurden jedoch alsbald der Beginn der „Christianisierung" der orientalischen Ehe in Voraussetzungen, Inhalt und Form, die sich dann über fast ein Jahrtausend hinzog.

b) Eine spezielle kirchliche Form der mekīrūtā, des „Ehevertrages", erscheint in der westsyrischen Kirche erstmals in den Kanones der Synode des Kyriakos[31], Ende des 8. Jahrhunderts n. Chr. Anscheinend wandte sich die Synode nun gegen die bisherige Praxis religiös formloser „Eheverträge": „Kein Gläubiger hat die Macht, eine Frau in die Ehe zu geben (mekar), es sei denn durch Vermittlung eines Priesters." Die not-

[24] Vgl. unten 3.
[25] Bei der Ehe von Erwachsenen bestand kein Grund, die Stufen zeitlich voneinander zu trennen.
[26] Gregorii Barhebraei Nomocanon, ed. *Paul Bedjan* (Paris 1898) Caput VIII.
[27] Nomokanon Caput VII sectio I „Directio", sectio II „Directiones", sectio III.
[28] Nomokanon Caput VII sectio V.
[29] *Jean Gaudemet,* Le lien matrimonial: les incertitudes du Haut Moyen-Age, in: Sociétés et mariage 185 ff.
[30] Vgl. Synodicon.
[31] Erste Reihe, Kanon 31.

wendige Regelform wird sodann ausführlich dargestellt: Die Eltern des jungen Mannes[32] und die des Mädchens schließen zuerst den Vertrag, erfragen dann aber auch noch die Zustimmung des Mädchens[33]. Es folgt eine Einsegnung vor Zeugen[34] in der Kirche. Ein Ring wird dabei auf den Altar gelegt und vom Priester, begleitet von einem Diakon, gesegnet. Der Priester ist es, der den Ring dem Mädchen übergibt, zum Zeichen „daß Frauen zu Ehefrauen werden durch die hl. Kirche, so daß die göttliche Tradition, welche Christus seiner Kirche (gab)[35], angenommen wird". Bald darauf verfügte erneut die Synode des Jōḥannān[36] und die des Ignatios[37] zur Form der mekīrūtā, daß es der Priester ist, der sie durch die Ringsegnung gültig werden läßt[38]. Wiederholt wird die Regelung auf der Synode des Dionysios[39], Ende des 9. Jahrhunderts.

Bar 'Ebrājā wiederholt diese Regelungen, ohne seine Quellen zu nennen[40]. Doch berichtet er darüber hinaus von einer Sonderform des „Ostens", d. h. des Herrschaftsbereichs des westsyrischen Maphrians (ehemals Persien). Danach gehört zur Eheform auch noch das Gebet des Priesters über den Kelch, den sich die Partner des Ehevertrages wechselseitig reichen. Bar 'Ebrājā nennt dazu auch noch eine eigene Form der Einsegnung für solche, die eine an sich verbotene zweite oder dritte Ehe – nach dem Tod des Partners – eingehen; sie soll ohne Ringsegnung, aber doch in der Kirche stattfinden.

c) Eine spezielle kirchliche Form der Heimführung (Hochzeitsmahl, meštūtā) gab es in älterer Zeit ebenfalls nicht. Zwar legt Titloi Kanon 29[41] eine Verbindung von Hochzeitsmahl und Meßopfer nahe, doch ist der dort zitierte Kanon 52 der Synode von Laodikeia klarer: Während der Fastenzeit sollen keine weltlichen Feste wie Hochzeitsmähler oder Geburtstage stattfinden; von einem eigentlich „kirchlichen Hochzeitsmahl" ist nicht die Rede. Noch später als die mekīrūtā wird die meštūtā zum kirchlichen Formalakt. In den Kanones des Timotheos von Alexandrien[42] aus dem 6. Jahrhundert ist erstmals ein Brauch erwähnt, wonach ein Priester zum Hochzeits-

[32] Oder der junge Mann selbst; während das Mädchen stets einen Sachverwalter benötigt, der sie „in die Ehe gibt": Vgl. Bar 'Ebrājā, Nomokanon Caput VIII sectio II.

[33] Die englische Übersetzung bei *Arthur Vööbus*, Synodikon, vgl. Synodicon II 15/13 f., ist falsch. Es heißt insoweit: „... sie senden zu ihr und erfragen aus ihrem (eigenen) Mund, ob auch sie zustimmt." Die Zustimmung des jungen Mannes war anscheinend vor dem Vertrag erfragt worden.

[34] Zwei Zeugen, an die Bar 'Ebrājā, Nomokanon Caput VIII sectio II besondere Anforderungen stellt.

[35] Eine Formvorschrift solcher Art findet sich in der älteren Tradition trotz der Berufung auf die Hl. Schrift aber nicht; anderer Meinung anscheinend *Arthur Vööbus*, Synodicon II 15 Fn. 51, 52.

[36] Kanon 15, vgl. Synodicon II 44/40 f., wieder wird – nun durch ein Zitat – auf altes Recht hingewiesen, auf Epheser 5,27, doch ist dort nicht von der Eheform die Rede.

[37] Kanon 11, vgl. Synodicon II 60 f./57.

[38] Ignatios, Kanon 11; „Und zum Segen, der der rechten Hand (eines Priesters) innewohnt, soll ihre (eheliche) Verbindung sein." Keine sinnvolle Übersetzung bei *Arthur Vööbus*, Synodicon II 60.

[39] Zweite Reihe, Kanon 7, vgl. Synodicon II 64/60.

[40] Nomokanon Caput VII sectio II.

[41] Zitiert aus dem Synodikon, vgl. Synodicon I 69/55.

[42] Frage Nr. 19 Synodikon, vgl. Synodicon I 138 ff./140 ff. Die Synode von Neokaisareia, Kanon 7 kennt den Priester nur als Gast beim Hochzeitsmahl.

mahl gerufen wird, um dort das Tischgebet „zu beten". Aber erst aus den Kanones des Jōḥannān von Mardé (12. Jahrhundert)[43] erfahren wir, wohin die Entwicklung im Laufe der Zeit gegangen ist. Der Brauch ist, daß den Brautleuten in der Kirche bei einem Gottesdienst Kronen aufgesetzt werden, die der Priester segnet. Anschließend geht der Bräutigam zum Hochzeitsmahl, die Braut aber in die Brautkammer. Nach der Heimführung ist den Eheleuten noch ein Tag geschlechtlicher Abstinenz auferlegt.

Bar 'Ebrājā beschreibt die „Heimführung" noch ein wenig genauer[44]: Der Bräutigam und seine Gäste holen die Braut ab, führen sie mit den diese begleitenden Frauen zur Kirche, wo die Krönung der Brautleute stattfindet; alle ziehen anschließend zum Hause des Bräutigams zum Gastmahl.

d) Solange es – in den vorhergehenden Jahrhunderten – keine zwingende kirchliche Eheform gab, mußte die „Ehe" ohne kirchliche Form in kirchlichen Texten notwendigerweise als solche, die nach den „Nomoi der Welt" zustande kommt, betrachtet werden. Ein gutes Indiz für eine zwingende Eheform ist daher meines Erachtens, daß die Synode des Dionysios (1. Reihe)[45] erstmals „kirchliche" und „weltliche" Ehen unterscheidet. In der Zeit vorher sind alle „Ehen" stets solche nach „weltlichem Recht". Die sich bis dahin langsam heranbildenden kirchlichen Ehehindernisse sind daher sicher noch keine trennenden Ehehindernisse, sondern Eheverbote, deren Übertretung kirchliche Strafen nach sich zieht. Soweit die traditionelle weltliche Ordnung dieselben Ehehindernisse kennt und sie als trennende Ehehindernisse betrachtet, gilt freilich etwas anderes. Was ein Ehebruch ist, bestimmt sich ferner nach dem Bestand einer „weltlichen Ehe", ebenso ob ein Laie oder Kleriker überhaupt in einer Ehe oder nur in einem Konkubinat lebt. Auch die zahlreichen Texte, die eine Doppelehe oder Zweitehe verbieten[46], meinen mit beiden Ehen jeweils eine „weltliche Ehe". Sofern also in den älteren Quellen von Bigamie die Rede ist, müssen wir – sehen wir von der aktuellen Bigamie einmal ab – damit rechnen, daß nicht nur die unter Christen verpönte Wiederheirat von Verwitweten damit gemeint ist, sondern auch die Wiederheirat nach einer Scheidung gemäß dem „Nomos der Welt". Das erklärt vielleicht, weshalb die Zweitehe nirgends näher erklärt wurde (vgl. Laodikeia, Kanon 2).

4. Verbotene Ehen

a) Die Tradition der judenchristlichen Gemeinden, ebenso die neutestamentliche Offenbarung[47] lassen nur die Einehe zu. Die Quellen der westsyrischen Kirche wiederholen diese Grundregel und formen sie nach verschiedenen Richtungen aus.

Die Forderung der Einehe richtet sich zunächst einmal gegen Polygamie oder Poly-

[43] Kanon 28 mit Kanon 25 („die Kronen binden" „mit jemandem"), vgl. Synodicon II 259ff./246ff.

[44] Nomokanon Caput VIII sectio II.

[45] Kanon 6, vgl. Synodicon II 33/30f.

[46] Vgl. unten 4.

[47] Epheser 5,21ff.; 1. Korinther 7,1–11.

andrie[48], doch auch gegen ähnliche Erscheinungen, in denen etwa der Mann neben einer Ehefrau noch eine Konkubine hatte[49]. Die Forderung richtet sich auch gegen Doppelehen, die gegen ein Wiederverheiratungsverbot nach „weltlich" erlaubter Scheidung[50] verstoßen. Die Gültigkeit der zweiten Ehe nach „Scheidung" ist zunächst unbestritten. Erst mit der Formalisierung des Eheabschlusses wird sie ganz einfach durch den Trauungspriester verhindert.

b) Ein Problem der Einehe ist jedoch auch die Wiederverheiratung Verwitweter. Die Ehe wird wiederum als gültig, aber verboten angesehen. Einen überaus strengen Standpunkt in dieser Frage nahmen die Katharer ein, die eine Gemeinschaft mit *einmal* Wiederverheirateten ablehnten; gegen sie richtet sich Kanon 8 der Synode von Nikaia. Ebenso streng sind die Montanisten. Dieselbe Bestimmung billigt aber nicht etwa die Wiederverheiratung; sie verwirft nur, daß man dem Schuldigen die Rekonziliation verweigert[51]. Über die Gültigkeit der Ehe wird hier nichts ausgesagt.

Die Mißbilligung der Wiederverheiratung kommt auch in disziplinären Maßnahmen gegen Kleriker zum Ausdruck, die als Verwitwete wieder heiraten oder die Verwitwete heiraten[52]. Wieder geht man von der Gültigkeit der – noch nicht über die christliche Form verhinderten – Ehe aus.

c) Die westsyrische Kirche kennt weitreichende Verbote der Ehe mit Verwandten und Verschwägerten.

Die jüdische Tradition judenchristlicher Gemeinden einerseits und die allgemeine Übernahme der alttestamentarischen Regeln zum Inzestverbot in der jungen Kirche machen Leviticus 18,6–19 und 20,10–21 zur Grundlage der Ordnung. Im „Westen" des Vorderen Orients (d.h. im Bereich von Syria I, II und Palästina) wird das nur selten ausgeführt; nicht verwunderlich ist jedoch, daß der Maphrian des „Ostens", Bar 'Ebrājā, sich ausführlicher damit beschäftigte[53], begegnete er doch in Timotheos I und Īšōᶜ bar Nūn – beide sind Nestorianer – einer alten persischen Tradition des Inzests, der sich seine Nachbarn, die Nestorianer, schon früher zu stellen hatten[54].

Eine umfassende theoretische Darstellung der Eheverbote findet sich in der westsyrischen Literatur wohl deshalb erstmals bei Bar 'Ebrājā[55]. Danach sind Ehen mit Aszendenten wie Deszendenten verboten. Dasselbe gilt für Ehen mit Mitgliedern der

[48] Brief aus Italien an die Bischöfe des Ostens (Bußkanones im Zusammenhang der Synode von Antiochien), *François Nau,* Ancienne littérature canonique syriaque III (Paris 1909) Kanon 14.

[49] Titloi 45, vgl. Synodicon I 71/57, verweist dafür auf die „81 Apostelkanones", Kanon 48, I 79/66 (dort geht es aber um eine Wiederheirat des Mannes nach Scheidung oder mit einer geschiedenen Frau) und die Synode von Laodikeia, Kanon 2, I 119/116 (dort geht es aber einfach um jede „Zweitehe"), vgl. ferner dazu die Synode unter Gīwārgī, Kanones 9 und 10 (für die mekīrūtā); die Synode unter Kyriakos (1. Reihe) Kanon 34, vgl. Synodicon II 5/3 bzw. 16/14.

[50] Vgl. unten 6.

[51] Vgl. die Synode von Neokaisareia, Kanon 7.

[52] „Brief eines Bischofs an einen Freund", Kanon 8, vgl. Synodicon I 173/182; Gīwārgī, Kanones 3, 7 und 22; Dionysios (1) Kanon 2; Kyriakos (1) Kanon 10; Ignatios, Kanones 3 und 12; Jōḥannān, Kanon 25; Jōḥannān von Mardē, Kanones 29 und 30, vgl. Synodicon II 247ff./233ff.

[53] Nomokanon Caput VIII sectio III.

[54] Vgl. *Selb,* OrKiR I 152.

[55] Nomokanon Caput VIII sectio III.

Seitenlinien nach den Eltern, also für die Ehe mit der Schwester oder dem Bruder[56] oder deren gesamter Deszendenz ohne Gradesbegrenzung. Verwandte der Seitenlinie nach den Großeltern, die Onkel und Tanten väterlicherseits wie mütterlicherseits und deren Deszendenz, sind in das Eheverbot bis zum siebenten Grad der Verwandtschaft einbezogen.

Nur zwei konkrete Beispiele werden in der älteren westsyrischen literarischen Tradition behandelt, die Ehe mit der Tochter der Schwester[57] oder allgemeiner mit der Nichte[58] und die Ehe mit Onkel oder Tante[59]. Dabei wird aus Kanon 3 des aus der Zeit der Verfolgung (6. Jahrhundert) stammenden „Briefes eines Bischofs an seinen Freund" deutlich, in dem sich der Verfasser für ein Verbot auf das *weltliche* Recht – wahrscheinlich das römische Recht direkt oder § 52 des Syrisch-Römischen Rechtsbuches[60] – beruft, weil er in den kirchlichen Kanones darüber nichts fand.

Das Eheverbot der Schwägerschaft spielt demgegenüber in den älteren westsyrischen Quellen eine größere Rolle. Im Vordergrund steht dabei schon früh die Ehe einer Frau mit dem Bruder des verstorbenen Ehemannes oder eines Mannes mit der Schwester der verstorbenen Ehefrau[61]. Verboten ist auch die Ehe mit der Frau des verstorbenen Onkels[62]. Die Lehre von der Verbindung der Ehegatten zu „einem Fleisch"[63] (so auch Matthäus 19,5 und 6) schafft eben bereits eine Verwandtschaft zur Schwester der Frau oder zum Bruder des Mannes. Und für Basilios wird das Argument zum Ausgangspunkt für weitere konkrete Verbote einer Ehe mit der Mutter der Frau[64] oder der Tochter der Frau (Stieftochter), als wären sie seine Mutter bzw. seine Tochter, oder die Ehe mit dem Vater des Mannes oder dem Sohn des Mannes, als wären sie ihr Vater bzw. ihr Sohn. Die Synoden des Gīwārgī[65], des Kyriakos (1. Reihe)[66] und des Jōḥannān[67] wiederholen das Verbot. Die kleine Eherechtsabhandlung des

[56] Die Beispiele bei Bar 'Ebrājā nehmen der Einfachheit halber einen Mann zum Ausgangspunkt der Betrachtung.

[57] Synode unter Jōḥannān, Kanon 12, vgl. Synodicon II 44/41; Die Ehe mit der Schwester selbst verwirft der Brief aus Italien, Kanon 3 (Fn. 48).

[58] „Brief eines Bischofs an einen Freund", Kanon 3, vgl. Synodicon I 172/181; Synode unter Kyriakos (1. Reihe) Kanon 35, vgl. Synodicon II 16/15.

[59] Synode unter Kyriakos (1. Reihe) Kanon 36, vgl. Synodicon II 16f./15, gleichgültig ob von Vater- oder Mutterseite; Brief aus Italien, Kanones 4 und 11 (Fn. 48).

[60] Ein wichtiges Zitat, weil es den Kontakt mit dem römischen Recht belegt; zitiert ist das SRRB nach der Zählung im Synodikon.

[61] Neokaisareia, Kanon 2; „Brief eines Bischofs an einen Freund", Kanon 3; Basilios, Brief an Diodoros (er beruft sich auf die Sitte), vgl. Synodicon I 178f./189; Bar 'Ebrājā, Nomokanon Caput VIII sectio III beruft sich wieder auf Basilios.

[62] „Brief eines Bischofs an einen Freund", Kanon 3.

[63] Zitiert in Basilios' Brief an Diodoros.

[64] Besonders aufgegriffen in „Fragen des Sēwīrā", Frage 4, 9. Jahrhundert: *Arthur Vööbus*, Syrische Kanonessammlungen. Ein Beitrag zur Quellenkunde II Westsyrische Originalurkunden, Louvain 1970 (CSCO vol. 307 und 317 = Subsidia 35 und 38ff. B), I 1 B 300.

[65] Kanon 8.

[66] Kanon 35 mit dem weiteren Beispiel der Tochter des Bruders der Frau oder des Sohnes des Bruders des Mannes; Kanon 37 mit dem weiteren Beispiel der Heirat der Stiefgeschwister.

[67] Kanon 12; eigens für die mekīrūtā Kanon 16.

Jōḥannān expliziert den Grundgedanken im Detail mit neun konkreten Beispielen, mit Folgerungen verwirrender neuer Beziehungen[68].

d) Weitere, nun *rein* christliche Eheverbote sind das Eheverbot der geistlichen Verwandtschaft durch die Patenschaft bei der Taufe[69], das Eheverbot des Gelübdes der Keuschheit[70], das Eheverbot der Ungläubigkeit[71] oder der Häresie[72] oder der Cheirotonie (Klerikerweihe)[73].

e) Es ist schwer allgemein zu sagen, von wann ab der Verstoß gegen die Eheverbote nicht nur zu einer Kirchenstrafe, sondern auch zur Annahme der gesellschaftlich-rechtlichen Nichtigkeit der Ehe führten. Das stereotype lā zadīq („es ist nicht richtig") bei allen Vergehenstatbeständen läßt eher die *Buße* als Folge erwarten[74]. Am ehesten kann noch die Nichtigkeit der zweiten Ehe nach ungerechtfertigter Verstoßung (bzw. ungerechtfertigtem Verlassen) des Partners angenommen werden. Etwas größere Klarheit herrschte erst mit der Einführung einer obligatorischen Form für die kirchliche Ehe, wenn der Priester illegitime Ehen einfach nicht einsegnete.

5. *Mitgift und Eheschenkung*

Die Regelung der Mitgift und der Eheschenkung war an sich eine Frage des weltlichen Rechts. Doch war die spätere Versorgung der Witwe und damit der kirchliche Bereich der Sorge für die Witwen berührt. Wohl deshalb findet sich in den Regelungen der Synode unter Kyriakos (1. Reihe)[75] eine, die den Höchst- und Mittelbetrag einer Mitgift bestimmte. Bar 'Ebrājā[76] beruft sich u.a. auch auf diese Regelung, doch auch auf das Syrisch-Römische Rechtsbuch und auf nestorianische Quellen. Darüber hinaus bietet er noch Aussagen aus ebendiesen Quellen zur Eheschenkung. Wieweit aber der Nomokanon hierin Recht oder Literatur darstellt, wissen wir nicht.

[68] Synodicon II 49ff./46ff.

[69] Jakob von Edessa an Addai, Frage 71 nach der Hs. B Nat.Syr. 62; vgl. *Arthur Vööbus*, Kanonessammlungen I 1 B, 274; Gīwārgī, Kanon 6; Kyriakos (1) Kanon 11; Dionysios (2) Kanon 14, vgl. Synodicon II 66/61 f.; Bar 'Ebrājā, Nomokanon Caput VIII sectio III.

[70] Synode von Chalkedon, Kanones 10 und 16 mit Dispensmöglichkeit. Jōḥannān bar Qūrsōs (Bischof von Tellā) für den Klerus, Kanon 11, vgl. Synodicon I 146f./150f.

[71] Synode unter Jōḥannān, Kanones 11 und 23: Ehen mit „Heiden", „Juden", „Magiern"; „Väter der drei Synoden", Kanon 8: Ehen mit „Heiden", vgl. Synodicon II 37ff./34ff.

[72] Synode unter Jōḥannān, Kanon 11; „Väter der drei Synoden", Kanon 8 (aus Hs. Vat.Syr. 58 vorgestellt von *Arthur Vööbus*, Syrische Kanonessammlungen I 1 A 125–127) gemäß Laodikeia, Kanones 9b und 31 und Chalkedon, Kanon 14, unter der Ausnahme, daß die Partner versprechen, rechtgläubige Christen zu werden; „Kanones der hll. Lehrer und Väter", Kanon 21 aus zwei syrischen Hss. vorgestellt von *Arthur Vööbus*, Syrische Kanonessammlungen I 1 A 234–236; Bar 'Ebrājā, Nomokanon Caput VIII sectio III faßt die Ungläubigen mit den Häretikern zusammen.

[73] Z.B. die Synode unter Dionysios (1. Reihe) Kanon 2; „Kanones der hll. Lehrer und Väter", Kanon 30 (vgl. die vorige Fn.), Jaḥjā ibn-al-Ǧarīr, al-muršīd, Kap. 31, zitiert nach *Paul Hindo* CCO Fonti ser. II fasc. XXVII, 245f.

[74] *Arthur Vööbus*, z.B. zu Laodikeia, Synodicon I 119ff. passim, führt mit „unlawful" in die Irre.

[75] Kanon 33, vgl. Synodicon II 16/14.

[76] Nomokanon Caput VIII sectio IV.

6. *Die Scheidung*

a) Ausgangspunkt aller Betrachtung ist das Schriftwort „Was Gott verbunden hat, soll der Mensch nicht trennen“ (Mk. 10,9)[77]. Demgemäß finden sich zahlreiche Verbote einer zweiten „Ehe“ nach Verstoßung der Frau durch den Mann oder nach dem Verlassen des Mannes durch die Frau[78]. Doch wird auch deutlich, daß man sich an Mt. 5,32 gegen Mk. 10,1–12 und damit an die alttestamentliche Tradition hielt, die eine Verstoßung der Frau durch den Mann[79] wegen eines Ehebruches zuließ[80]. Bar ʿEbrājā erweiterte mehr als ein Jahrtausend später diesen Ausnahmegrund um die liberalen römischen „Scheidungsgründe“, die er im Syrisch-Römischen Rechtsbuch fand – Gründe, die schlechterdings in einem nicht ehrsamen Lebenswandel lagen[81]. Der verschuldete „Ehebruch“ der Frau aus der Tradition wurde nun zur „Unzucht“, diese wieder als „Unzucht“ des Leibes und „Unzucht der Seele“ (Magie) verstanden. Letzterer Verfehlung konnte sich auch der Mann schuldig machen. Der Abfall vom rechten Glauben wird damit ebenfalls zum Scheidungsgrund – wo aber Bar ʿEbrājā von die Ehe trennenden Fehlern, wie z. B. Krankheiten, spricht, geht er zu dem über, was wir heute als Nichtigkeits- oder Anfechtungsgründe bezeichnen, nicht aber als Scheidungsgründe. Mit seiner liberalen Haltung wandte sich Bar ʿEbrājā jedoch gegen den strengen Standpunkt des Jaḥjā ibn-Ǧarīr (11. Jahrhundert)[82], der die Scheidung allgemein verwirft, aber doch die Verstoßung der Frau wegen Ehebruchs im Hinblick auf Matth. 19,9 zuläßt, weil er das Herrenwort respektiert. Seine Zeit, gegen deren Geist er sich wendet, scheint unter moslemischem Einfluß zur größeren Liberalität in der Frage von Scheidung und Wiederheirat gedrängt zu haben. Dazu berichtet er von Versuchen kirchlicher Kreise, eine Scheidung nach einer Trennungszeit von 7 Jahren zuzulassen. Doch verneint er hier klar, daß Matth. 16,19 den Bischöfen Macht gebe, eine Ehe wider göttliches Recht zu „lösen“. Dionysios bar Ṣalībī[83] (12. Jahrhundert) stimmt wahrscheinlich mit ihm überein, wenn er selbst im Falle der erlaubten wechselseitigen Verstoßung eine Wiederheirat verneint (mit Markus 10,10–12), der Verstoßung also keine Lösung des Ehebandes zuerkennt.

Bemerkenswert ist, daß im 11. Jahrhundert die Frage der „christlichen Scheidung“ zu einer Frage der kirchlichen Zulassung zur weiteren Heirat geworden ist, und damit die Entwicklung kirchlicher Formen voraussetzt. Damit ist erneut der springende Punkt erreicht. Solange die Ehe institutionell eine Angelegenheit des „Nomos der Welt“ war und es daneben keine eigene „kirchliche Ehe“ gab, waren die Scheidung

[77] Zitiert bei Bar ʿEbrājā, Nomokanon Caput VIII sectio V.

[78] „81 Apostelkanones“, Kanon 48, vgl. Synodicon I 79/66; Synode unter Gīwārgī, Kanones 2 und 9; unter Kyriakos (1. Reihe) Kanon 34; unter Jōḥannān, Kanon 17 und unter Dionysios (1. Reihe) Kanon 2, vgl. Synodicon II 32/29.

[79] Nicht umgekehrt, nach Basilios, vgl. Bar ʿEbrājā, Nomokanon Caput VIII sectio V.

[80] Synọde unter Gīwārgī, Kanon 9; unter Kyriakos (1) Kanon 34; Verstoßung wegen eines „Dämons“ unzulässig, Timotheos von Alexandrien, Kanon 15, vgl. Synodicon I 141/143.

[81] Nomokanon Caput VIII sectio V.

[82] Al-muršīd, Kapitel 47, Über Ehe und Scheidung, zitiert nach der Edition und Übersetzung bei *Paul Hindo*, Codificazione Canonica Orientale Fonti ser. II fasc. XXVII, 269 f.

[83] Kommentar zu Matth. Kap. 5, nach *Johannes Dominicus Mansi*, Sacrorum Conciliorum nova et amplissima collectio II 1078 (Paris 1902).

und die Wiederheirat in ihrer Wirksamkeit nach eben diesem Nomos der Welt zu bestimmen. Die kirchliche Gemeinschaft konnte nur mit disziplinären Maßnahmen auf ein nach christlichem Maßstab falsches Verhalten reagieren, nicht aber den (weltlichen) Status negieren. Der Titel einer Abhandlung von Gaudemet, der für viele ähnliche steht, zeigt eine fundamentale Schwäche bisheriger Betrachtungen. Gaudemet[84] will das Prinzip der „indissolubilité" der christlichen Ehe rechtshistorisch behandeln, im Text der Abhandlung aber geht es nicht um das Eheband, sondern um die Sünde der unerlaubten Verstoßung und der διγαμία, um die Rechtfertigung oder Mißbilligung der Verstoßung und der Mehrfachehe nach einer Verstoßung. Auf die Spannung zwischen institutionellem Bestand und moralischer Verwerflichkeit der Erscheinung wird nicht eingegangen. Die von Gaudemet[85] behandelten christlichen Quellen hatten keinen Anlaß dazu. Sie gehen wie selbstverständlich davon aus, daß die (weltliche) Eheschließung nach der Verstoßung eine wahre Ehe nach dem „Nomos der Welt" war.

Damit war kein Anlaß gegeben, institutionell unter den verschiedenen kirchlichen Eheverboten zu unterscheiden, auch nicht unter den verschiedenen Verboten der Mehrfachehe. Daher ist es dann auch klar, daß das Verbot der Zweit- oder Mehrfachehe nicht nur die Ehe von Verwitweten und mit Verwitweten umfaßt, sondern auch die durchaus gültige Ehe von und mit Geschiedenen. Die Quellen unterscheiden nicht, wenn sie von „Zweitehen" und „Mehrfachehen" berichten. Ohne Präzisierung wird nicht Kleriker, wer nach der Taufe eine zweite Ehe geschlossen hat (Apostelkanones Kanon 16)[86]. Wer eine Frau genommen hat, für die die Ehe eine zweite Ehe ist, weil sie verwitwet ist oder verstoßen worden ist, wird gleichermaßen nicht Kleriker werden können (Apostelkanones Kanon 17)[87]. Die Laien, die in zweiter Ehe leben, müssen nach Nikaia Kanon 8[88] im Unterschied zur strengen Auffassung der Katharer wieder aufgenommen werden. Die Bußregel für mehrfach Verheiratete in Kanon 3 von Neokaisareia[89] unterscheidet nicht, ob es um Verwitwete oder Geschiedene geht, ebenso Kanon 7, wo von den Hochzeitsfesten Wiederverheirateter die Rede ist. Und Laodikeia, Kanon 2 „Wegen der Zweitehen" macht ebenso keinen Unterschied bei der Frage der Wiederzulassung nach Buße zu dem Sakrament der Eucharistie[90]. Auch die Bußsonderregel für die Ehebrecherin, die den Ehebrecher geheiratet hat („Brief an einen Freund")[91] geht von der Gültigkeit der zweiten Ehe aus; ebenso die Bußsonderregel für den Mann, der nach dem Tode seiner Frau deren Schwester geheiratet hat. Stets ist die zweite oder fernere Ehe, die nach der „weltlichem" Recht folgenden Auflösung der ersten geschlossen wird, gültig, wenngleich Anlaß zu Reaktionen der

[84] L'interprétation du principe d'indissolubilité du mariage chrétien au cours du premier millenaire, in: Sociétés et mariage 230 ff.
[85] AaO.
[86] Synodicon I 74.
[87] Synodicon I 74.
[88] Synodicon I 97.
[89] Syndicon I 107; „Polygamie" ist nicht gemeint; anderer Meinung *Arthur Vööbus* zum 45. Titel der Titloi, Synodicon I 71.
[90] Synodicon I 119.
[91] Synodicon I 171.

christlichen Gemeinschaft. Wie bereits gezeigt, bewirkt erst die Einführung einer kirchlichen Eheschließungsform ein Umdenken. Genau das geschieht mit der Einführung einer eigenen kirchlichen Eheschließung. So beruft sich Kanon 25 der Synode des Jōḥannān zwar noch immer auf die alten Kanones; aber jetzt geht es nicht mehr um kirchliche Strafen für die geschlossene Zweitehe jeder Art, sondern um deren Verhinderung („Wegen der Verhinderung der διγαμίαι, d.h. der zweiten Ehen ...") und um den Druck auf die Bischöfe, sie dennoch zu ermöglichen.

III. Zusammenfassung

Es ist wohl klar, daß sich die gelebten Ehen unter Christen sicher mehr und mehr von den Ehen unter Nichtchristen abhoben, vor allem in geschlossenen christlichen Sozialverbänden. Die strengeren Scheidungsverbote werden Scheidungen hintangehalten haben, strengere Eheverbote werden Eheschließungen verhindert haben, Verwitwete werden häufiger als sonst ehelos geblieben sein usw. Man kann diese Erscheinungen mit Recht eine Christianisierung der Ehe nennen. Aber es wird die Ehe als solche erst dann zur christlichen „Einrichtung", als sie im 8. Jahrhundert von der „weltlichen" Ehe durch eine besondere kirchliche Eheform abgehoben und damit der Ehe nach dem Nomos der Welt gegenübergestellt wurde. Damit gab es erst eine eigene christliche Sozialordnung der Ehe, deren Voraussetzungen kirchliche Organe vorher prüften und wegen des Formgebots auch prüfen konnten. An die Stelle der indirekten Einflußnahme über Regeln christlicher Lebensführung und öffentliches Bußrecht war jetzt die direkte Verwaltung der Einrichtung „Ehe" getreten.

Marie Theres Fögen

Muttergut und Kindesvermögen bei Konstantin d. Gr., Justinian und Eustathios Rhomaios

I.

In der Pira, der Sammlung von Voten des byzantinischen Reichsgerichts aus dem 11. Jahrhundert, ist folgende Entscheidung des Eustathios Rhomaios überliefert:

1.14 Ὅτι διέστη τις τῆς ἑαυτοῦ γυναικὸς καὶ δεδωκὼς τὴν προῖκα ὑπεκράτησεν εἰς φαλκίδιον τῶν τριῶν παίδων λίτρας ὀκτώ. ἀλλὰ καὶ τῶν παίδων ἐξ αὐτοῦ ὑποχωρησάντων διὰ τὸ τὸν πατέρα εἰς δεύτερον ἐλθεῖν γάμον, μηδ' αὐτοῦ τὴν συνοίκησιν τούτων εὐφόρως φέροντος καὶ κινήσαντος δίκην, κατεδίκασεν ὁ μάγιστρος τὸν πατέρα διὰ τὸ ἀτελεῖς εἶναι τοὺς παῖδας, κατέχειν μὲν τὸν μητρῷον φαλκίδιον καὶ παρέχειν ἑκάστῳ τῶν παίδων ὑπὲρ τούτου νομίσματα ια', παρέχειν δὲ καὶ παρ' ἑαυτοῦ ἕτερα νομίσματα ϛ'. καὶ ἐσημειώσατο οὕτως· ἐπεὶ τὸ ἀτελὲς τῆς ἡλικίας τῶν παίδων οὐ συνεχώρει πρὸς τούτους τὴν μητρῴαν ὕπαρξιν προβῆναι, ἐδοκιμάσθη μᾶλλον λυσιτελὲς εἶναι τοῖν μεροῖν ἀμφοτέροιν, κατέχειν μὲν τὸν πατέρα τὸν μητρικὸν τῶν ἑαυτοῦ παίδων κλῆρον, παρέχειν δὲ τούτων ἑκάστῳ νομίσματα ια', καὶ παρ' ἑαυτοῦ ὑπὲρ τῶν τριῶν νομίσματα ιη' ἐπὶ τῷ ἀποτρέφεσθαι καὶ ἐνδύεσθαι. εἰ μὲν γὰρ συνέζων τῷ πατρί, οὐδεμία ἦν τροφῆς καὶ ἐνδυμάτων πολυπραγμοσύνη· ἐπεὶ δὲ διέστησαν τοῦ πατρὸς οὐδ' αὐτοῦ τὴν συνοίκησιν εὐφόρως φέροντος, εἰς ταύτην ἤλθομεν τὴν οἰκονομίαν νομικῇ συγκραθεῖσαν αὐθεντείᾳ. ἀπολυομένοις μὲν γὰρ εἰς αὐτεξουσιότητα τοῖς παισὶ τὴν ἡμίσειαν τῶν μητρῴων δίδωσι τούτοις ὁ νόμος, τῷ δὲ πατρὶ τὴν λοιπὴν ἡμίσειαν κατὰ χρῆσιν μόνον ἀφίησιν, ἕως ἂν περιῇ. ἀλλ' ἐπεὶ τοῖς μὲν ἀφήλιξιν οὖσιν οὐκ ἔστι θέλημα βέβαιον, τῷ δὲ οὐκ ἀρεστόν ἐστιν, ἀλλ' οὐδὲ συμφέρον εἰς οἶκον τὸν ἴδιον ἔχειν τοὺς παῖδας, ἀπεστερήσαμεν τούτων τῶν μητρῴων οὐδέν, τὸ δὲ πατρόθεν μέλλον χορηγεῖσθαι συμμέτρως τετύπωται, οὐ μόνον διὰ τὸ ἀποστερεῖσθαι τὸν πατέρα τῆς παρὰ τοῦ νόμου κεχαρισμένης αὐτῷ μερίδος, ἀλλὰ καὶ διὰ τὸ φιλανθρωπεύεσθαι καὶ δοῦναι τὴν μητέρα τούτων εἰς φαλκίδιον τῶν παίδων λίτρας ἕξ. καὶ ὅτε τούτων ἕκαστος εἰς τὴν ἐντελῆ καὶ νόμιμον ἡλικίαν ἔλθῃ, λήψεται τὸ μητρόθεν αὐτῷ προσῆκον καὶ αὐτοῦ φροντιεῖ.

6 τούτου: τούτων cod. 12 τῷ^{1}: τὸ cod. 13 τροφὴ cod. 19 ἀπεστερήσαμεν: ἀπεστέρησε μὲν cod. 21 κεχωρισμένης cod. 22 τὴν μητέρα: τῇ μητρὶ cod.

Pira 1.14

Ein Mann trennte sich von seiner Frau, und als er die Mitgift übergab, behielt er als Pflichtteil für die drei Kinder acht Pfund zurück. Als aber auch seine Kinder auszogen, weil der Vater eine zweite Ehe einging, und weil auch er selbst das Zusammenleben mit ihnen nicht mehr gut ertragen konnte und einen Prozeß anstrengte, da verurteilte der Magistros den Vater: Wegen der Minderjährigkeit der Kinder solle er zwar den mütterlichen Pflichtteil in Besitz halten und für diesen jedem Kind 11 Nomismata auszahlen, aus seinem eigenen Vermögen solle er aber weitere sechs Nomismata (jedem Kind) zukommen lassen.

Und er gutachtete folgendermaßen: Da die Minderjährigkeit der Kinder es nicht erlaubte, ihnen das mütterliche Vermögen zu übergeben, schien es für beide Parteien vorteilhafter zu sein, daß der Vater das mütterliche Erbe seiner Kinder in Besitz halte, jedem Kind aber 11 Nomismata auszahle und aus seinem eigenen Vermögen 18 Nomismata für alle drei zur Ernährung und Kleidung. Wenn sie nämlich mit dem Vater zusammengelebt hätten, so hätte es keiner besonderen Unterhaltsregelung bedurft. Da sie sich aber vom Vater trennten und auch dieser das Zusammenleben mit ihnen nicht mehr gut ertrug, kamen wir zu dieser durch die gesetzliche Autorität bekräftigten billigen Lösung. In die Gewaltfreiheit entlassenen Kindern gibt das Gesetz nämlich die Hälfte des Mutterguts, dem Vater gewährt es die andere Hälfte allerdings nur zur Nutzung, solange er lebt. Da aber einerseits Minderjährigen kein wirksamer Wille gegeben ist, es andererseits dem Vater weder gefällt noch ihm zumutbar ist, die Kinder in seinem Haus zu behalten, haben wir ihm vom Muttergut nichts weggenommen, und der künftige vom Vater zu leistende Unterhalt wurde bescheiden festgesetzt. Letzteres nicht nur, weil der Vater seines ihm vom Gesetz gewährten Anteils beraubt wird, sondern auch um eine humane Entscheidung zu treffen und weil die Mutter den Kindern einen Pflichtteil von sechs Pfund hinterließ. Sobald eines der Kinder volljährig werden wird, soll es das ihm zustehende Muttergut an sich nehmen und selbst verwalten.

Der Sachverhalt ist einfach: Eine Ehe wurde getrennt[1]; der Mann gab der Frau die Mitgift zurück, von der er – sozusagen in Antizipation der Erbfolge – den Pflichtteil für die Kinder einbehielt. Die drei minderjährigen Kinder lebten beim Vater. Als dieser eine zweite Ehe einging, zogen die Kinder aus. Es kommt zum Prozeß.

In diesem Prozeß waren einige grundlegende Fragen des Familiengüterrechts zu klären: Wieviel von der Mitgift bzw. dem Muttergut den Kindern und wieviel dem Vater gebührt; welche Relevanz dem Umstand zukommt, ob die Kinder minderjährig oder volljährig, gewaltunterworfen oder gewaltfrei sind; schließlich: von wem, aus wessen Vermögen und in welcher Höhe Unterhalt für die Kinder zu leisten ist.

Die vom Verfasser der Pira teils beziehungslos, teils widersprüchlich referierten Bruchstücke aus dem Gutachten des Magistros lassen dessen Antworten auf diese Fragen kaum noch erkennen. Ich will versuchen, Eustathios' Gutachten zu rekonstruieren. Diese Rekonstruktion soll allerdings nicht nur den Gedankengang des Magistros und die von ihm zugrunde gelegten Gesetze zu Tage fördern; vielmehr möchte ich das im 11. Jahrhundert maßgebliche Konzept von Muttergut und Kindesvermögen seinerseits historisch zurückverfolgen bis in die Zeit, die im Formulieren und Diskutieren von Konzepten besonders kreativ war: das 4. Jahrhundert.

[1] Da der Mann später zum zweiten Mal heiratet, ist nicht nur von faktischer Trennung, sondern von Scheidung auszugehen. Aus welchem Grund diese erfolgte, bleibt unerwähnt; Eustathios scheint jedenfalls davon auszugehen, daß es sich um eine rechtmäßige Scheidung handelte.

II.

1. *Muttergut und Mitgift*

Zu Beginn von Pira 1.14 heißt es, der Vater habe der Frau, unter Einbehalten des Pflichtteils der Kinder, die Mitgift restituiert. Im folgenden ist nicht mehr die Rede von Mitgift, sondern vom μητρῷος φαλκίδιος (Z. 6), von der μητρῴα ὕπαρξις (Z. 8/9), vom μητρικὸς κλῆρος (Z. 10) und schließlich von τὰ μητρῷα (Z. 16 und 20).

Τὰ μητρῷα ist der bereits den Antezessoren geläufige Ausdruck für *bona materna*. *Bona materna* und *dos* werden in Pira 1.14 also in eins gesetzt. Wir sind gewohnt, diese beiden Vermögensmassen auseinander zu halten: Systematische Lehrbücher des nachklassischen und justinianischen Rechts[2] sowie des byzantinischen Rechts[3] behandeln die Mitgift (einschließlich der Erbfolge in diese) im Ehegüterrecht, die *bona materna* hingegen unter dem Kapitel „patria potestas" und „Vermögensfähigkeit von Hauskindern". Nach justinianischem Konzept, so scheint es, ist bei der Erbfolge in „das Vermögen einer verheirateten und in der Ehe verstorbenen Frau" – dasselbe gälte für eine rechtmäßig geschiedene Frau – „zunächst einmal zwischen ihrer Mitgift und dem sonstigen Vermögen zu unterscheiden"[4].

Eustathios hat diese Unterscheidung nicht getroffen. Wir müssen ermitteln, ob dies ein „Fehler" war, ob also im Hinblick auf die erbrechtlichen Konsequenzen eine Trennung von Mitgift und Muttergut, sei es immer, sei es in bestimmten Fällen, dogmatisch nötig und erheblich ist.

Die *bona materna* wurden erstmals im 4. Jahrhundert, nämlich von Konstantin, als eine gesonderte, speziellen Rechtsregeln unterliegende Vermögensmasse aus dem Familienvermögen ausgegrenzt. Nach altem Recht gelangte das Vermögen einer verstorbenen Mutter (soweit es nicht an den Besteller zurückfiel) keinesfalls unmittelbar an ihre gewaltunterworfenen Kinder, sondern dank der *patria potestas* an deren Vater, also den überlebenden Ehemann. Konstantin verfügte nun (CTh. 8.18.1, a.319 (a.315?) und CTh. 8.18.2, a.319), daß das Eigentum an den *bona materna* direkt den Kindern zukommen solle, der Vater hingegen auf ein Nutzungsrecht beschränkt werde. Die Neuregelung war skandalös, rüttelte sie doch an den Grundfesten der *patria potestas*, der alleinigen und allumfassenden Verfügungsgewalt des Vaters am Familienvermögen. Konstantin ist denn auch ängstlich besorgt, der traditionellen Familienstruktur wenigstens formal seine Ehrerbietung zu erweisen: *Placuit salva reverentia et pietate sacris nominibus debita* beginnt seine umstürzlerische Konstitution. In der Sache aber

[2] *Max Kaser*, Das Römische Privatrecht, II (München ²1975). Zur *dos*: „IV. Die Ehe. § 223: Die Herausgabe der dos nach beendeter Ehe"; zu den *bona materna*: „V. Väterliche Gewalt und Verwandtschaft. § 229: Die Vermögensfähigkeit der Hauskinder".

[3] *Karl Eduard Zachariä von Lingenthal*, Geschichte des griechisch-römischen Rechts (Berlin ³1892, Ndr. Aalen 1955). Zur *dos*: „Erster Titel. Eherecht. §§ 9 ff. Eheliches Güterrecht"; zu den *bona materna*: „Zweiter Titel. Verhältnis zwischen Eltern und Kinder (§§ 17 ff.)".

[4] *Dieter Simon*, Eine Juristenkontroverse über das Schicksal der Mitgift, in: Δώρημα στον Ι. Καραγιαννόπουλο (= Βυζαντινά 13, Thessaloniki 1985) 649–666 (652).

bleiben er und seine Nachfolger[5] hart: Der Vater wird des uneingeschränkten Verfügungsrechts über das Muttergut ein für allemal beraubt.

Die konstantinische Neuregelung hat in der rechtshistorischen Literatur äußerst lebhaftes Interesse gefunden. Breit diskutiert wurde die neue, unsicher schwankende Terminologie, mit der die dem Vater verbliebenen Rechte am Muttergut beschrieben wurden als „potestas adque dominium, ut fruendi pontificium habeant" oder – horribile dictu – als „dominium possessionis". Ausgiebig wurde auch untersucht, ob man das neue Recht hellenistischen und/oder vulgarrechtlichen Einflüssen zuschreiben müsse[6]. Die bescheidenere und uns hier interessierende Frage, was denn eigentlich die *bona materna* sind und ob die Mitgift zu ihnen gehört oder nicht, wurde hingegen, soweit ich sehe, gar nicht gestellt.

Die einschlägigen Konstitutionen des 4. und 5. Jahrhunderts (CTh. 8.18) verzichten auf eine Aufzählung der Güter, die sie als *bona materna, res maternae, substantia materna* oder *maternum patrimonium* behandeln; die *dos* findet in diesem Kontext keine explizite Erwähnung. Wäre sie, jedenfalls soweit sie – wie regelmäßig – aus dem Vermögen der Frau oder ihrer Familie bestellt wurde, nicht als Bestandteil der *bona materna* aufgefaßt worden, dürfte man einen entsprechenden Hinweis erwarten. Eine Ausnahme- oder Sonderregelung über das Schicksal der Mitgift bei Vorversterben der Frau ist im Codex Theodosianus jedoch nicht anzutreffen. Im Gegenteil: Die einzige Konstitution, welche sich im Titel „De dotibus" mit dem Erbgang hinsichtlich der Mitgift befaßt (CTh. 3.13.3, a.422), bestätigt, was wir von den *bona materna* bereits wissen: Der Mann erhält die *dos*, jedoch „ita ut proprietas eiusdem a liberis ex eadem (uxori) susceptis alienari a marito non possit". Die interpretatio erläutert, daß die Kinder die Dotalgegenstände nicht *quasi ex bonis maternis* vindizieren dürfen, sondern sie ihrem Vater zum Nießbrauch überlassen müssen. Das vorjustinianische Recht betrachtete also, ohne viel Worte zu machen, die Mitgift als (nicht notwendigerweise einzigen) Bestandteil des Muttervermögens.

Die Frage ist, ob Justinian daran etwas änderte. Aus dem Codex Theodosianus übernahm er die drei grundlegenden Konstitutionen über die *bona materna* (CTh. 8.18.1, 7, 9 = C. 6.60.1–3) und fügte ihnen eine lex von Leon hinzu (C. 6.60.4), welche die Gesetze seiner Vorgänger erneut bestätigt hatte. Justinians Interpolationen an diesem Material beschränkten sich darauf, die Rechte der Kinder und der Väter an den *bona materna* wieder in die alten Formen von *proprietas* und *ususfructus* zu gießen; in der Sache akzeptierte er, was seine Vorgänger seit Konstantin bestimmt hatten, ja er

[5] Vgl. Gratian, Valentinian und Theodosius in CTh. 8.18.6, a.379; Arcadius und Honorius in CTh. 8.18.7, a.395; Theodosius und Valentinian in CTh. 8.18.9 und 10, a.426.

[6] Vgl. *Kaser* (oben Anm. 2), 251 und 303 f.; aus der älteren Literatur insbesondere *Ernst Levy*, West Roman Vulgar Law. The Law of Property (Philadelphia 1951) insbesondere 34–40; *Guglielmo Castelli*, I bona materna nei papiri greco-egizi, in: *ders.*, Scritti giuridici, ed. *E. Albertario* (Mailand 1923) 215–219; neuerdings wieder *Pasquale Voci*, Il diritto ereditario romano nell'età del tardo impero, I: Il IV secolo, parte prima, in: IURA 29 (1978) 17–113 (56—79). Von der Diskussion „Vulgarrecht" und „hellenistischer Einfluß" rücken zugunsten einer inhaltlichen Analyse ab: *Gian Gualberto Archi*, Contributo alla critica del codice Teodosiano, in: Symbolae iuridicae et historicae Martino David dedicatae I (Leiden 1968) 33–44, und *Danilo Dalla*, Praemium emancipationis (Mailand 1983).

dehnte die von jenen für die *bona materna* geschaffene Konstruktion: ‚dem Kind gebührt das Eigentum, dem Gewalthaber der Nießbrauch' auf alle jene Gegenstände aus, „quae adquisitionem (patris) effugiunt" (C. 6.61.8 pr.) bzw. „quae minime patribus adquiruntur" (C. 6.61.6 pr.). Dazu gehörten nun neben dem Muttergut auch Einkünfte aus eigener Arbeit und Ehegewinn des Hauskinds. Diese Vermögensmasse des *filius familias* – eine dritte Kategorie neben dem *peculium (paganum)* und dem *peculium (quasi) castrense* – erhielt im Lateinischen nie einen präzisen Namen; im Griechischen heißt sie seit dem 6. Jahrhundert τὰ ἀπροσπόριστα. Ein Hinweis, daß die Mitgift der verstorbenen Mutter nicht zu diesen ἀπροσπόριστα zu zählen sei, ist im Codex Iustinianus nicht zu entdecken.

Die Einheit von *bona materna* und Mitgift müßte also, wenn die „herrschende Meinung", es handele sich um zwei zu unterscheidende Vermögensmassen, zutreffend ist, durch die justinianischen Novellen zerstört worden sein. In N. 22.34 (a.536) bestätigt Justinian zunächst, daß alle alten Gesetze ἐπὶ τοῖς μητρῴοις weiterhin gelten sollen, dem Vater also der Nießbrauch am Muttergut, den Kindern das Eigentum zukomme. Nicht die μητρῷα, sondern speziell die προίξ ist Gegenstand weiterer Novellen. N. 98.1 (a.539) verordnet für den Fall des Vorversterbens der Mutter, daß das Eigentum an der Mitgift den Kindern zu bewahren sei, der Nießbrauch hingegen dem Vater gebühre. Ebenso verhält sich dies nach N. 117.8 pr. (a.542) für den Fall der rechtmäßigen Scheidung.

Bis hierhin hat sich am konstantinischen Konzept also nichts geändert – weder was die *bona materna* insgesamt, noch was speziell die *dos* betrifft. Ein novum bringt erst N. 127.3 (a.548):

„Da wir aber Frauen, die keine zweite Ehe eingehen, eines Privilegs gegenüber jenen, die sich zum zweiten Mal verheiraten, für würdig erachten, bestimmen wir: Wenn eine ihres Mannes beraubte Frau von einer weiteren Ehe Abstand nimmt, so erhält sie (ohnehin), wie wir schon früher bestimmten, den Nießbrauch an der donatio ante nuptias; sie soll aber auch zu Eigentum so viel erhalten, wie viel einem Kindesteil entspricht, so daß sie in Bezug auf das Eigentumsrecht die Stellung eines Kindes einnimmt. Dies soll nicht nur für Mütter gelten, sondern auch für Väter und die anderen Aszendenten, die keine zweite Ehe eingehen."

Mit dieser Regelung verschaffte Justinian dem verwitweten oder (rechtmäßig) geschiedenen[7] Ehepartner eine Partizipation zu Eigentum am Vermögen des anderen Ehegatten. Was ehevertraglich bereits möglich war[8], wird nun Gesetz: Auch wenn keine γαμικὰ κέρδη für den Fall des Vorversterbens eines Ehepartners vereinbart sind, erhält der monogam bleibende Ehepartner nun ein gesetzliches κέρδος in Höhe eines Kindesteils. Durch die vertraglichen oder gesetzlichen κέρδη sind also zwei Änderungen gegenüber dem konstantinischen Konzept eingetreten: Zum einen wird ein

[7] Ob N. 127.3 nur für den verwitweten oder auch für den geschiedenen monogam bleibenden Ehepartner gilt, läßt sich aus dem Wortlaut (γυνὴ ἀποβαλλομένη) nicht mit Sicherheit erkennen. Theodoros steht auf dem Standpunkt, daß N. 127.3 nur bei Vorversterben eines Ehegatten, nicht bei Scheidung anzuwenden sei. Eustathios Rhomaios ging in Pira 1.14 offenbar davon aus, daß eine – rechtmäßige – Scheidung ebenso wie das Vorversterben zu behandeln sei: Der Mann hatte seinen ihm „vom Gesetz gewährten Anteil", welches nur der von N. 127.3 vorgesehene Kindesteil sein kann, erhalten.

[8] Vgl. N. 97.1, a.539.

Ehegatte am Vermögen des anderen zu Eigentum beteiligt, was Konstantin gerade verhindern wollte. Zum anderen ist nun tatsächlich und erstmalig eine Unterscheidung zwischen *bona materna* und *dos* vonnöten, da sich jedenfalls das vertragliche, vermutlich aber auch das gesetzliche κέρδος nicht auf das Gesamtvermögen der Frau, sondern nur auf die Mitgift bezieht[9].

Heiratet der Mann allerdings zum zweiten Mal, so fällt sein Eigentumsanteil an die Kinder zurück[10] und er behält nur den Nießbrauch[11]. Dies bedeutet, das κέρδος erlangt wieder exakt den Status von ganz normalen *bona materna.*

Es scheint mir daher zum Verständnis des justinianischen Familiengüterrechts hilfreich, Muttergut und Mitgift als Einheit zu betrachten, weil sie prinzipiell denselben Regeln folgen. Nur in einem einzigen Fall, der lebenslänglichen Monogamie des Vaters, wird diese Einheit durch das nur auf die Mitgift bezogene κέρδος durchbrochen. Dieses κέρδος will ich deshalb im folgenden als *praemium monogamiae* bezeichnen.

Zweifel, ob diese einfache Rekonstruktion nicht doch eine unzulässig vereinfachende ist, könnte allerdings folgender vieldiskutierter Fall erwecken: Ein Kind, das infolge der Digamie seines Vaters das Eigentum an dessen *praemium monogamiae* erlangt hatte, stirbt. Hat es seinerseits Kinder, sind diese alleinige Erben; starb es aber kinderlos, so sind sein Vater und, soweit vorhanden, seine Geschwister zu gleichen Teilen als Erben zu berufen (N. 118.2). Danach könnte der Vater, obgleich digam, doch noch Eigentümer an einem Teil der ehemaligen Mitgift seiner Frau werden.

Justinian hat sich nicht explizit dazu geäußert, ob der digame Vater auch noch im Erbfall nach dem Kind für seine zweite Ehe büßen soll. Da eine solche Aussage fehlt, wurde der Sachverhalt kontrovers diskutiert. Die besten Zeugen für diese Kontroverse, zwei Gutachten des Erzbischofs Demetrios Chomatianos (13. Jhdt.), hat D. Simon kürzlich vorgestellt und kommentiert[12]. Chomatian verfocht entschieden die Ansicht, die Digamiestrafe sei bis in den Erbfall zu verlängern. Dann aber ist, so folgert Simon, eine Unterscheidung von *bona materna* und *dos* nicht nur – wie nun von mir behauptet – für den Fall der lebenslänglichen Monogamie erforderlich, sondern auch im Fall der Deuterogamie, um zu verhindern, daß der Vater, wie geschildert, im Erbfall nach dem Kind den mit der Digamiestrafe weiterhin „behafteten" Mitgiftanteil erlangt.

Diese Überlegungen gehen stillschweigend davon aus, ein digamer Vater könne Erbe der gesamten ἀπροσπόριστα seines Sohns einschließlich der dazu gehörenden *bona materna* werden, wobei allein sein ehemaliges *praemium monogamiae* ausge-

[9] In N. 127.3 ist nicht ausdrücklich gesagt, auf welches Vermögen sich der Kindesteil beziehen soll. Da die Neuregelung aber an dem bisher bereits gewährten Nießbrauch der Frau an der *donatio* anknüpft, ist eine Beschränkung des Kindesteils auf die als *dos/donatio* eingebrachten Güter aber wahrscheinlich.

[10] Für das vertragliche κέρδος bestimmt dies N. 22.23: οἱ παῖδες, εἰ καὶ ὑπεξούσιοι καθεστήκοιεν, ἀλλ' οὖν κύριοι κατὰ δεσποτείαν τῶν τοιούντων (κερδῶν) ἔσονται. Gleiches wird für das gesetzliche κέρδος intendiert gewesen sein.

[11] Für die *bona materna* ist dies angeordnet in C. 6.60.4 (a.468), für die an die Kinder zurückfallenden κέρδη in N. 22.23: οὐ … ἀπολαύσει (scil. ὁ δευτερογαμήσας πατὴρ) κερδῶν κατὰ δεσποτείας λόγον … πλὴν ὅσον χρῆσθαι καὶ καρποῦσθαι μέχρι περιῆ μόνον.

[12] Vgl. oben Anm. 4.

nommen sei. Mir scheint hingegen einiges darauf hinzudeuten, daß der Vater an den gesamten *bona materna* der Kinder im Falle einer zweiten Ehe alle Eigentumsansprüche einbüßte.

Eine präzise Regelung des Erbrechts an den *bona materna* des vorversterbenden Kindes hatte es einmal gegeben. Theodosius verordnete im Jahr 426 (CTh. 8.18.10):

pr.: Die *bona materna* eines kinderlos versterbenden Kindes erbt der Vater unter Ausschluß der Geschwister des Kindes.

1: Geht der Vater, sei es vor dem Tod oder nach dem Tod des Kindes, eine zweite Ehe ein, so verbleibt ihm der Nießbrauch an den *bona materna* des Kindes, das Eigentum an diesen fällt hingegen den Geschwistern zu.

2: Hinterließ das Kind seinerseits Kinder, erhalten diese die *bona materna* zu Eigentum, wobei, solange sie gewaltunterworfen sind, ihr Großvater den Nießbrauch hat.

Der fromme Kaiser Theodosius hatte also bereits dafür gesorgt, daß die *bona materna*, einschließlich der Mitgift, nicht in die Hände einer zweiten, neuen Familie gelangen konnten. Seine Konstitution fand allerdings keinen Eingang in die justinianische Kodifikation. Daraus könnte man schließen, daß Justinian sich diese Regelung nicht zu eigen machen wollte. Ein solcher Schluß wäre allerdings allzu platt. Zum einen dünkt es unwahrscheinlich, daß Justinian weniger eifrig als Theodosius um die Monogamie des Hausvaters besorgt gewesen sein sollte: Beliebt es doch gerade ihm, Justinian, ein hohes Lied auf die Reinheit des Ehebetts zu singen, das nie von einem zweiten Partner besetzt wird[13]. Justinian hätte seine eigene Haltung konterkariert, wenn er durch wissentliche und willentliche Unterdrückung der Konstitution des Theodosius dem Deuterogamen den Genuß des mütterlichen Vermögens durch Erbfall wiederverschafft hätte.

Daß dies nicht seine Absicht war, erweist sich aber auch an seiner Regelung des umgekehrten Falls (N. 22.46.2): Beerbt eine deuterogame Frau ihr intestat verstorbenes Kind aus erster Ehe, so ist ihr dies hinsichtlich aller Eigengüter des Kindes gestattet; die an das Kind gelangte πατρῴα οὐσία kann sie jedoch keinesfalls[14] erben. Am Vatergut erhält sie vielmehr nur den Nießbrauch[15]. Das, was Justinian für die *bona paterna* recht schien, dürfte ihm für die *bona materna* billig gewesen sein – auch wenn er „vergaß“, das mütterliche Vermögen im umgekehrten Fall eigens zu erwähnen.

[13] N. 2.3 pr.; N. 98 pr.

[14] „wenn sie überhaupt, sei es vor, sei es nach dem Tod des Kindes, eine zweite Ehe einging“: N. 22.46.2, Schöll/Kroll 182/34–35; Mißverständnis bei *Simon* (oben Anm. 4), 656, der zu übersetzen scheint: „sei es daß sie überhaupt, sei es daß sie vor, sei es daß sie nach dem Tod des Kindes eine zweite Ehe einging“ und deshalb auch die monogame Frau hinsichtlich des Vaterguts für erbunfähig erklärt.

[15] Die Regelung wird auch von Chomatian zitiert, aber nicht argumentativ ausgebeutet, vgl. *Simon* (oben Anm. 4), 656. – In N. 2.3.1, die allerdings durch N. 22 obsolet wurde, hatte Justinian bereits bestimmt, daß die deuterogame Frau die προγαμιαία δωρεά nach dem Kind nicht erben könne, weil diese – auch als Bestandteil des Erbes – ihre „Natur als Eheschenkung“ (15/37) nicht verliere, also weiterhin von der Digamiestrafe betroffen sei. In N. 22.46.2 ist diese Regelung auf die gesamte πατρῴα οὐσία erweitert. Ob dies gezielt geschah oder ob Justinian die beiden Vermögensmassen ohnehin als identisch betrachtete, muß dahinstehen.

Demnach hat Chomatian, wenn er auf dem Standpunkt steht, die Digamiestrafe müsse auf das Erbrecht des Vaters durchgreifen, Justinians Willen wohl zutreffend ergänzt. Bei einem „wohl" muß es hier bleiben, weil eine explizite Regelung, wie gesagt, fehlt. Erst recht fehlt dann aber eine Regelung, welche die postulierte Erbunfähigkeit des deuterogamen Vaters auf einen Teil des ehemaligen mütterlichen Vermögens, auf die *dos,* begrenzte. Wenn man also überhaupt aus der Erbunfähigkeit der deuterogamen Mutter an der πατρῷα οὐσία auf eine gleiche normative Absicht für den deuterogamen Vater schließen will, so wird man nicht umhinkommen, dessen Erbunfähigkeit gleichfalls auf die gesamte μητρῷα οὐσία zu beziehen. Das aber bedeutet, bei Deuterogamie haben Muttergut und Mitgift auch im Erbfall nach dem Kind ein gemeinsames Schicksal. Die lebenslängliche Monogamie bleibt der einzige Fall, in dem, weil das *praemium* fällig wird, eine Unterscheidung von *dos* und *bona materna* getroffen werden muß. Da dieser Fall weder Chomatians Gutachten noch Eustathios' Entscheidung zugrunde lag, ist beider Identifizierung von Muttergut und Mitgift nicht nur „nicht unvernünftig" und „nicht unverständlich"[16], sondern systematisch und historisch völlig korrekt.

2. *Das praemium emancipationis*

Mit dem Ergebnis, daß in Pira 1.14 Mitgift und Muttergut – zu Recht – als nicht nur faktisch, sondern auch rechtlich identisch behandelt werden, ist für die Rekonstruktion und Interpretation des Falls noch nicht viel gewonnen. Streitig war, ob und wann das Muttergut den Kindern auszuhändigen sei und was zwischenzeitlich gelten solle.

Solange die Kinder gewaltunterworfen waren, behielt nach konstantinischem und justinianischem Konzept der Vater den Nießbrauch an den gesamten *bona materna.* Konstantin zufolge sollte der Vater aber im Falle, daß er den Sohn emanzipiere, ein Drittel der *bona materna* zu freiem und vollem Eigentum erhalten (CTh. 8.18.1,2).

Dieses *praemium emancipationis* stellte eine Art „Abfindung" des Vaters dar, denn mit dem Zeitpunkt der Emanzipation endete sein Nutzungsrecht an den *bona materna,* und das einstige Familienvermögen war endgültig in Eigenvermögen des Vaters und – Eigentum plus Nutzung umfassendes – Vermögen des Kindes getrennt. Das *praemium* sorgte also dafür, daß der Vater bei dieser radikalen Gütertrennung nicht leer ausging, sondern an den von seiner Frau eingebrachten Gütern mit einem Drittel Eigentum partizipierte. Ein gewisses Unbehagen an dieser Kommerzialisierung der Auflösung von Familienbanden ist in Konstantins Konstitutionen zu spüren: Er gibt der Hoffnung Ausdruck, daß ein anständiger Vater sein Drittel am Muttergut nicht in Anspruch nehmen, jedenfalls nicht verprassen werde, und daß die Kinder sich in frommem Eifer bemühen werden, eines Tages (durch Erbfall) den Genuß dieses Drittels wiederzuerlangen (CTh. 8.18.2). Gleichwohl: Mit Gewaltfreiheit der Kinder war die Gütertrennung rechtlich und faktisch perfekt.

Diese scharfe Trennung wurde von Justinian wieder verwischt: Er mißbilligte den Eigentumserwerb des Vaters an einem Drittel der *bona materna* wegen der Gefahr, daß so dem Kind ein Teil des Muttervermögens endgültig verlorengehen könne, und

[16] So *Simon* (oben Anm. 4), 658.

ersetzte ihn durch einen lebenslänglichen Nießbrauch des Vaters an der Hälfte der *bona materna* nach Emanzipation des Kindes (I. 2.9.2, C. 6.61.6.3)[17].

Ehe wir betrachten, in welcher Form dieses justinianische *praemium emancipationis* in Pira 1.14 relevant wird, sei ein kurzes vergleichendes Resümee der konstantinischen und justinianischen Regelungen zu Muttergut und Kindesvermögen gezogen: Konstantin beabsichtigte, das dotale und das außerdotale Vermögen der Frau dem Zugriff des Mannes zu entziehen. So wie der Mann bei bestehender Ehe keinerlei Verfügungsgewalt über das außerdotale Vermögen und nur ein eingeschränktes Verfügungsrecht über die Mitgift besaß, so sollten ihm nach Beendigung der Ehe keine wesentlich besseren Rechte zuwachsen. Konstantin dachte insofern das alte Konzept der Gütertrennung konsequent zu Ende, nämlich über den Tod der Frau hinaus. Dies war nur unter Preisgabe eines wesentlichen Aspekts der *patria potestas* zu bewerkstelligen. Und eben diesen Weg beschritt Konstantin. Daß er dabei die Beschneidung der *patria potestas* nicht nur billigend in Kauf nahm, sondern eher als willkommenen Nebeneffekt konsequenter Gütertrennung begrüßte, zeigt das von ihm erfundene *praemium emancipationis:* eine – mit einer Gratifikation verbundene – Aufforderung an Gewalthaber, die vermögensrechtlich ohnehin schon reduzierte *patria potestas* ganz aufzugeben.

Mit der Radikalisierung der Gütertrennung zwischen Ehegatten und der Minimierung der *patria potestas* traten an die Stelle des einen über das Hausvermögen herrschenden *paterfamilias* nun mehrere selbständige Wirtschaftssubjekte, nämlich die Frau, deren Vermögen auch nicht mehr nach ihrem Tod der Gemeinschaftskasse anheimfiel, vor allem aber die Kinder, deren Startkapital, die *bona materna,* nicht mehr und auch nicht vorübergehend der Disposition des Vaters unterlag, und die nach dem Opfer eines Drittels dieses Kapitals endgültig autonom wurden. Etwas pointiert könnte man dieses Konzept als Auflösung eines ökonomischen und ideellen Zwangsverbandes zugunsten selbständiger, eigenverantwortlicher Individuen deuten.

Justinian warf seinen Vorgängern vor, das *praemium emancipationis* sei eine inhumane Einrichtung, da der Sohn den durch die Emanzipation bewirkten Zuwachs an Ehre mit schnödem Geld und einer endgültigen Vermögensminderung bezahlen müsse (I. 2.9.2). Seine Idee, den Vater für die Emanzipation statt mit einem Drittel Eigentum mit dem lebenslänglichen Nießbrauch an der Hälfte der *bona materna* zu entlohnen, wurde bislang als weiterer Fortschritt in der „Abnabelung" der Kinder zu Lasten der väterlichen Rechte gesehen[18]. Zweierlei scheint mir an einer solchen Interpretation bedenklich: Zum einen ist der Nießbrauch an der Hälfte eines Vermögens nur dann eine Schlechterstellung gegenüber einem Drittel Eigentum an selbigem Vermögen, wenn dieses Vermögen mobil, durch Mobilität gewinnträchtig und etwa durch Handel vermehrbar ist. Ist es hingegen, wie in agrarwirtschaftlichen Verhältnissen üblich, weitgehend immobil, bleibt „Eigentum" zwar ein stolzes Wort, verschafft wirt-

[17] Die Idee ist nicht neu: Auf den lebenslänglichen Nießbrauch eben an der Hälfte der *bona materna* hatte bereits Valentinian die Rechte des Vaters reduziert, allerdings sobald der Haussohn 20 Jahre alt werde (Nov. Valent. 35.10, a.452; vgl. *Dalla* (oben Anm. 6), 74–77). Justinian knüpft diese Folge statt an die faktische Selbständigkeit wieder an die formale Emanzipation an.

[18] So *Dalla* (oben Anm. 6), 93.

schaftlich aber keinerlei größere Vorteile als der Nießbrauch. Bei Justinians Feststellung, mit dem Nießbrauch an der Hälfte der *bona materna* komme der Vater in den Genuß einer „größeren Summe" als mit dem Eigentum an einem Drittel (I. 2.9.2), handelt es sich also keineswegs um eine „Schutzbehauptung" (so Dalla[19]), sondern um eine ökonomisch realistische Sicht der Dinge.

Zum anderen wird in der Diskussion um das *praemium emancipationis* zwar der Verlust des väterlichen Eigentumsrechts betont, das neue Eigentumsrecht des Vaters am mütterlichen Vermögen, nämlich das *praemium monogamiae* aber vergessen. Da dieses *praemium,* wie wir sahen, mindestens ein Kindesteil ausmachte, bei vertraglicher Vereinbarung aber durchaus höher liegen konnte[20], dürfte der vom Vater privatisierte Teil des mütterlichen Vermögens in der Regel (nämlich dann, wenn die Frau nicht über erhebliches außerdotales Vermögen verfügte) kaum geringer ausgefallen sein als das vorjustinianische *praemium emancipationis.* Justinian nimmt also, ebenso inhuman wie seine Vorgänger, in Kauf, daß das Startkapital des Sohnes durch Eigentumsansprüche des Vaters geschmälert wird.

Der wesentliche Unterschied zum konstantinischen Konzept liegt damit keineswegs in einer ökonomischen Besserstellung der Kinder zu Lasten der Väter. Justinian hat vielmehr die väterlichen Rechte am Muttervermögen erhalten, ja sogar erweitert, jedoch neu ausgestaltet: Eigentumsansprüche des Vaters am Muttervermögen sind nun mit der Kondition der Monogamie verknüpft. Nießbrauchrechte des Vaters werden auf seine Lebenszeit und über den Zeitpunkt der Emanzipation des Kindes hinaus ausgedehnt. Damit zeichnen sich die Umrisse einer justinianischen Idealfamilie ab: Der Zusammenhalt der Familie wird gestärkt; Autonomiegelüste werden durch wirtschaftliche Sanktionen in engen Grenzen gehalten. Weder kann sich der Sohn gänzlich dem Vater entziehen noch der Vater seinen Kindern. Den Sohn, selbst den emanzipierten Sohn, fesseln die dauerhaften Nutzungsrechte des Vaters, dem Vater droht, wenn er die frau- und mutterlose Familie verläßt, der Verlust seines Eigentumsanteils an der Mitgift. Wenn schon die Familiengemeinschaft bröckelt, weil ein Kind emanzipiert wird oder weil ein Elternteil durch Tod oder Scheidung ausfällt, so müssen die wirtschaftlichen Bande den gänzlichen Zerfall verhindern. Das eine dieser Bande ist die Monogamieprämie: Ein alleingelassener oder alleinverbliebener Ehegatte soll sich in die Kinderschar einreihen und in diesem Status der unschuldigen Familientreue – als παιδὸς πρόσωπον, wie Justinian so anschaulich sagt (N. 127.3) – verharren. Andernfalls droht ihm der Verlust der Prämie.

Das andere Band ist die Emanzipationsprämie, welche, wenn denn die Gewaltfreiheit eines Kindes erforderlich scheint, Vater und Kind in einer paritätischen und lebenslänglichen Nutzungssozietät verbindet.

Justinian hat damit, ohne die *patria potestas* formal in vollem Umfang wiederherzustellen, gleichwohl durchaus restaurativ die von seinen Vorgängern freigesetzte Autonomie (ehemaliger) Familienangehöriger in einem wirtschaftlichen Verband gefesselt.

[19] nämlich weil sie darüber hinwegtäuschen solle, daß dem Vater „in Wahrheit" ein weiteres Opfer, der Verlust seines Eigentumsrechts an den *bona materna,* zugemutet werde, so *Dalla,* 92 f.
[20] Nach dem Tractatus de peculiis „gewohnheitsmäßig" ein Drittel oder die Hälfte der Mitgift.

Kehren wir nun zu Pira 1.14 zurück, um zu sehen, ob und wie sich Justinians Vorstellungen von einer gerechten Ordnung von Muttergut, Kindesvermögen und väterlichen Rechten durchgesetzt haben.

Der Pflichtteil am Muttergut betrug acht Pfund. Der Vater partizipierte daran zunächst „wie ein Kind" (N. 127.3), also mit zwei Pfund. Daraus erklärt sich, daß am Ende von Pira 1.14 (Z. 23) der Pflichtteil der Kinder auf nur sechs Pfund beziffert wird. Diese sechs Pfund wuchsen aber erneut auf acht Pfund an, als der Vater zum zweiten Mal heiratete: Er wurde seines gesetzlichen κέρδος beraubt (Z. 21–22). Die Frage war nun, wann er diese acht Pfund den Kindern aushändigen muß. Wenn Kinder in die Gewaltfreiheit entlassen werden, so zitiert (Z. 15–16) Eustathios die justinianische Regelung des *praemium emancipationis,* ist die Hälfte des Mutterguts an sie auszuhändigen, die andere Hälfte bleibt dem Vater zur Nutzung. Eustathios will das Muttergut aber insgesamt im Besitz des Vaters belassen und es erst mit Volljährigkeit den Kindern übertragen. Auf den ersten Blick scheint Eustathios also der häufig anzutreffenden Verwechslung von Gewaltfreiheit und Volljährigkeit zum Opfer gefallen zu sein. Dies ist nicht der Fall. Sein Gedankengang dürfte vielmehr folgender gewesen sein:

Prinzipiell können auch minderjährige Kinder gewaltfrei sein[21]. Die drei minderjährigen Kinder wurden zwar nicht ausdrücklich vom Vater emanzipiert, sie waren jedoch mit dessen Zustimmung, wenn nicht gar auf seinen Wunsch ausgezogen. Dieser Umstand wäre nach justinianischem Recht zwar gänzlich irrelevant, nach der 25. Novelle Leons VI. kommt der faktischen Trennung vom Vater aber große Bedeutung zu. Ich zitiere[22]:

„Wenn das Kind offenkundig in die Lage versetzt wurde, sein Leben – auch ohne daß damit eine Heirat verbunden sein müßte – nach eigenem Gutdünken zu führen, sei es, daß sein Gewalthaber ausdrücklich zustimmte, sei es, daß er ohne eine solche Erklärung durch Schweigen zustimmte und dem für sich lebenden Kind nicht widersprach, so soll die Gewaltfreiheit des Kindes unverbrüchlich feststehen."

Leon wollte, wie der Kontext der Novelle zeigt[23], mit dieser Bestimmung zwar keine neue Art von „emancipatio per separatam oeconomiam"[24] schaffen, sondern nur die Beweislage zugunsten der Kinder verbessern. Es liegt aber auf der Hand, daß das Indiz der selbständigen, vom pater familias getrennten Lebensführung gerade auch für die drei minderjährigen Kinder in Pira 1.14 zutrifft. Sind die drei Kinder mithin als Gewaltfreie zu behandeln, so müßte der Vater ihnen sofort das Muttergut aushändigen. Dann allerdings wäre dieses Vermögen in die Hände von Geschäftsunfähigen ge-

[21] Daß Eustathios sich darüber klar ist, ergibt sich aus Pira 1.2, wo B. 10.4.38.1 (= D. 4.4.38.1) zitiert wird, ein Fall, der einen αὐτεξούσιος νέος voraussetzt.

[22] *Pierre Noailles/Alphonse Dain,* Les Novelles de Léon VI le Sage (Paris 1944) 99/27–100/5.

[23] Im Prooimion der Novelle berichtet Leon von einer richterlichen Spruchpraxis, nach welcher Vätern von emanzipierten Söhnen gestattet wurde, diese Söhne, wenn sie kinderlos waren (oder wieder wurden), erneut unter ihre Gewalt zu bringen, sie damit am Testieren zu hindern und Anspruch auf ihr Vemrögen zu erheben. Diesem Mißstand will Leon abhelfen und stellt bei dieser Gelegenheit (προσεπισυνάπτομεν) auch gleich klar, daß er das selbständige Dasein des Kindes als ausreichenden Beweis für seine Gewaltfreiheit ansieht.

[24] *Zachariä,* Geschichte (oben Anm. 3), 113.

raten. Um dieses zu verhindern – ἐπεὶ τοῖς μὲν ἀφήλιξιν οὖσιν οὐκ ἔστι θέλημα βέβαιον (Z. 17/18) –, entschied der Magistros, daß das Vermögen im Interesse der Minderjährigen vorläufig beim Vater verbleiben solle.

Der Vater muß allerdings aus dem ihm – eigentlich regelwidrig – verbliebenen Muttergut für jedes Kind 11 Nomismata zahlen. 33 Nomismata entsprechen, wie schon Zachariä anmerkte, einer Verzinsung der acht Pfund in Höhe von 6% p.a.[25], welches der von Justinian fixierte (C. 4.32.26), in die Basiliken rezipierte (B. 23.3.74) und in der Pira an anderer Stelle (19.62) zitierte gesetzliche Zinssatz ist. Die Verzinsung des gesamten von der Mutter stammenden Kapitals – und nicht etwa nur der Hälfte – zeigt, daß Eustathios trotz des Eintritts der Gewaltfreiheit der Kinder nicht bereit war, dem Vater ein *praemium emancipationis* zuzugestehen. Denn dann hätte der Vater die Hälfte für sich selbst nutzen dürfen, mithin nur vier Pfund verzinsen müssen. Indem Eustathios ihn nicht als Usufruktuar, sondern als ordentlichen Verwalter von Fremdkapital einstuft, gibt er zu erkennen, daß ihm im Falle der – hier vom Vater provozierten und gebilligten – „Selbstemanzipation" der Kinder eine „Belohnung" des Vaters nicht angebracht scheint. Den Kindern ist damit bei Volljährigkeit das Muttergut vollständig zu übertragen; der Schluß von Pira 1.14 sieht keine Beschränkung auf die Hälfte vor.

Schließlich wird der Vater mit seinem eigenen Vermögen zum Unterhalt beigezogen. Denn nach einer Scheidung sind, wie N. 117.7 (= B. 31.6.13) bestimmt, die Kinder grundsätzlich vom Vater zu ernähren[26]. Weil er aber seinen gesetzlichen Anteil bereits verloren hat und am Muttergut überhaupt nicht mehr partizipiert, weil zudem die Kinder bereits in den Genuß der Zinsen aus dem Muttergut kommen, hat Eustathios Erbarmen mit dem Vater und setzt den Unterhalt auf „bescheidene" sechs Nomismata pro Kind und Jahr fest.

III.

In knappen Worten können wir nun das Gutachten des Magistros wie folgt rekonstruieren:

Die drei Kinder der geschiedenen Frau erhielten das Eigentum an ihrem Pflichtteil aus der mütterlichen Mitgift. An diesem Pflichtteil partizipierte der Vater zunächst „wie ein Kind", also zu einem Viertel.

Die Mitgift ist identisch mit dem Muttergut, nicht nur weil die Mutter in diesem Fall offenbar kein weiteres Vermögen besaß, sondern weil der Vater sein *praemium* an der Mitgift durch die zweite Ehe verloren hatte, womit sein Anteil an die Kinder und in den Status von *bona materna* zurückfiel.

Deshalb finden im weiteren ausschließlich die Regeln über die *bona materna* Anwendung.

[25] Präzise müßten es 34,56 Nomismata sein.

[26] ἐκ τῆς τοῦ πατρὸς οὐσίας ἀναμφισβητήτως ἀποτρεφόμενοι. Dies gilt selbst dann, wenn die Frau die Schuld an der Scheidung trägt. Eine Unterhaltspflicht der Mutter tritt nach N. 117.7 nur im Fall der Armut des Vaters ein.

Das Muttergut steht im Eigentum der Kinder, den Nießbrauch hat der Vater. Diesen müßte er zur Hälfte an die Kinder abtreten, wenn er sie emanzipiert.

Die Kinder sind, da sie vom Haushalt des Vaters getrennt leben, nach Leons Novelle 25 als gewaltfrei anzusehen.

Da sie jedoch nicht vom Vater aus Liberalität emanzipiert (sondern eher aus dem Haus „vergrault") wurden, gebührt ihm kein *praemium emancipationis.* Infolgedessen müßte der Vater den Kindern das gesamte Muttergut sofort aushändigen.

Da sie minderjährig sind, soll er es jedoch wie ein Tutor, d.h. mit entsprechender Verzinsung, verwahren.

Außerdem muß er aus eigenem Vermögen einen, wenn auch bescheidenen Unterhalt zahlen.

Mit Eintritt der Volljährigkeit werden die drei Kinder also das ungeschmälerte und durch keinerlei väterliche Rechte belastete Muttergut erhalten. Die Monogamieprämie an diesem Gut hat der Vater eingebüßt, weil er nicht ohne eine zweite Frau leben wollte. Die Emanzipationsprämie hat er verspielt, weil er nicht mit den Kindern leben wollte, um sie später großzügig aus der Gewalt zu entlassen. Angesichts der familiären Katastrophen, Scheidung, Zweitehe und gar Auszug der Kinder, hat Eustathios den Vater endgültig vom Podest der *potestas* heruntergeholt, ihn zwar mit allen väterlichen Pflichten belastet, ihm aber keinerlei Rechte belassen. Justinians Vorstellung, die Restfamilie könne und müsse zumindest über die gemeinsame Nutzung des Mutterguts zusammengehalten werden, ist fehlgeschlagen. Muttergut ist für Eustathios nur noch verzinsbares Kapital, an dem es für den Vater selbständiger Kinder nichts zu verdienen gibt.

Ludwig Burgmann

Reformation oder Restauration? Zum Ehegüterrecht der Ecloga

In seiner grundlegenden Darstellung der „inneren“ Geschichte des griechisch-römischen Rechts hat Karl Eduard Zachariä von Lingenthal vom ehelichen Güterrecht der Ecloga als einem „ganz eigenthümlichen“ gesprochen und befunden, daß es vom justinianischen Recht „sehr wesentlich“ abweiche[1]. Diese Feststellung war außerordentlich folgenreich.

Zunächst für Zachariäs Periodisierungskonzept der griechisch-römischen Rechtsgeschichte[2]. Denn es waren weder die literaturgeschichtlich insulare Stellung des 741 promulgierten isaurischen Gesetzbuchs zwischen der justinianischen Kodifikation und deren Wiederbelebung unter den Makedonen noch die formale Originalität der Ecloga als Prototyp des byzantinischen Rechtsbuchs, die ihn veranlaßten, der Ecloga epochalen Rang einzuräumen, vielmehr glaubte er, eine Neugestaltung des Rechts erkennen zu können, die er insbesondere im Strafrecht und mehr noch im Eherecht lokalisierte. In der Behandlung von Konkubinat, Scheidung und mehrfacher Wiederverheiratung durch die Ecloga sah er die christliche Anschauung der Ehe verwirklicht, im Güterrecht fand er „den Gedanken ausgebildet, dass durch und während der Ehe eine Einheit nicht nur der Personen, sondern auch des Vermögens – eine Gütergemeinschaft – entstehe“[3].

Sodann führte Zachariäs unumstrittene Autorität dazu, daß sein Urteil vielfach ohne ernsthafte Prüfung übernommen wurde[4]. Auch früh geäußerter Widerspruch

[1] *Karl Eduard Zachariä von Lingenthal,* Geschichte des griechisch-römischen Rechts (Berlin ³1892 [Ndr. Aalen 1955]) 84, 89. Die beiden angeführten wie auch alle folgenden Zitate finden sich bereits in der noch unter anderem Titel erschienenen 1. Auflage (1. Heft Leipzig 1856) und selbstverständlich auch in der 2. Auflage (Berlin 1877).

[2] Kritisch rekonstruiert von *Dieter Simon,* Die Epochen der byzantinischen Rechtsgeschichte, in: Ius Commune 15 (Frankfurt am Main 1988) 73–106 (hier 73–88).

[3] *Zachariä,* Geschichte, 89, vgl. auch 57, 58, 78–79 und 82.

[4] Ohne Anspruch auf Vollständigkeit und ohne Berücksichtigung unterschiedlicher Nuancierungen seien genannt *Jos. Zhishman,* Das Eherecht der orientalischen Kirche (Wien 1864) 653–654, 656-657; *Damianos Borres,* Περὶ προγαμιαίας δωρεᾶς κατὰ τὸν ῥωμαϊκὸν καὶ ἰδίως κατὰ τὸν βυζαντιακὸν νόμον (Athen 1884) 41–55; *Antonios G. Mompherratos,* Πραγματεία περὶ προγαμιαίας δωρεᾶς κατὰ τὸν ῥωμαϊκὸν καὶ ἰδίως κατὰ τὸν βυζαντιακὸν νόμον (Athen 1884) 67–70; *Demosthenes D. Desminis,* Die Eheschenkung nach römischem und insbesondere nach byzantinischem Recht (Athen 1897) 16–30; *François Dupouy,* Le Droit civil Romain d'après l'Ecloga (Bordeaux 1902) 72–81; *Edwin Hanson Freshfield,* A Manual of Roman Law. The Ecloga (Cambridge 1926) 17–19, 24–25; *N. P. Blagoev,* Ekloga (Sofia 1932) 26–27, 47–

zum zentralen Punkt der Gütergemeinschaft[5] konnte nicht verhindern, daß noch in jüngerer Zeit die inhaltliche Andersartigkeit des isaurischen Ehegüterrechts als selbstverständlich angenommen und mit dem Einfluß griechischen Volksrechts erklärt[6] oder in den „Übergang der oströmischen Sklavenhaltergesellschaft in den byzantinischen Frühfeudalismus" eingepaßt wurde[7]. Andererseits hat es auch an energischen, die materielle Neuartigkeit der Ecloga global negierenden Protesten nicht gefehlt. So gab H. J. Scheltema zu Protokoll: „... namentlich das Ehegüterrecht – das nebenbei gesagt keine Spur irgendeiner Gütergemeinschaft aufweist – entspricht, soweit ich sehe, dem, was aus der justinianischen Gesetzgebung hervorgeht."[8] Und kürzlich hat sich Dieter Simon in ähnlicher Weise geäußert: „... sei es die glatte Erfindung einer durch die Ecloga angeblich unter Ehegatten und Kindern eingeführten Gütergemeinschaft ... – durchgängig stellt sich bei einer sorgsamen Vergleichung der Vorschriften der Ecloga mit älteren Gesetzen oder Rechtszuständen heraus, daß Zachariaes Bilderstürmer-Normen entweder nicht existieren oder schon justinianisch sind oder lediglich bereits für frühere Epochen erschließbare Gewohnheiten erstmals formulieren."[9]

Ein „Forschungsstand" läßt sich aus diesem Meinungsbild schwerlich konstruieren. Man wird unterstellen dürfen, daß Scheltema die rhetorisch angemahnte „genaue Untersuchung" und Simon die behauptete „sorgsame Vergleichung" vorgenommen haben – zu einer Vorführung ihrer Interpretationen hatten beide keinen Anlaß. Die folgenden Bemerkungen versuchen, das für den Bereich des Ehegüterrechts nachzuholen und sich dabei nicht auf eine vergleichende Untersuchung der dogmatischen Strukturen zu beschränken, sondern auch die formale Präsentation des Rechtsstoffs durch die Ecloga zu berücksichtigen, die nicht zuletzt durch den Auswahlcharakter dieses Gesetzbuchs geprägt ist.

Entsprechend dem im Prooimion (Z. 45–46[10]) ausgedrückten Streben nach Knappheit und Beschränkung auf die ἐπισυχνάζοντα πράγματα καὶ συναλλάγματα – die häufig begegnenden Angelegenheiten und Verträge – läßt die Ecloga manche in der justinianischen Kodifikation präsenten oder gar breit traktierten Regelungskomplexe

49. Zurückhaltender die Äußerungen von *E. Ė. Lipšic,* Ėkloga. Vizantijskij zakonodatel'nyj svod VIII veka (Moskau 1965) 88–92.

[5] Vgl. unten Anm. 44.

[6] *Demetrios B. Mposdas,* Περὶ τοῦ γάμου. Συμβολὴ εἰς τὴν μελέτην τοῦ γάμου κατὰ τὴν Ἐκλογὴν τῶν Ἰσαύρων (Athen 1937); vgl. dann auch *Pan. J. Zepos,* Die byzantinische Jurisprudenz zwischen Justinian und den Basiliken, in: Berichte zum XI. Internationalen Byzantinisten-Kongreß (München 1958) Nr. V,1, S. 14–16.

[7] *Heinz Herz,* Von der Justinianischen Kodifikation zur Ekloge. Rechtshistorische Anmerkungen zum Übergang der oströmischen Sklavenhaltergesellschaft in den byzantinischen Frühfeudalismus, in: *Joachim Hermann, Helga Köpstein und Reimar Müller* (Hrsg.), Griechenland – Byzanz – Europa (Berlin ²1988) 81–92.

[8] Im Korreferat zu *Zepos'* oben Anm. 6 zitiertem Bericht, ebenda (Korreferate) 40; vgl. dann auch *N. van der Wal/J. H. A. Lokin,* Historiae iuris graeco-romani delineatio (Groningen 1985) 72.

[9] *Simon,* Epochen (wie oben Anm. 2), 83–84.

[10] Alle Zeilen- und Kapitelangaben beziehen sich auf die 1983 in Frankfurt am Main erschienene Ausgabe.

des Ehegüterrechts völlig unerwähnt. So ist zum Beispiel vom Besteller der Mitgift lediglich an zwei Stellen (Z. 301 und 354) und dort nur inzident die Rede, eine Differenzierung zwischen *dos profecticia* und *dos adventicia* wird nicht angesprochen. Untraktiert bleibt ferner die Unterscheidung zwischen geschätzter und ungeschätzter Mitgift; und – um ein drittes Beispiel zu nennen – die Verwaltung der Mitgift während bestehender Ehe – Stichworte etwa: Nießbrauch, Vermögensverfall des Ehemannes, Veräußerung von Dotalgrundstücken – wird nicht im Detail geregelt. Schließlich sei noch an eine Selbstverständlichkeit erinnert: Wie in der gesamten Ecloga ist auch im Ehegüterrecht die Nomenklatur der Klagarten verschwunden[11].

Zwei potentielle Konfliktfälle erschienen den Verfassern der Ecloga immerhin wichtig genug, daraus einen eigenen Titel 3 zu machen: die *dos non numerata* und das *privilegium dotis*[12].

Im 1. Kapitel wird dem Ehemann für den Fall einer schriftlich oder mündlich vereinbarten – also versprochenen und quittierten –, aber nicht übergebenen Mitgift für Forderung bzw. Einrede eine Frist von fünf Jahren zugebilligt, die mit der Eheschließung zu laufen beginnt – bei Minderjährigkeit des Ehemannes mit der Erreichung der Volljährigkeit. Das entspricht der vorjustinianischen Regelung der *exceptio* bzw. *querela non numeratae pecuniae*[13]. Justinian hatte dafür die Verjährung auf zwei Jahre herabgesetzt (C. 4.30.14 pr. [a.528]); für die Mitgift hatte er Sonderregelungen eingeführt, indem er die Frist einerseits erst mit der Auflösung der Ehe beginnen ließ, andererseits verkürzte – zunächst auf ein Jahr (C. 5.15.3 [a.528]), später dann in Abhängigkeit von der Ehedauer noch weiter (N. 100 [a.539]). Die Isaurer sind in diesem Fall sicherlich nicht zufällig zum vorjustinianischen Rechtszustand zurückgekehrt[14]. Über ihr Motiv kann nur spekuliert werden, zumal die Ecloga eine allgemeine Regel über die *non numerata pecunia* nicht enthält. Zu notieren ist aus diesem Kapitel schließlich, daß auch in der Ecloga den Eltern der Frau das *beneficium competentiae* gewährt wird[15].

Kapitel 2 sichert den Anspruch der Frau auf Herausgabe der Mitgift: Nach dem Tode des Mannes sollen weder der Fiskus noch private Gläubiger auf das Vermögen zugreifen dürfen, bevor die Frau ihre Mitgift zurückerhalten hat. Die Formulierung läßt – anders als bei Justinian – den Gedanken an ein (stillschweigendes General-) Pfand nicht erkennen und scheint das Konkursprivileg auf die Konkurrenz mit später entstandenen Forderungen zu beschränken[16], wobei die ausdrückliche Erwähnung

[11] Ein schwacher Reflex findet sich lediglich in der Formulierung κινεῖν περὶ τὴν ἀναργυρίαν (Z. 307).

[12] Vgl. zu diesem Titel zuletzt *Fausto Goria,* Tradizione romana e innovazioni bizantine nel diritto privato dell'Ecloga privata aucta. Diritto matrimoniale (Frankfurt am Main 1980) 118–133.

[13] Vgl. *Max Kaser,* Das römische Privatrecht (im folgenden *Kaser,* RPR) I (München ²1971) 542[39].

[14] Ein ununterbrochenes Fortleben in der Rechtspraxis braucht man dabei nicht vorauszusetzen, da die alte Frist von fünf Jahren nicht nur in der Konstitution von 528, sondern auch an zwei Stellen der Institutionen (3.21 und 4.13.2) erwähnt wird.

[15] Zum klassischen und justinianischen Recht vgl. *Kaser,* RPR I 482[42, 43] und II (München ²1975) 187[19], 331[15].

[16] Insofern ist es vielleicht doch nicht ganz beliebig, wenn die Ecloga in der Rubrik des Titels

von Fiskalforderungen freilich nur vor dem Hintergrund der einschlägigen justinianischen Bestimmungen[17] zu verstehen ist.

Materiell ist diese Norm dem 3. Kapitel des Titels 10 über das Darlehen benachbart. Dort wird die Haftung der Mitgift für (Darlehens-)Schulden des – an dieser Stelle wohl als noch lebend vorausgesetzten – Mannes ausgeschlossen. Eine Ausnahme soll gelten, wenn die Frau sich freiwillig mitverpflichtet hat. Justinian hatte dies in N. 134.8 (a.556) ausdrücklich als ungenügend bezeichnet und eine Ausnahme nur für den Fall zugelassen, daß es sich um eine Aufwendung zugunsten der Frau gehandelt habe.

Unabhängig davon, ob diese wohl unstrittigen Abweichungen vom justinianischen Recht rechtspolitischer Absicht oder dem Streben nach dogmatischer Vereinfachung entspringen, haben sie eher marginalen Charakter und sind auch von Zachariä keineswegs als Belege für das angeblich eigenständige System der Ecloga in Anspruch genommen worden.

Dieses lokalisierte er vielmehr in Titel 2, der „über erlaubte und verbotene Ehen, erste und zweite, schriftliche und nichtschriftliche, und deren Auflösung“ handelt. Der Titel beginnt mit der Nennung der Ehevoraussetzungen, woran sich die Aufzählung der Ehehindernisse anschließt. Es folgt ein Komplex über die als idealtypisch angesehene Ehe mit schriftlicher Vereinbarung: Kapitel 3 bespricht den Ehevertrag, die beiden folgenden Kapitel regeln die güterrechtlichen Konsequenzen. Ein nächster Komplex aus zwei Kapiteln behandelt dann die Ehe ohne schriftliche Vereinbarung. Daran schließen sich in Kapitel 8 Bestimmungen zur Zweitehe an. Den Abschluß bildet das Scheidungsrecht (Kapitel 9), das durch ein eigenes Prooimion eingeleitet wird.

Während dieser einleuchtend gegliederte Aufbau des Titels exemplarisch eine der Stärken der Ecloga verdeutlicht[18], zeigt das den ehegüterrechtlichen Teil eröffnende Kapitel 3 ebenso beispielhaft die Schwierigkeiten der Verfasser, komplexe Regeln knapp und klar zu formulieren. Dabei ist einzuräumen, daß manche Unklarheiten nur für den heutigen Interpreten bestehen, der nicht über das als selbstverständlich vorausgesetzte Praxiswissen des zeitgenössischen Adressaten verfügt. Ungeschickt – wenn auch letztlich irrelevant – ist es jedenfalls, daß zunächst von einer Zusatzklausel in der vom Mann ausgestellten Urkunde gesprochen wird, dann aber von einer zusätzlichen dritten Urkunde. Überhaupt fällt auf, daß nur von den Verpflichtungen des Mannes die Rede ist. Dieser muß zunächst den vollständigen Empfang der Mitgift bestätigen[19] und deren ungeminderte Bewahrung zusagen, wobei Bestätigung und Zusage sich auch auf das erstrecken soll, was der Mann der Frau zur Erhöhung der Mitgift etwa hinzugeschenkt hat. (Diese Vermögensmasse bezeichne ich im folgenden als ἐπαύξησις.) Schließlich muß die vom Mann für die Frau (zusätzlich) ausgestellte Ur-

vom δίκαιον προικός spricht, die Ecloga privata aucta, die sich in Kapitel 2–4 des 3. Titels wieder enger an Justinian anlehnt, dagegen vom προνόμιον προικός.

[17] Zu diesen vgl. *Kaser*, RPR II, 192–193.

[18] Man vergleiche zu diesen Gliederungsfragen auch das Zeugnis der zwar wahrscheinlich nicht authentischen, aber vermutlich (fast) zeitgenössischen Kapitelindices (Pinakes; hier Z. 13–35).

[19] Wie sich aus E. 3.1 ergibt, muß er dies auch dann, wenn die Mitgift noch nicht (oder nicht vollständig) übergeben worden ist.

kunde eine Vereinbarung für den Fall der Kinderlosigkeit enthalten. Hier hängen die Wörter μέρος τέταρτον (Z. 160) syntaktisch in der Luft, lassen sich auch als *accusativus limitationis* kaum rechtfertigen, könnten daher als Glossem verdächtigt werden. Überdies wird zunächst nicht mitgeteilt, auf welche Bezugsgröße sich die Quote von einem Viertel beziehen soll.

Der letzte Satz des Kapitels erscheint ebenfalls nicht ganz eindeutig. Bei unvoreingenommener Lektüre ist die Verneinung des imperativischen Infinitivs jedoch eher als Ausdruck eines Verbots als der Befreiung von einer Verpflichtung aufzufassen und eher auf den gesamten Satz als nur auf den Ausdruck ἰσόμετρον τῆς εἰσαγομένης αὐτῷ προικός zu beziehen[20].

Die folgenden Kapitel entfalten eine ganz elementare Kasuistik. Als Eheauflösungsgrund wird allein der Tod eines Ehepartners vorausgesetzt, das mögliche Vorhandensein von Enkeln, d.h. Kindern vorverstorbener Kinder, bleibt unerwähnt; ebensowenig werden Regelungen für den Fall getroffen, daß Kinder nach Auflösung der Ehe, aber noch zu Lebzeiten des verwitweten Elternteils versterben[21]. In der Ecloga werden nur drei paarige Diäresen unterschiedlichen Ranges abgehandelt: 1. Sind Kinder vorhanden oder nicht? 2. Geht der überlebende Ehepartner eine neue Ehe ein oder nicht? 3. Verstirbt der Mann oder die Frau? Von den acht möglichen Konstellationen werden in den Kapiteln 4 und 5 zunächst nur sechs geregelt. Der Aufbau der beiden Kapitel läßt sich durch das folgende Schema verdeutlichen:

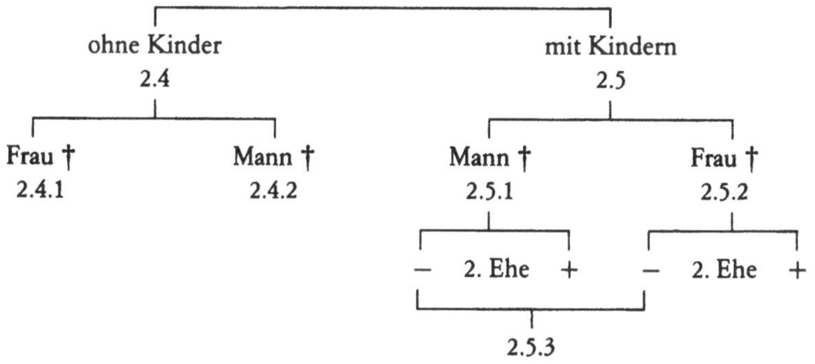

Zunächst behandelt Kapitel 4 den Fall der kinderlosen Ehe: Verstirbt die Frau, so soll der Mann ein Viertel der Mitgift erhalten. Umgekehrt soll bei Vorversterben des Mannes die Frau zusätzlich zur Rückerstattung der Mitgift noch ein Viertel des Mitgiftwertes aus dem Mannesvermögen erhalten, und zwar ἐπ' ὀνόματι κάσου. Dieser zweite Teil stützt das μέρος τέταρτον in Kapitel 3 entscheidend. Das bedeutet, daß

[20] Dies ergibt sich vor allem aus der Stellung der Verneinungspartikel. Wollte man die Verneinung nur auf den Ausdruck ἰσόμετρον τῆς εἰσαγομένης αὐτῷ προικός beziehen, müßte man diesen zudem prädikativ auffassen, würde dann aber einen Artikel vor προγαμιαίαν δωρεάν erwarten.

[21] Vgl. dagegen etwa die entsprechenden Regelungen in den Novellen 2 und 22 sowie die Ausführlichkeit, mit der Justinian die güterrechtlichen Folgen einer Scheidung behandelt.

auch die Höhe des κάσος als Quote des Mitgiftwertes gesetzlich festgelegt ist, so daß die dritte, vom Mann zu errichtende Urkunde ausschließlich dazu dient, die Vollstrekkung der κάσος-Forderung seitens der Frau zu erleichtern[22].

Was bei Vorhandensein von Kindern zu geschehen hat, steht in Kapitel 5:

Stirbt der Mann, so fällt der Besitz von Mitgift und Mannesvermögen an die Frau; ihr obliegt die Verwaltung des gesamten Familienvermögens, wobei sie als erstes ein öffentliches Inventar aufstellen muß, welches ihre Mitgift und die nachgewiesenermaßen noch vorhandenen ἐξώπροικα gesondert ausweisen muß. Sollte die Frau sich wieder verheiraten, so fällt das gesamte Vatergut an die Kinder, die ihrer Mutter lediglich deren Mitgift einschließlich der ἐπαύξησις zu überlassen haben.

Stirbt hingegen die Frau, so soll der Mann Besitzer der Mitgift und der ἐξώπροικα sein und die Verwaltung des gesamten Familienvermögens führen. Das gilt auch bei seiner Wiederverheiratung; erst wenn die Kinder volljährig sind, muß er ihnen ihr Muttergut ungemindert herausgeben.

Die Regelungen dieser beiden parallelen Teile sind materiell nicht spiegelbildlich. Die Inventarerrichtung wird nur der Frau auferlegt; was im Fall der δευτερογαμοῦσα geschieht, wenn ihre Kinder aus erster Ehe noch minderjährig sind, bleibt vorläufig ungeregelt. Dieses inhaltlich begründete Ungleichgewicht wird formal dadurch ausgeglichen, daß das im ersten Teil nur erwähnte göttliche Gebot im zweiten Teil ausgeschrieben wird. Daß dies rhetorische Absicht ist, zeigt sich auch daran, daß die beiden Abschnitte chiastisch zu den beiden Teilen von Kapitel 4 stehen und daß in beiden Kapiteln, besonders aber in Kapitel 4 vom Stilmittel der *variatio* reichlich Gebrauch gemacht wird.

In einem dritten Abschnitt des Kapitels 5 geht es schließlich um die Auflösung der familiären Haushaltsgemeinschaft ohne Wiederverheiratung des überlebenden Elternteils. Sie wird erst dann gestattet, wenn die Kinder die Volljährigkeit und die Möglichkeit eigener Haushaltsführung erreicht haben. Der überlebende Elternteil erhält in diesem Fall außer dem eigenen Vermögen noch einen Kindesteil aus dem Vermögen des verstorbenen Ehegatten.

Die Kapitel 6 und 7 sind in der sog. „Ecloga privata" zu einem einzigen zusammengefaßt worden. Das entspricht der durchgängig zu beobachtenden, bisweilen übertriebenen Tendenz dieser Eclogarezension, Gliederungsprobleme durch die Bildung größerer Einheiten zu entschärfen. Im vorliegenden Fall besteht das Problem darin, daß der zweite Teil von Kapitel 6 und das Kapitel 7 Sonderfälle der ohne Schriftform geschlossenen Ehe regeln, deren allgemeine Grundsätze im ersten Teil von Kapitel 6 dargelegt werden. Nach diesen Grundsätzen bildet die schriftlose, d.h. ohne schriftlichen Mitgiftvertrag geschlossene Ehe in systematischer Hinsicht die Ausnahme, ist dennoch gültig, sofern eine redliche Übereinkunft der Partner und ihrer Eltern vorliegt und die Eheschließung in öffentlicher religiöser Zeremonie oder unter Publikation im Freundeskreis erfolgt. „Aber auch" – und hier beginnt der gleitende Übergang zum ersten Sonderfall – „jeder, der mit einer freien Frau zusammenwohnt, ihr die Be-

[22] So schon *Francesco Brandileone*, Sulla storia e la natura della „donatio propter nuptias" (Bologna 1892) 46 (Ndr. in: *Ders.*, Scritti di storia del diritto privato italiano. I (Bologna 1931) 117–214 [155³]).

sorgung seines Hauses anvertraut und sich fleischlich mit ihr verbindet, geht eine nichtschriftliche Ehe mit ihr ein." War also – wie Zachariä von Lingenthal meinte – „nach der Ecloga der Bilderstürmer Leon und Constantin, in welcher indessen einmal der Ausdruck παλλακή vorkommt, ... jeder Concubinat ohne Weiteres als Ehe zu betrachten"[23]? Wohl doch nicht so ganz, denn die folgende Detailregelung zeigt, daß die kinderlose Konkubine, anders als die Ehefrau, verstoßen werden durfte, wobei ihr der Mann dann lediglich, falls kein gesetzlicher Scheidungsgrund vorlag, die von ihr eingebrachten Sachen zu erstatten und ein Viertel seines Vermögens zu übergeben hatte.

Auf den Fall der Kinderlosigkeit beschränken sich auch die Regelungen, die in Kapitel 7 bezüglich der vermögenslosen Frau getroffen werden. Stirbt der Mann ohne Testament, soll sie ein Viertel seines Vermögens, jedoch nicht mehr als 10 Pfund erhalten[24], und zwar, wenn man das „ὑπέρ" in Z. 234 prägnant nimmt, anstelle von – d.h. in Analogie zu – einer Vereinbarung über den κάσος.

Kapitel 8 faßt die Bestimmungen über die Deuterogamie zusammen, für die dieselben Voraussetzungen gelten wie für eine erste Ehe und deren Eingehung, solange keine Kinder aus der ersten Ehe da sind, völlig problemlos ist[25]. Sind solche Kinder vorhanden, dürfen weder Mann noch Frau dem neuen Ehepartner mehr als einen Kindesteil zuwenden. Die δευτερογαμοῦσα muß bei Gefahr der Infamie eine zwölfmonatige Frist abwarten. Die folgenden Sätze wiederholen die einschlägigen Bestimmungen aus Kapitel 5, Abschnitt 1 und 2 und schärfen ein, daß der wiederheiratende Elternteil nichts aus dem Vermögen des ersten Ehepartners erhalten dürfe[26]. Den Abschluß bilden zwei Ergänzungen. Die erste ist erbrechtlicher Natur: Die Kinder aus erster und zweiter Ehe sollen den jeweils gemeinsamen Elternteil gleichberechtigt beerben[27]. Die zweite Ergänzung holt für die Frau nach, was für den Mann bereits in 2.5.2 geregelt und in 2.8.1 wiederholt worden war: Sind die Kinder aus erster Ehe noch minderjährig, muß die Frau anders als der Mann einen Vormund für sie beantragen.

Damit ist der immanente Durchgang durch den ehegüterrechtlichen Teil des Titels 2 beendet. Bei dem nun fälligen Vergleich mit den justinianischen Bestimmungen empfiehlt es sich, mit den Kapiteln 6–7 zu beginnen, da hier die Unterschiede offenkundig am geringsten sind. Justinian hatte innerhalb von 10 Jahren in nicht weniger als fünf Gesetzen einschlägige Bestimmungen erlassen bzw. wiederholt. Zunächst

[23] *Zachariä*, Geschichte, 58 mit Bezug auf E. 6.7 (13).

[24] Nach erneuter Abwägung der Argumente würde ich heute den Satz εἰ – κομίζεσθαι (Z. 235–236) in den Apparat verbannen.

[25] Mit dem knappen ersten Satz wird gewissermaßen die noch ausstehende Behandlung der letzten beiden von den oben erwähnten acht Fallkonstellationen nachgeholt.

[26] Gegen *Zachariä*, Geschichte, 91 mit Anm. 232 und 234, ergibt sich aus diesem Satz nicht, daß der κάσος ἐξ ἀπαιδίας bei Wiederverheiratung des überlebenden Ehepartners an die Erben des verstorbenen zurückfällt, da sich alle Bestimmungen von E. 2.8.1 von den Worten εἰ δὲ παῖδες ὕπεισι (Z. 241) an auf den Fall des Vorhandenseins von Kindern beziehen. Das entspricht auch der Vorlage (N. 22.22), an die sich die Ecloga hier besonders eng anschließt.

[27] *Zachariä*, Geschichte, 92[239] hatte den außerordentlich lapidar formulierten Schlußsatz ὁμοίως δὲ καὶ τὴν μητέρα (Z. 257) fälschlich so verstanden, „dass die Kinder erster Ehe mit denen der zweiten die zweite Frau ihres Vaters beerben soll(t)en".

hatte er in C. 5.17.11 pr.-1a (a.533) und erneut in N. 22.18 (a.535) von der verstoßenen Konkubine gesprochen, dann in N. 53.6 (a.537) von der armen Witwe. In N. 74.5 (a.538) und N. 117.5 (a.542) schließlich hatte er, immer wieder sich selbst zitierend, beide Fälle zusammenfassend behandelt, so daß sich also auch der Redaktor der Ecloga privata bei seiner Zusammenfassung der beiden Kapitel auf das justinianische Vorbild hätte berufen können, während die Autoren der Ecloga bei der Abfassung von Kapitel 6 die Konstitution vom Jahre 533 oder deren Zitat in Novelle 22, bei Kapitel 7 Novelle 53 vor Augen gehabt haben dürften. Bezogen auf den Fall der Kinderlosigkeit unterscheiden sich die justinianischen Bestimmungen untereinander überhaupt nicht, von der Ecloga lediglich in einem Punkt: Die Höchstgrenze, die für das Viertel der verstoßenen Konkubine gelten soll, wird von Justinian bei 100 Pfund gezogen, liegt also – nominal! – zehnmal so hoch wie in der Ecloga[28].

Auch in den güterrechtlichen Regeln zur Wiederverheiratung folgt die Ecloga materiell soweit als möglich den Normen der justinianischen Kodifikation. So findet sich das Verbot, dem neuen Ehepartner aus dem eigenen Vermögen mehr als den Teil eines Kindes aus der ersten Ehe zuzuwenden, von Justinian zweimal wiederholt, bereits in einer Konstitution Leons I.[29], und auch das gemeinsame Erbrecht von Kindern aus verschiedenen Ehen nach dem jeweils gemeinsamen Elternteil stellt keine Neuerung dar[30].

Es bleibt somit der Kern des ehelichen Güterrechts zu betrachten, nämlich Herkunft und Zuordnung der Vermögensbestandteile in der Regelehe sowie ihr Schicksal nach deren Auflösung. Unmittelbar kritisch ist dabei der Beitrag von Mannesseite, der deshalb auch in der Literatur besonders ausgiebig traktiert worden ist. Ausgangspunkt der Erörterung ist gewöhnlich der Schlußsatz von E. 2.3, in dem Justinians Vorschrift negiert wird, der Mann müsse der Frau eine der Mitgift gleichwertige προγαμιαία δωρεά bestellen. Da dieser Ausdruck an anderer Stelle der Ecloga nicht mehr verwendet wird, stellt sich die Frage, wieweit und wodurch die justinianische προγαμιαία δωρεά in der Ecloga vertreten wird. Dazu ist zunächst der justinianische Status in aller Kürze zu rekapitulieren[31]: Nach justinianischem Recht war die προγαμιαία δωρεά der Beitrag des Mannes zum Ehevermögen, der vor der Eheschließung ausgehandelt und im Ehevertrag festgelegt wurde. Während der Ehe unterlag die προγαμιαία δωρεά Verfügungsbeschränkungen; sie dienten der Sicherung der γαμικὰ κέρδη, welche für den Fall der – hier durch den Mann verursachten – Auflösung der Ehe frei vereinbart werden konnten. Da Justinian gleichzeitig in eher verstärktem Maße dafür sorgte, daß πατρῷα und μητρῷα πράγματα für die Kinder bewahrt wurden, entstand ein eigenes κέρδος für den überlebenden Ehepartner nur im Falle der kinderlosen Ehe, dem *casus orbitatis*. Für die γαμικὰ κέρδη von Mann und Frau postulierte Justinian Äquivalenz. Da er offenbar die schon traditionelle Identität der

[28] Diese Herabsetzung der Obergrenze durch die Isaurer dürfte wohl eher auf der Veränderung der allgemeinen wirtschaftlichen Verhältnisse als auf einer absichtlichen Schlechterstellung der Konkubine beruhen.

[29] C. 5.9.6 pr. (a.472); C. 5.9.9 (a. 529); N. 22.27 (a.536).

[30] Vgl. z. B. N. 22.29 (a.536).

[31] Vgl. dazu *Kaser*, RPR II, 193–201 mit Literatur.

Quoten nicht aufgeben wollte, mußte er die Gleichwertigkeit von προγαμιαία δωρεά und Mitgift zur Regel machen. Damit war die προγαμιαία δωρεά zum Spiegelbild der Mitgift geworden.

Die Ecloga kennt ebenfalls eine bei Gelegenheit der Eheschließung erfolgende Gabe des Mannes an die Frau, betrachtet sie aber nicht als obligatorisch – geschweige denn, daß sie ihre relative Höhe vorschreibt – und bezeichnet sie in leicht variierenden Periphrasen als eine Erhöhung der Mitgift[32]. Damit ist die Mannesgabe nicht spiegelbildliches Pendant, sondern integrierender Bestandteil der Mitgift[33], müßte also deren Schicksal in jedem Fall teilen. Zur Vergewisserung gibt es dennoch Anlaß. Er liegt weniger darin, daß die justinianische Mannesgabe trotz ihrer Bezeichnung als δωρεά keineswegs zum Frauenvermögen gerechnet wurde, als in dem Befund, daß in der Ecloga die ἐπαύξησις bisweilen, aber nicht immer ausdrücklich neben der Mitgift erwähnt wird. Läßt man E. 2.3, wo die ἐπαύξησις – ungeschickt nachhinkend – eingeführt wird, außer Betracht, wird sie nur im Fall der wiederheiratenden Mutter explizit angeführt, der in E. 2.5.1 und 2.8.1 materiell übereinstimmend geregelt ist. Die Formulierungen in diesen beiden Kapiteln lassen keinen Zweifel daran, daß die ἐπαύξησις zum Frauen- bzw. Muttervermögen gerechnet wurde[34]. Die Frage muß also lauten, warum die ἐπαύξησις gerade hier und nur hier eigens erwähnt wird. Bezogen allein auf den Fall des Vorhandenseins von Kindern, leuchtet der Unterschied zwischen den Abschnitten 1 und 2 des Kapitels 5 sofort ein: Denn wenn die ἐπαύξησις als Schenkung des Mannes an die Frau auch sofort in das Frauenvermögen übergeht und damit Bestandteil der μητρῷα πράγματα wird, stammt sie doch ursprünglich aus dem Vermögen des Mannes bzw. Vaters, so daß im Falle von dessen Tod ihr Verbleiben bei der Mutter kontraintuitiv wirken könnte. Daß in Kapitel 5 das Ungleichgewicht in der Erwähnung nicht zufällig ist, zeigt sich auch daran, daß (fast) reziprok die ἐξώπροικα, deren durchgängige Zugehörigkeit zum Frauenvermögen außer Diskussion steht, in Abschnitt 1 nur im Rahmen der Bestimmung über die Inventarerrichtung auftauchen, während in Abschnitt 2 ausdrücklich gesagt wird, daß der verwitwete Vater in den Besitz der Mitgift und der ἐξώπροικα gelangt.

Warum die Verfasser der Ecloga es in Kapitel 4 überhaupt nicht für nötig gehalten haben, die ἐπαύξησις eigens zu erwähnen – die ἐξώπροικα übrigens ebensowenig –, muß dahinstehen. Angesichts der eindeutigen Formulierungen in E. 2.5.1 und 2.8.1 kann aus diesem Schweigen keineswegs geschlossen werden, daß die ἐπαύξησις bei Auflösung einer kinderlosen Ehe vor einer Berechnung des γαμικὸν κέρδος an den

[32] Z. 158, 193–194 und 250–251.

[33] *Brandileone,* Sulla storia (wie oben Anm. 22), 31–51 (bzw. 143–159) hat darin eine ungebrochene Tradition der „donatio in dotem redacta" gesehen.

[34] Hinsichtlich Kapitel 5 hat schon *Henry Monnier,* La novelle XX de Léon le Sage, in: Mélanges Fitting (Montpellier 1908 = Aalen/Frankfurt am Main 1969) 121–160 (hier 139[4]), darauf hingewiesen, daß dort (Z. 191–194) Mitgift und ἐπαύξησις den πατρῷα πράγματα gegenübergestellt werden. In 2.8.1 ergibt sich dasselbe indirekt aus der Verbindung der beiden Sätze Z. 248–251 und Z. 251–252.

Mann bzw. dessen Erben zurückfiel[35]. Denn dazu müßte man annehmen, daß die ἐπαύξησις nach der Vorstellung der Eclogaverfasser erst sobald und nur solange zum Frauenvermögen gerechnet wurde, als überlebende gemeinsame Kinder da waren. Darüber hinaus ist eine feine Differenzierung zu registrieren: Während in E. 2.5.1, wo die ἐπαύξησις eigens zusätzlich erwähnt wird, von der eingebrachten Mitgift (εἰσενεχθεῖσα προίξ, Z. 192–193) die Rede ist, wird in beiden Abschnitten des Kapitels 4 von der quittierten Mitgift (ὁμολογηθεῖσα προίξ, Z. 165–166 und 171) gesprochen – und zu quittieren hatte der Mann nach Kapitel 3 die Mitgift einschließlich der ἐπαύξησις.

Als Berechnungsgrundlage für den κάσος[36] war die fakultative, in die Mitgift integrierte Mannesgabe nun allerdings unbrauchbar – jedenfalls dann, wenn an der traditionellen Berechnungsweise festgehalten werden sollte. Tatsächlich hat die Ecloga den Modus identischer Quoten beibehalten, die Quote des κάσος aber ohne den Umweg über eine Gegenmitgift ebenfalls unmittelbar an die Mitgift gebunden. Damit war wie bei Justinian die Äquivalenz der γαμικὰ κέρδη für Mann und Frau gewährleistet – zumindest dann, wenn der Mann von einer Aufstockung der Mitgift abgesehen hatte. Andernfalls gewann die Frau bei Vorversterben des Mannes aus dessen *ursprünglichem* Vermögen außer dem Viertel des Werts der von ihr eingebrachten Mitgift nicht nur die ἐπαύξησις selbst, sondern auch noch ein Viertel von deren Wert, während andererseits der Mann bei Vorversterben der Frau eine reale Einbuße zugunsten von deren Erben erlitt, sofern er die Mitgift um mehr als ein Drittel aufgestockt hatte. Obwohl man sicher auch für das 8. Jahrhundert annehmen kann, daß der Übergang größerer Vermögensmassen von einer Familie in eine andere vermieden werden sollte[37], bieten auch die erwähnten Konsequenzen keinen Grund, an der sofortigen und unwiderruflichen Integration der ἐπαύξησις in die Mitgift zu zweifeln. Denn es stand dem Mann ja frei, ob er die Mitgift überhaupt aufstocken wollte, und der explizit fakultative Charakter der ἐπαύξησις zeigt, daß die Verfasser der Ecloga – vermutlich im Einklang mit herrschenden Gewohnheiten – von einer im Regelfall eher geringfügigen ἐπαύξησις ausgingen.

Diese Interpretation des Kapitels 4 wird schließlich auch durch die Eisagoge gestützt. Deren Verfasser nennt zwar die Mannesgabe einerseits (wieder) προγαμιαία bzw. προγάμου δωρεά, verwendet (oder prägt) andererseits für die augmentierte Mit-

[35] Anders *Andreas Schminck* unten S. 53 mit Anm. 65.

[36] Zur Entwicklung dieses Instituts vgl. *Henry Monnier,* Du „casus non existentium liberorum" dans les novelles de Justinien, in: Mélanges Gérardin (Paris 1907) 437–465. – Es ist symptomatisch, daß die Ecloga den Ausdruck κάσος (ἐξ ἀπαιδίας) nur bezüglich des Ehegewinns der Frau verwendet (Z. 159, 173, 234).

[37] Außerordentlich illustrativ ist in diesem Zusammenhang die Argumentation Leons VI. im Prooimion seiner Novelle 20 (81/5–9 *Noailles/Dain*).

gift den Ausdruck προικοϋπόβολον[38], folgt jedoch materiell in wesentlichen Teilen der Kapitel 5 und 8 ihres 19. Titels dem Kapitel 4 des 2. Titels der Ecloga[39].

Nach der Ecloga lag es also im Belieben des Mannes, den Grad eines etwaigen Ungleichgewichts der γαμικὰ κέρδη zugunsten der Frau zu bestimmen, während die Quote gesetzlich festgelegt war. Justinian dagegen hatte jede Asymmetrie ausgeschlossen, den Vertragspartnern dafür die Möglichkeit gelassen, die Höhe des für beide in gleicher Weise geltenden κέρδος frei auszuhandeln. Eine gesetzliche Quote hatte Justinian nur für diejenigen Fälle vorgesehen, bei denen es mangels Mitgift auch keine entsprechenden Vereinbarungen gab, wobei als Bezugsgröße dann freilich das Mannesvermögen dienen mußte. Diese Quote von einem Viertel haben die Isaurer wohl kaum zufällig auf die mit Mitgiftvertrag geschlossene Regelehe übertragen[40].

Der Verzicht auf die προγαμιαία δωρεά justinianischer Prägung war mithin entgegen Zachariäs Ansicht nicht mit einer Abkehr von dem Isometriegedanken verbunden, und die Ecloga hat den Ausdruck προγαμιαία δωρεά keineswegs deshalb „geflissentlich vermieden ..., weil sie ... nur an einen freiwilligen Zuschuss zum Ehevermögen Seitens des Mannes gedacht hat"[41]. Beitrag des Mannes zum Ehevermögen war seine περιουσία schlechthin. Die Frau brachte ihrerseits ihre Mitgift ein, die vom Mann nach Belieben durch eine Schenkung aufgestockt werden konnte. Natürlich wird auch im 8. Jahrhundert das bereits vorhandene, zu erwartende oder (erb-)vertraglich zugesicherte Vermögen des Bräutigams beim Aushandeln einer Ehe eine wesentliche Rolle gespielt haben, und Ehen werden auch zu dieser Zeit vorwiegend zwischen sozial und ökonomisch gleichrangigen Familien vereinbart worden sein. Da die Frau

[38] Zu diesem Ausdruck, den *Zachariä*, Geschichte, 91, ohne weiteres auch bei der Beschreibung des „Systems der Ecloga" für das Ehevermögen verwendet hatte, vgl. *Joëlle Beaucamp*, Προικοϋπόβολον – ὑπόβολον – ὑποβάλλω, in: Ἀφιέρωμα στὸν Νίκο Σβορῶνο (Rethymno 1986) 153–161. Gegen die gängige Auffassung als προίξ καὶ ὑπόβολον (Mitgift und Mannesgabe) tritt *Andreas Schminck*, unten S. 46–54, jetzt für eine Deutung als προικὸς ὑπόβολον im Sinne von „Mitgiftwert" ein. Obwohl determinative Komposita auch im Mittelgriechischen unbestreitbar noch wesentlich häufiger sind als kopulative, scheint mir diese Deutung zu kompliziert, da sie zum einen ein Mißverständnis der Eisagoge schon durch Leon VI. (und einen Ecloga-„Scholiasten") annehmen muß und da zum anderen für das Wort ὑπόβολον die Bedeutung Mannesgabe in der zweifellos genuinen, auch etymologisch plausiblen synonymen Verwendung zu ἀρραβών (Ecloga Z. 115–116) bzw. ἀρραβών und μνῆστρον (vgl. den von Lampe angeführten Beleg) zumindest bereits vorbereitet war. Darüber hinaus läßt sich *Schmincks* Deutung kaum mit dem Satz τοῦτο (τὸ τέταρτον τοῦ προικοϋποβόλου scil.) δὲ δηλονότι λήψεται οὐκ ἐξ αὐτοῦ τοῦ προικοϋποβόλου, ἀλλ' ἐκ τῆς ὑπολοίπου πάσης ἀνδρῴας ὑποστάσεως (Eisagoge 19.5) vereinbaren: Das προικοϋπόβολον kann hier keinen abstrakten Wert, sondern muß eine konkrete Vermögensmasse bezeichnen; und im zweiten Teil des Satzes liegt der Akzent nicht (nur) auf ἀνδρῴας, sondern (auch) auf ὑπολοίπου. Dieser intuitive Bezug auf die ursprüngliche Herkunft des ὑπόβολον aus dem Mannesvermögen war für den Verfasser der Eisagoge, der – wie *Schminck* zeigt – justinianische und isaurische Dogmatik mehrfach unglücklich mischt, besonders naheliegend.

[39] Anders als die Ecloga spricht die Eisagoge allerdings eindeutig von einem Heimfall des κάσος bei Wiederverheiratung; vgl. oben Anm. 26.

[40] Dafür spricht schon der bereits erwähnte Befund, daß sie in E. 2.7 die Quart der armen Witwe als Ersatz oder Analogon einer Vereinbarung über den κάσος bezeichnen.

[41] *Zachariä*, Geschichte, 90.

jedoch regelmäßig dem Hausstand des Mannes folgte, konnten obligatorische Vereinbarungen über den Beitrag des Mannes als überflüssig erscheinen.

Im Falle des Vorhandenseins von Kindern resultierte aus dieser Vereinfachung erst recht kein Unterschied gegenüber Justinian: Hier wie dort übernimmt der überlebende Ehepartner die Verwaltung des Familienvermögens; beim Ausscheiden aus dem gemeinsamen Haushalt erhalten die Kinder ihr Erbe nach dem verstorbenen Elternteil, der überlebende Ehepartner behält einen Kindesteil aus dem Vermögen des verstorbenen, sofern er sich nicht wieder verheiratet[42]. Bei all diesen Regelungen ist es völlig unerheblich, ob ein Teil der πατρῷα πράγματα als προγαμιαία δωρεά deklariert war oder nicht.

Erweisen sich somit die realen Konsequenzen der isaurischen Ablehnung einer zur Gegenmitgift ausgestalteten προγαμιαία δωρεά als minimal, so bedarf die von Zachariä suggestiv mit der Beobachtung dieser Ablehnung verknüpfte These, nach der Ecloga herrsche „mehr oder minder durchgreifend" Gütergemeinschaft[43], erst recht kaum der Widerlegung[44]. Schon die Beibehaltung des Mitgiftsystems, insbesondere der Regelungen, welche die ungeschmälerte Bewahrung der Mitgift sichern, ist mit einer Gütergemeinschaft unvereinbar. Der Mann bleibt Familienoberhaupt und Verwalter des Familienvermögens[45], an dessen zwar phasenweise latenter, im Auseinandersetzungsfall aber stets aktualisierbarer Scheidung in Mannes- und Frauenvermögen die Ecloga nichts ändert.

Auch zwischen Eltern und Kindern kann von einer Gütergemeinschaft nicht die Rede sein. Die Vermögensfähigkeit der Hauskinder bleibt beschränkt. Ihre ἀπροσπόριστα werden vom Vater verwaltet, der diese Verwaltung auch nach dem Tod der Ehefrau und im Falle seiner Wiederverheiratung in ungebrochener Fortsetzung seiner väterlichen Gewalt fortführt, während das von Justinian gestärkte Sorgerecht der verwitweten Mutter über Person und Vermögen der gemeinsamen Kinder auch in der Ecloga noch vormundschaftliche Züge trägt und im Falle ihrer Wiederverheiratung bei Minderjährigkeit der Kinder durch eine Vormundbestellung abgelöst wird[46]. In allen Konstellationen handelt es sich aber um eine Verwaltung des Vermögens, dessen strikte Trennung in πατρῷα und μητρῷα πράγματα[47] im Moment der Auflösung der Haushaltsgemeinschaft auflebt.

[42] Justinian hatte das in N. 127.3 (a.548) bestimmt.

[43] *Zachariä*, Geschichte, 90.

[44] Vgl. dazu schon *V. G. Vasil'evskij*, Zakonodatel'stvo ikonoborcev, in: Žurnal Ministerstva Narodnogo Prosveščenija 199 (Okt. 1878) 258–309 und 200 (Nov. 1878) 95–129 (hier 199 [Okt.] 192–293) (Ndr. in: *Ders.*, Trudy. IV [Leningrad 1930] 139–235 [hier 176–178]); *Francesco Schupfer*, La comunione dei beni tra coniugi e l'Ecloga Isaurica, in: Rivista Italiana per le scienze giuridiche 36 (1903) 319–332; *Lujo Margetić*, Vizantsko bračno imovinsko pravo u svjetlu novele XX Lava Mudroga, in: Zbornik radova Vizantološkog instituta 18 (1978) 19–50 (hier 24–25).

[45] Daß dies auch in der Ecloga als selbstverständlich vorausgesetzt wird, zeigt nicht zuletzt das bereits erwähnte Phänomen, daß in E. 2.3 nur die Pflichten des Mannes aus dem Ehevertrag erwähnt werden.

[46] Zu den justinianischen Bestimmungen s. *Kaser*, RPR II, 227–228; zur Ecloga vgl. *Zachariä*(!), Geschichte, 100–101.

[47] Zur technischen Verwendung dieser Terminologie durch die Ecloga vgl. auch 16.5.2.

Als Beleg für eine Gütergemeinschaft unter Geschwistern schließlich hatte Zachariä ein Kapitel aus dem Titel über die Pekulien angeführt (E. 16.2)[48]. Diese vorbildlose Bestimmung, die in jüngerer Zeit wegen möglicher Rückschlüsse auf die Militärorganisation im 8. Jahrhundert besondere Aufmerksamkeit gefunden hat[49], ist in der Tat besonders bemerkenswert, weil sie dogmatische Grundsätze des Pekulienrechts über den Tod des Gewalthabers bzw. der Eltern hinaus fortgelten läßt und eine „Abschreibungsfrist" für eine aus Familienvermögen erworbene militärische Grundausstattung festsetzt. Im übrigen handelt es sich jedoch um nichts anderes als um eine Auseinandersetzungsregel für eine Erbengemeinschaft unter Brüdern, bei der Kollationspflicht und gleiche Erbteile von jeher die leitenden Prinzipien gewesen waren.

Nahezu all dies hat Zachariä, dem man handwerkliches Unvermögen *in puncto* rechtshistorischer Hermeneutik wahrlich nicht nachsagen kann, in den Einzelheiten ebenso gesehen. Seine in eklatanter Weise davon abweichende Gesamtbeurteilung wäre trotz ihrer nachhaltigen Wirkung kaum der Rede wert, wenn sie lediglich auf einer eher patriarchalisch geprägten Auffassung von Gleichberechtigung und einer allgemeinen Begeisterung für die Bilderstürmer beruhte. Zachariä scheint darüber hinaus jedoch Opfer der isaurischen Rhetorik geworden zu sein, die die Verfestigung derartiger Vorurteile begünstigte. Der jeweils parallele Aufbau der Kapitel 4 und 5, der dreimalige, jedesmal durch ὁμοίως bzw. ὡσαύτως eingeleitete Wechsel zwischen Bestimmungen, die für den Mann, und solchen, die für die Frau gelten, in E. 2.8.1 sowie die mehrfache Verwendung des Kollektivbegriffs γονεῖς[50] suggerieren eine Gleichstellung der Eheleute. Die Rechte des verwitweten Elternteils am Familienvermögen werden nicht in der „technischeren" Begrifflichkeit von Eigentum (δεσποτεία), Nutzung (χρῆσις) und Fruchtziehung (ἐπικαρπία) beschrieben, vielmehr ist von „Innehaben" (ἐγκάτοχον εἶναι), „Sorge" (φροντίς) und „Verwaltung" (διοίκησις) die Rede. Und schließlich wird an mehreren Stellen die Aufrechterhaltung einer friedvollen Haushaltsgemeinschaft der Familie als regelmäßiger und wünschenswerter, wenn nicht gar obligatorischer Zustand herausgestrichen[51]. Materiell gehen diese Appelle über traditionelle, zum Teil auch bereits gesetzesförmig normierte Eltern- und Kindespflichten nicht hinaus[52] – Pflichten, auf welche die christliche Lehre keineswegs ein Monopol hatte, zu deren Begründung die Ecloga jedoch unmittelbar, ausschließlich und massiv auf Texte des Alten und Neuen Testaments rekurriert. In dispositiven Partien byzantinischer weltlicher Gesetze scheint diese explizite und zitatgestützte Berufung auf die Bibel ein Novum gewesen zu sein, und die Ecloga macht besonders im Eherecht reichlich davon Gebrauch. Das unterstreicht die bereits durch die Anfangsstellung ausgedrückte Bedeutung, die die Isaurer dem Eherecht zugewiesen haben,

[48] *Zachariä*, Geschichte, 89[221].

[49] Siehe zuletzt *N. Oikonomidès*, Middle-byzantine Provincial Recruits: Salary and Armament, in: Gonimos. Neoplatonic and Byzantine Studies Presented to Leendert G.Westerink at 75 (Buffalo 1988) 121–136 (130–134).

[50] Siehe das Wörterverzeichnis s.v., insbesondere Z. 301 und 713 sowie 113, 143 und 224. Es erscheint mir sicher, daß es sich hierbei um einen Sprachgebrauch *de facto*, nicht *de iure* handelt.

[51] Z. 186–191, 198–208, 212–218 und 713–726.

[52] Vgl. *Kaser*, RPR II, 202–203 und 206. – Welche Rolle hier die Formulierung spielen kann, zeigt etwa der Vergleich von E. 2.5.3 mit dem deutlich nüchterneren Text in Eisagoge 19.8.

berechtigt jedoch nicht dazu, dieses dem Inhalt nach als besonders christlich zu qualifizieren.

Die materielle Folgenlosigkeit macht die eingesetzte Rhetorik freilich keineswegs funktionslos. Es hat vielmehr den Anschein, als hätten die Verfasser der Ecloga versucht, durch einen klar gegliederten Aufbau, einen eher untechnischen Sprachgebrauch und durch die Berufung auf die Autorität der Bibel die Reduktion dogmatischer Komplexität zu kompensieren. Hatte Justinian, vermutlich höher entwickelte urbane Lebensformen fokussierend, sicherlich aber auch mit einem Überschuß an dogmatischer Phantasie begabt, ein relativ engmaschiges Netz fein differenzierender Regelungen ehegüterrechtlicher Verhältnisse geknüpft, so scheint Leon III., einerseits mit diesem Vorbild, andererseits mit einer sowohl kulturell als auch sozialökonomisch wesentlich schlichteren Realität konfrontiert, den Regelfall familiär-güterrechtlicher Beziehungen zum Idealtypus erhoben zu haben, wobei er es sich dann sogar leisten konnte, in einigen Punkten hinter Justinian zurückzufallen. Formal durchaus originell, erweist sich die Ecloga auf dem Gebiet des Ehegüterrechts damit als in doppeltem Sinne restaurativ.

Andreas Schminck

Zum 19. Titel der Eisagoge („Über die Eheschenkung")

Die Εἰσαγωγὴ τοῦ νόμου (auch unter dem Namen „Epanagoge" bekannt) ist das erste (erhaltene) Produkt der sogenannten „makedonischen Rechtsrenaissance", ein in 40 Titel nebst einem Vorwort eingeteiltes Rechtsbuch, das wahrscheinlich im Jahre 886 unter Basileios I. (867–886), dem ersten Kaiser der makedonischen Dynastie, promulgiert wurde[1].

Ein wesentliches Anliegen dieser Eisagoge ist – ihrem von dem Patriarchen Photios verfaßten Prooimion zufolge – die „vollständige Verstoßung und Verwerfung der von den Isauriern im Widerspruch zu dem göttlichen Prinzip und zum Zwecke der Vernichtung der erhaltenden Gesetze geäußerten Ungereimtheiten"[2].

Dieser Ausfall richtet sich gegen die Ecloga der „isaurischen" Kaiser Leon III. und Konstantinos V., mithin gegen die – zwar schon fast anderthalb Jahrhunderte alte, aber doch – letzte und deshalb in gewisser Weise noch „geltende" „Rechtskodifikation", die jetzt (wohl 886) also außer Kraft gesetzt und durch eine „Auswahl aus der bereinigten Masse der alten Gesetze"[3] ersetzt werden soll.

Mit der „Masse der alten Gesetze" muß die justinianische Kodifikation (einschließlich ihrer griechischen Bearbeitungen) gemeint sein, die ja unter Basileios I. und Leon VI. (886–912) einer „ἀνακάθαρσις" unterzogen wurde[4], einer „gründlichen Reinigung" im Sinne einer „Erklärung" bzw. „genauen Untersuchung"[5] des Corpus iuris, und als Kurzfassung dieser „Adaption" ist ihre „Einführung", die Eisagoge, gedacht.

[1] Zur Eisagoge im allgemeinen und zu ihrem Verhältnis zum Prochiron im besonderen vgl. zuletzt *Spyros N. Troianos*, Ἡ προβληματικὴ τῆς νομικῆς γραμματείας τὴν ἐποχὴ τοῦ Πορφυρογεννήτου κατά τὴ νεώτατη ἔρευνα, in: Constantine VII Porphyrogenitus and His Age (Athen 1989) 87–102 (88–93).

[2] Eisagoge-Prooimion Z. 33–36: „... νῦν δὲ τὰς ἐπὶ ἐναντιώσει τοῦ εἰρημένου θείου δόγματος καὶ ἐπὶ καταλύσει τῶν σωστικῶν νόμων παρὰ τῶν Ἰσαύρων φληναφίας ἐκτεθείσας πάντη ἀποβαλομένη καὶ ἀπορρίψασα ...".

[3] Eisagoge-Prooimion Z. 31–32 und 36–37: „Καὶ πρῶτον μὲν τὰ ἐν πλάτει τῶν παλαιῶν νόμων κείμενα πάντα ἀνακαθάρασα ...· ... ἐκ τῶν εἰρημένων τεσσαράκοντα βίβλων τῶν προκεκριμένων ὡς θεοδιδάκτων νόμων ἐκλεξαμένη ἐν τεσσαράκοντα τίτλοις ...".

[4] Vgl. dazu jetzt zusammenfassend *Peter E. Pieler*, Ἀνακάθαρσις τῶν παλαιῶν νόμων und makedonische Renaissance, in: Subseciva Groningana III (1989) 61–77.

[5] Vgl. *Photios*, Λέξεων συναγωγή Α 1498 (ed. *Christos Theodoridis* [Berlin/New York 1982] I 154): „ἀνακάθαρσις· ἐπίλυσις, διευκρίνησις".

In vollständiger Übereinstimmung mit diesen programmatischen Aussagen der Praefatio steht der *Text* der Eisagoge, welcher zwar einerseits hauptsächlich adaptierte und vor allem gekürzte justinianische Regelungen umfaßt, andererseits aber die Ecloga keineswegs insgesamt „vollständig verwirft", sondern nur deren „Ungereimtheiten", eher sprachliche denn inhaltliche „isaurische Barbarismen"[6].

Besonders deutlich zeigt sich diese (in Billigung und Ablehnung) zwiespältige Einstellung der Eisagoge sowohl zum Corpus iuris als auch zur Ecloga im (zentralen) 19. Titel „Περὶ πρὸ γάμου ἢ διὰ γάμου δωρεᾶς"[7], wo weder die justinianischen (gewissermaßen „akademischeren") Bestimmungen einfach reproduziert noch die isaurischen (mehr der Praxis verpflichteten) Regeln wiedergegeben werden, sondern durch die Übernahme verschiedenartiger Elemente ein neues, eigenständiges „System" der Eheschenkung entwickelt wird.

Der Titel über die „Eheschenkung", also die vom Manne anläßlich der Eheschließung zu erbringende, eine Gegenleistung für die Mitgift (dos, προίξ) darstellende Gabe, gibt – Zachariä von Lingenthal zufolge – „ein treues Bild von der Verwirrung, die durch die Wiedereinführung des Justinian(e)ischen Rechts, während das Recht der Ecloga in der Sitte tiefe Wurzel geschlagen hatte, in dieser Lehre hervorgerufen worden war"[8], und in der Tat zeigt sich diese „Verwirrung" bereits im ersten (der elf[9]) Kapitel dieses Titels.

„Um Schaden vom Gemeinwesen abzuwenden", wird hier angeordnet, daß der Wert der Eheschenkung denjenigen der Mitgift nicht übersteigen, sondern allenfalls erreichen dürfe[10]. Diese Bestimmung nimmt einerseits auf Iustinianos' 97. Novelle, andererseits auf die Ecloga (2.3) Bezug: Während die Novelle die unbedingte Gleichheit von Mitgift und Eheschenkung verlangt hatte[11], war diese Gleichheit von der

[6] Vgl. *Photios,* Λέξεων συναγωγή Φ 165 (ed. *S. A. Naber* [Leiden 1865; Ndr. Amsterdam 1965] II 266): „φλήναφος μωρολόγος" sowie Suda Φ 535 (ed. *Ada Adler* [Leipzig 1935; Ndr. Stuttgart 1971] IV 745/26): „φλήναφος: μωρολόγος· καὶ φληναφία, θηλυκόν".

[7] Im Rahmen der Gesamtedition der Eisagoge herausgegeben von *Carolus Eduardus Zachariae a Lingenthal,* Collectio librorum juris Graeco-Romani ineditorum. Ecloga Leonis et Constantini, Epanagoge Basilii Leonis et Alexandri (Leipzig 1852) 119–133 (Ndr. in: *Jo.* und *Pan. Zepos,* Jus Graecoromanum [Athen 1931; Ndr. Aalen 1962] II 286–298).

[8] *Karl Eduard Zachariä von Lingenthal,* Innere Geschichte des griechisch-römischen Rechts, I: Personenrecht (Leipzig 1856) 39 (Geschichte des griechisch-römischen Rechts [Berlin ²1877] 64, [Berlin ³1892; Ndr. Aalen 1955] 85).

[9] Die Eisagoge-Kapitel 19.12–17 sind nicht genuin, vgl. *Zachariä von Lingenthal* (Anm. 7) 130[17] (Ndr. in: *Zepos* [Anm. 7] 295[17]).

[10] Eisagoge 19.1: „Τὰ ἐπὶ βλάβῃ τοῦ κοινοῦ ἀεὶ κωλύοντες καὶ τὴν ὠφέλειαν μᾶλλον καὶ συμφέρουσαν διοίκησιν ἐν πάσαις ἐπερωτήσεσιν εἰσάγοντες, θεσπίζομεν κατὰ μηδεμίαν ὑπεροχὴν τὴν προγαμιαίαν δωρεὰν τῆς προικὸς ἔτι καταβάλλεσθαι. Εἰ δέ τις ἐν ἴσῳ τῇ προικὶ τὴν προγαμιαίαν δωρεὰν συμφωνήσῃ καὶ καταβάληται εἴτε δὴ καὶ ἐν ὑπεροχῇ ταύτης μᾶλλον τὴν προῖκα ὁρίσηται, οὐκ ἀπαγορεύομεν· μόνον δὲ τὸ ὑπερέχειν τὴν προγαμιαίαν δωρεὰν τῆς προικὸς ἀναγκαίως ἀναιροῦμεν".

[11] *Iustinianos I.,* Novelle 97.1 (edd. *Rudolfus Schoell/Guilelmus Kroll* [Berlin 1895] 470/1–13): „Τοῦτο τοίνυν πρὸ τῶν ἄλλων ἁπάντων ἐπανορθοῦμεν, ὥστε ἴσα τὰ ἐν ταῖς προιξὶν εἶναι καὶ ταῖς περὶ τὸν γάμον δωρεαῖς τά τε τῶν ἐπιδεδομένων τά τε τῶν ἐπερωτήσεων σύμφωνα, καὶ τοσοῦτον μὲν ποσὸν καταγράφειν τὸν ἄνδρα ὁπόσον καὶ τὴν γυναῖκα, τοσοῦτον δὲ καὶ τὸ κέρδος ἐπερωτᾶν καὶ ἐκ τοσούτου μέρους ἐξ ὁπόσου βουληθεῖεν,

Ecloga ausdrücklich verworfen und durch die (Regel der notwendigen) Höherwertigkeit der Mitgift ersetzt worden[12].

Die Eisagoge folgt also weder/sowohl der justinianischen noch/als auch der isaurischen Norm: Denn das Gleichheitsprinzip der Novelle und das Ungleichheitsprinzip der Ecloga werden zwar nicht – wie dort – zwingend vorgeschrieben, aber doch für zulässig erklärt. Mit allem Nachdruck (nämlich gleich zweimal[13]) wird dagegen untersagt, daß die Eheschenkung wertvoller als die Mitgift sei, doch diese neue Vorschrift wirkt nicht nur in der Sache abgelegen, sondern auch der Form nach verfehlt: Denn die Höherwertigkeit der Eheschenkung war ohne Zweifel ein in der Praxis der mittelbyzantinischen Zeit kaum vorkommender[14], keineswegs regelungsbedürftiger Sachverhalt, und ein diesbezügliches (also ohnehin überflüssiges) Verbot bedurfte jedenfalls keiner bombastischen Einleitung, in der das Gemeinwohl beschworen wurde.

Darüber hinaus weist das Kapitel auch in der Terminologie deutliche Schwächen auf: So ist die Verwendung des (in krassem Gegensatz zu den allgemeinen Ausdrükken „κοινὸν" und „ὠφέλεια" stehenden) terminus technicus „ἐπερώτησις" („Stipulation") an dieser Stelle unangebracht, und ganz unbeholfen wirkt auch die Wendung „ἀναγκαίως ἀναιροῦμεν", eine verunglückte Imitation der von Iustinianos geschätzten Formel „παντελῶς ἀναιροῦμεν"[15].

Die genannten Dilettantismen schließen die Annahme aus, daß der Text von einem „Juristen", einem mit der „ἀνακάθαρσις τῶν παλαιῶν νόμων" befaßten Kompilator, verfaßt wurde, welcher zweifellos einerseits imstande gewesen wäre, eine so einfache Norm in einwandfreiem „Justinianisch" zu formulieren, und andererseits nicht gewagt hätte, einer in ziemlich autoritativem Stil („θεσπίζομεν", „ἀπαγορεύομεν", „ἀναιροῦμεν") verfaßten Regelung auch noch eine pompöse Einleitung voranzustellen.

Es muß hier also der Gesetzgeber höchstpersönlich am Werk gewesen sein, und dieser kann, da der gänzlich ungebildete Kaiser Basileios I. nicht in Betracht kommt, nur der Patriarch Photios gewesen sein, der sich zwar, wie insbesondere das Prooimion der Eisagoge sowie deren Titel über den Kaiser und über den Patriarchen zei-

ἰσομεροῦς μέντοι· οὐ γὰρ ἂν ἄλλως ὁ τῆς δικαιοσύνης τε καὶ ἰσότητος φυλαχθείη λόγος, εἴπερ ἐμπορικῶς ἀλλήλους περιγράφοιεν καὶ δοκοῖεν μὲν ἴσα ποιεῖσθαι τὰ ἐπερωτήματα, ταῖς δὲ ἀληθείαις ἄνισα μένοι τὰ ἀποτελέσματα μὴ πρότερον τῆς ποσότητος τῶν ἐπιδιδομένων τῆς αὐτῆς καθεστώσης ...".

[12] Ecloga 2.3 Z. 162–163 (ed. *Ludwig Burgmann* [Frankfurt am Main 1983] 172): „... καὶ μὴ ἐπερωτᾶσθαι ἢ καταγράφεσθαι παρὰ τοῦ ἀνδρὸς ἰσόμετρον τῆς εἰσαγομένης αὐτῷ προικὸς προγαμιαίαν δωρεάν".

[13] Siehe oben Anm. 10 („θεσπίζομεν – καταβάλλεσθαι" und „μόνον – ἀναιροῦμεν").

[14] Selbst für die justinianische Zeit ergibt sich aus Codex Iustinianus 5.3.20.5 nichts anderes. Ob in der vorausgehenden Zeit „dès le Ve siècle, l'égalité absolue ... est de règle dans les milieux helléniques" (so *Lucien Anné,* Les rites des fiançailles et la donation pour cause de mariage sous le Bas-Empire [Löwen 1941] 284), kann hier dahingestellt bleiben.

[15] Vgl. Legum Iustiniani Imperatoris Vocabularium, Novellae, Pars Graeca, *Iohanne Gualberto Archi* moderante curavit *Anna Maria Bartoletti Colombo* I (Mailand 1986) 136 (fünf Belege).

gen, auch als „φιλόσοφος – ἡγεμών – νομοθέτης“ im platonischen Sinne betätigte, der aber kein „juristischer Legislator“ im justinianischen Sinne war[16].

War es also Photios selbst, der am Eingangskapitel des 19. Titels über die Eheschenkung Hand anlegte, so sind ihm wohl auch die übrigen Neuerungen ebendieses – doch recht juristisch-technischen – Titels zuzuschreiben, welcher zunächst zwar – im 2. und 3. Kapitel – lange wörtliche Zitate aus justinianischen Novellen bietet[17], dann aber – im 5. Kapitel – ganz Eigenständiges enthält[18].

Es geht hier um die keine zweite Ehe eingehende Witwe, die nicht nur, wie dies schon Iustinianos angeordnet hatte[19], die Eheschenkung, sondern – im Falle der Kinderlosigkeit – auch ein Viertel des „προικοϋπόβολον“ erhalten soll.

Diesen hier erstmals belegten und auch sonst selten begegnenden[20] Terminus interpretierte Zachariä von Lingenthal als „Gesammtnamen“ von „dos und propter nuptias donatio“[21] (also als sog. „Kopulativkompositum“), und diese Interpretation wurde kürzlich von Joëlle Beaucamp in einer eigens dazu verfaßten Studie bestätigt[22].

Für diese Deutung spricht in der Tat die – etwa zwei oder drei Jahre nach dem Eisagoge-Kapitel entstandene – Novelle 20 Leons VI., wo – unter eindeutiger Bezug-

[16] Photios' juristisches Laientum zeigt sich schlaglichtartig am Ende des Eisagoge-Prooimions (Z. 110–113), wo er den Terminus „καινοτομία“ im Sinne von „Neubau“ theologisch im Sinne von „(häretischer) Neuerung“ mißdeutete.

[17] Die Quellen (des 19. Titels) der Eisagoge wurden bereits von *Zachariä von Lingenthal* (Anm. 7) 224–235 (228) (Ndr. in: *Zepos* [Anm. 7] 416–427 [420]) identifiziert.

[18] Eisagoge 19.5: „Ἡ μὴ δευτερογαμοῦσα γυνή, εἴτε παίδων ὑπόντων αὐτῇ εἴτε καὶ μή, τῆς πρὸ γάμου δωρεᾶς κατά τε χρῆσιν καὶ δεσποτείαν κυρία καθίσταται, οὐ μόνον δέ, ἀλλὰ καί, παίδων μὲν μὴ ὑπόντων, τὸν ἐξ ἀπαιδίας κάσσον ἤτοι τὸ τέταρτον τοῦ προικοϋποβόλου εἰς κέρδος αὐτῆς ἀναδέχεται· τοῦτο δὲ δηλονότι λήψεται οὐκ ἐξ αὐτοῦ τοῦ προικοϋποβόλου, ἀλλ' ἐκ τῆς ὑπολοίπου πάσης ἀνδρῴας ὑποστάσεως. Ὑπόντων μέντοι παίδων, μετὰ τὸ τὸν τελευταῖον παῖδα εἰς τὸν εἰκοστὸν καταντῆσαι χρόνον, τῶν δύο τὸ ἕτερον αἱρείσθω· ἢ τὴν χρῆσιν ἔχει πᾶσαν τῆς ἀνδρῴας ὑποστάσεως καὶ μόνον ἤ, εἰ μὴ τοῦτο βούλοιτο, παιδὸς ἑνὸς μοῖραν κατὰ τελείαν δεσποτείαν εἰς οἰκεῖον ἀφαιρεῖσθαι κέρδος. Δῆλον δέ, ὡς καί τινος τῶν παίδων τελευτῶντος ἢ καὶ πάντων ἀτέκνων ἢ ἀδιαθέτων, εἰς αὐτὴν ὁ τούτων κλῆρος ἀναδραμεῖται“.

[19] *Iustinianos I.*, Novelle 22.20 pr. (edd. *Schoell/Kroll* 160/2–7): „... εἴτε θανάτῳ τοῦ ἀνδρὸς διαλυθείη τὸ συνοικέσιον ..., κέρδος γίνεσθαι ... τῇ γυναικὶ δὲ τὴν προγαμιαίαν δωρεάν, καθάπερ ἂν κἀκεῖσε δόξειεν ἐξ ἀρχῆς τοῖς συμβάλλουσιν ...“.

[20] Vgl. *Joëlle Beaucamp*, Προικοϋπόβολον – ὑπόβολον – ὑποβάλλω, in: Ἀφιέρωμα στὸν Νίκο Σβορῶνο (Rethymno 1986) I 153–161 (158); bei der dort zuletzt genannten Stelle (Prochiron auctum 7.30) handelt es sich um ein Scholion zu dem in der Ecloga dreimal (2.3, 2.4.2 und 2.7) verwendeten Terminus „κάσος“ bzw. „κάσ(σ)ον (ἐξ ἀπαιδίας)“, vgl. *Ludwig Burgmann*, Ecloga. Das Gesetzbuch Leons III. und Konstantinos' V. (Frankfurt am Main 1983) 54–55 und 257.

[21] *Zachariä von Lingenthal* (Anm. 8) 41 (bzw. 65 bzw. 87), gefolgt von der herrschenden Meinung, z. B. von *Francesco Brandileone*, Sulla storia e la natura della „donatio propter nuptias“ (Bologna 1892; Ndr. in: *F. B.*, Scritti di storia del diritto privato italiano I [Bologna 1931] 117–214) 45–46 (bzw. 155) und *Georges Michaélidès-Nouaros*, Contribution à l'étude des pactes successoraux en droit byzantin (Paris 1937) 168.

[22] *Beaucamp* (Anm. 20) 161: „L'interprétation de Zachariae, si sa justification était demeurée implicite, était donc exacte“.

nahme auf die hiesige Stelle – von einer „Zusammenzählung" von Mitgift und Hypobolon die Rede ist[23].

Andererseits kann Leon VI. natürlich nicht als authentischer Exeget der Eisagoge angesehen werden, zumal sich in seinen Novellen zahlreiche schiefe Wiedergaben älterer Vorschriften finden, und Zachariäs Interpretation steht in einem engen Zusammenhang mit seiner Vorstellung, daß in der Eisagoge – wie in der Ecloga – das christliche Ideal einer vollkommenen Gütergemeinschaft verwirklicht worden sei[24].

Dieses – im 19. Jahrhundert wenn nicht erfundene, so doch zumindest stark propagierte und auf vorausgegangene Epochen projizierte – Ideal[25] läßt sich jedoch in den christlich beeinflußten Rechtsordnungen des Mittelalters nicht nachweisen: Vielmehr bleiben, römischer Tradition gemäß, sowohl nach dem Corpus iuris als auch nach der Ecloga die Gütermassen, die dem Vermögen (der Familie) des Ehemannes oder der Ehefrau entstammen, *rechtlich* getrennt[26], und es ist auch überhaupt nicht ersichtlich,

[23] *Leon VI.*, Novelle 20 (edd. *Pierre Noailles/Alphonse Dain* [Paris 1944] 79/22–26): „Κελεύουσι γὰρ τὴν μὲν γυναῖκα ἐπιβιοῦσαν μετὰ τῆς ἰδίας προικὸς καὶ τὸ σύμπαν ὑπόβολον κομίζεσθαι καὶ πρὸς τούτοις ἐκ τῆς λοιπῆς τοῦ ἀνδρὸς ὑποστάσεως κληρονομεῖν τοσοῦτον, ὅσον τῆς τε προικὸς καὶ τοῦ ὑποβόλου εἰς ἓν συγκεφαλαιουμένων ἀριθμεῖται τὸ τέταρτον …".

[24] *Zachariä von Lingenthal* (Anm. 8) 6 (bzw. 37 bzw. 57): „Es war späteren Kaisern, die mit dem arg geschmähten Namen der Bilderstürmer belegt worden sind, vorbehalten, ein christliches Eherecht einzuführen" und 43 (bzw. 67 bzw. 89): „Von dem … Justinian(e)ischen Recht weicht die Ecloga der Isaurier Leo und Constantin (740) sehr wesentlich ab. Sie hat den Gedanken ausgebildet, dass durch und während der Ehe eine Einheit nicht nur der Personen, sondern auch des Vermögens – eine Gütergemeinschaft – entstehe …"; vgl. dazu *Dieter Simon*, Die Epochen der byzantinischen Rechtsgeschichte, in: Ius Commune 15 (1988) 73–106 (83–84): „eine letztlich völlig aus der Luft gegriffene vorurteilshafte Bewertung" und „die glatte Erfindung einer durch die Ecloga angeblich unter Ehegatten und Kindern eingeführten Gütergemeinschaft". Zachariäs Überschätzung der beiden Rechtsbücher ist nicht zuletzt darauf zurückzuführen, daß er sie einige Jahre zuvor (1852) erstmals kritisch herausgegeben hatte und daß er nun (1856) auch ihre inhaltliche Bedeutung (und damit die Wichtigkeit dieser seiner Edition) hervorheben wollte.

[25] So auch jetzt noch die herrschende Meinung in bezug auf die „mittelalterliche Rechtsentwicklung", vgl. etwa *Arno Welle*, In universalibus pretium succedit in locum rei, res in locum pretii. Eine Untersuchung zur Entwicklungsgeschichte der dinglichen Surrogation bei Sondervermögen (Berlin 1987) 55: „Im weiteren Verlauf der mittelalterlichen Rechtsentwicklung wurde im ehelichen Güterrecht der Gedanke des Familiengutes überwunden und durch den Gedanken der Einheit des Ehegutes ersetzt. Das Gut der beiden Gatten wurde nunmehr zum Ehevermögen zusammengefaßt …". (Wie *M[arie] Th[eres] F[ögen]*, Aus deutschen Landen. Anmerkungen zu vier romanistischen Dissertationen, in: Rechtshistorisches Journal 8 [1989] 82–94 [83–84] zeigte, handelt es sich bei diesem Passus um ein fast wörtliches Zitat aus der ungedruckten Dissertation von *Justus Bockemühl*, Die Surrogationsformeln des Bürgerlichen Gesetzbuches [Köln 1958] 85.)

[26] *Zachariä von Lingenthals* Ansicht, daß die Ecloga eine „Gütergemeinschaft" gekannt habe (vgl. oben Anm. 24), dürfte hauptsächlich darauf zurückzuführen sein, daß er (Anm. 8) 45[167] (bzw. 69[190] bzw. 91[230]) die „προίξ" der Ecloga (2.4.1 Z. 166 und 2.4.2 Z. 172) mit dem „προικοϋπόβολον" der Eisagoge (19.5 und 19.8) im Sinne von „προὶξ καὶ ὑπόβολον" identifizierte; dagegen zu Recht bereits *Demosthenes D. Desminis*, Die Eheschenkung nach römischem und insbesondere nach byzantinischem Recht (Athen 1897) 20: „… dies ist aus der Ecloga nicht ersichtlich, und wir halten es für willkürlich, aus einem später entstandenen Gesetzbuche einen ihr fremden Sinn in sie hinein interpretiren zu wollen" und jetzt auch *Dieter Simon*, Vertragliche

warum die Eisagoge – allein durch die Verwendung des Terminus „προικοϋπόβολον" – die vollkommene Gütergemeinschaft eingeführt haben sollte.

Wäre es nämlich tatsächlich die Absicht des Gesetzgebers gewesen, innovativ tätig zu werden und die Gütermassen der Ehepartner rechtlich zu vereinigen, so hätte er sein Vorhaben nicht an ziemlich verborgenem Orte und eher beiläufig, sondern an zentraler Stelle und mit einigem Nachdruck – etwa in einem eigenen Titel über das gemeinsame Vermögen der Eheleute – in die Tat umgesetzt.

Da das προικοϋπόβολον statt dessen ausschließlich in dem Titel über die Eheschenkung – und nicht etwa auch in demjenigen über die Mitgift – Erwähnung findet und da zudem in dem hier behandelten 5. Kapitel ebenfalls nur von der Eheschenkung, nicht von der Mitgift die Rede ist, ist es wenig wahrscheinlich, daß an dieser Stelle doch noch – auf dem Umwege einer Regelung über das προικοϋπόβολον (im Sinne von „προὶξ καὶ ὑπόβολον") – das bereits im vorausgehenden 18. Titel entschiedene Schicksal der Mitgift mitbestimmt werden soll.

Ausgeschlossen wird die gängige Interpretation (welche übrigens gegebenenfalls auch zu einer schwer vorstellbaren Bereicherung der kinderlosen Witwe führen könnte) indes dadurch, daß die Frau das Viertel des προικοϋπόβολον „aus dem ganzen übrigen *Mannes*vermögen" erhalten soll, womit klargestellt wird, daß das προικοϋπόβολον nicht die Mitgift (mithin einen Teil des *Frauen*vermögens) miteinschließen kann[27].

Handelt es sich aber bei dem προικοϋπόβολον im vorliegenden Kapitel eindeutig um einen Teil des *Mannes*vermögens, so liegt eine andere – auch von Joëlle Beaucamp in Betracht gezogene[28] – Deutung dieses Begriffes nahe: eine Identifikation mit der πρὸ γάμου δωρεά, für welche zu sprechen scheint, daß die Eheschenkung – üblicher Ansicht zufolge[29] – auch von Leon VI. (zwar nicht als „προικοϋπόβολον", aber doch immerhin) als „ὑπόβολον" bezeichnet wurde[30] und daß dann die merkwürdige Anweisung, das Viertel des προικοϋπόβολον nicht „aus dem προικοϋπόβολον *selbst*" zu nehmen[31], verständlich wird, stand doch die πρὸ γάμου δωρεὰ der Witwe *zur Gänze* zu[32].

Aber auch diese Interpretation ist auszuschließen, weil es unvorstellbar ist, daß in einem ziemlich kurzen Text (dem 5. Kapitel) für ein und dieselbe Sache, nämlich die

Weitergabe des Familienvermögens in Byzanz, in: Hommes et richesses dans l'Empire byzantin II (Paris 1991 [im Druck]) bei Anm. 33.

27 Vgl. auch *Beaucamp* (Anm. 20) 159.

28 *Beaucamp* (Anm. 20) 159: „... on conclurait volontiers que προγάμου δωρεὰ et προικοϋπόβολον sont ici interchangeables et que *l'Epanagogè* juxtapose un terme de la compilation justinienne et un terme plus récent".

29 Vgl. auch den Anfang des Scholions Περὶ ὑποβόλου des *Georgios Phobenos:* „Τὸ ὑπόβολον, ὃ καὶ προγαμιαία δωρεὰ καλεῖται ...".

30 In Leons Novellen 20, 22 und 85 begegnet der Terminus „ὑπόβολον" häufiger als 20 Male, und insbesondere aus der Novelle 20 ergibt sich, daß Leon den Ausdruck im Sinne von „πρὸ γάμου δωρεὰ" verstand.

31 Eisagoge 19.5: „... λήψεται οὐκ ἐξ αὐτοῦ τοῦ προικοϋποβόλου ..."; vgl. oben Anm. 18.

32 Eisagoge 19.5: „Ἡ μὴ δευτερογαμοῦσα γυνὴ ... τῆς πρὸ γάμου δωρεᾶς ... κυρία καθίσταται ..."; vgl. oben Anm. 18.

Eheschenkung, zwei gänzlich verschiedene Termini, nämlich der alte „πρὸ γάμου δωρεά“ und der offenbar neu geprägte „προικοϋπόβολον“, verwendet wurden[33].

Außerdem erhält – nach dem 8. Kapitel dieses 19. Titels – auch der sich nicht wiederverheiratende Witwer im Falle der Kinderlosigkeit ein Viertel des προικοϋπόβολον[34]; da er aber nach den allgemeinen ehegüterrechtlichen Grundsätzen dann seine Eheschenkung *zur Gänze* zurückerhält[35], kann das προικοϋπόβολον (von dem er nur ein Viertel erhält) nicht mit ebendieser Eheschenkung identifiziert werden.

Ist das προικοϋπόβολον also weder im Sinne von „προὶξ καὶ ὑπόβολον“ noch im Sinne von „πρὸ γάμου δωρεά“ aufzufassen, so bleibt nur eine dritte Möglichkeit: die Deutung als „(τῆς) προικὸς ὑπόβολον“[36] (also als sog. „kasuelles Determinativkompositum“), wofür zunächst spricht, daß auch bei den anderen mit „προικο-“ beginnenden Komposita[37] dieser erste Bestandteil niemals die Bedeutung von „προὶξ καί“, sondern immer diejenige von „(τῆς) προικός“ (bzw. eines anderen obliquen Kasus von προίξ) hat.

Es fragt sich jetzt aber, was hier unter dem seltenen Terminus „ὑπόβολον“ zu verstehen ist[38], welcher in der Ecloga im Sinne von „ἀρραβών“ (Zuwendung zum Zwecke der Sicherung eines Verlöbnisses) verwendet wurde[39] und in einer pseudochrysostomischen[40] Homilie eine ähnliche Bedeutung zu haben scheint[41].

[33] Im Ergebnis lehnte auch *Beaucamp* (Anm. 20) 159–161 diese Interpretation ab.

[34] Eisagoge 19.8: „Ὁ μὴ δευτερογαμῶν ἀνήρ, μὴ προσόντων μὲν παίδων, τὸ(ν) ἐξ ἀπαιδίας κάσ(σ)ον ἤτοι τὸ τέταρτον τοῦ προικοϋποβόλου λαμβάνει ...“.

[35] Daran kann kein Zweifel bestehen, selbst wenn dies *Leon VI.* (absichtlich oder irrtümlich) mißverstand, Novelle 20 (edd. *Noailles/Dain* 79/26–81/3): „... προφθανούσης δὲ τελευτῇ τὸν γαμέτην τῆς γυναικός, τοὺς ἐκείνης κληρονόμους κερδαίνειν σὺν τῇ προικὶ τὸ ὑπόβολον, τὸν δὲ ἄνδρα μηδὲν ἔχειν ἕτερον ἀλλ' ἢ ὅσον τῆς τε προικὸς καὶ τοῦ ὑποβόλου τὸ τεταρτημόριον ...“.

[36] Vgl. auch schon *Beaucamp* (Anm. 20) 154 und – unter Berufung auf die Synopsis minor (Y 4 = Hexabiblos 4.13.1) sowie *M(arie) Th(eres) Fögen,* Die Scholien zur Hexabiblos im Codex vetustissimus Vaticanus Ottobonianus gr. 440, in: Fontes Minores IV (1981) 256–345 (328) – 157.

[37] *D(emetrios B.) Demetrakos,* Μέγα Λεξικὸν ὅλης τῆς Ἑλληνικῆς Γλώσσης (Athen 1958) VII 6118–6119 (Ndr. Athen 1964, XII 6118–6119) zählte 15 Komposita auf (προικογραφῶ, προικόδοσις, προικοδότης, προικοδότησις, προικοδοτῶ, προικοθήρας, προικοθηρία, προικοθηρῶ, προικοκτησία, προικολαβή, προικολήπτης, προικοπαραδίδω, προικοσύμφωνον, προικοφόρος, προικοφοροῦμαι; vgl. auch προικανάδοχος).

[38] Vgl. dazu insbes. *Carolus du Fresne du Cange,* Glossarium ad Scriptores mediæ & infimæ Græcitatis (Lyon 1688; Ndr. Graz 1958) II 1642–1643 und *Ioannes Gottfrid Sammet,* De hypobolo (Leipzig 1746; Ndr. in: Supplementum Novi Thesauri Juris Civilis et Canonici [Den Haag 1780] 375–383) sowie zuletzt *Beaucamp* (Anm. 20) 154–161.

[39] Vgl. dazu jetzt auch *Ludwig Burgmann* in seinem obigen Beitrag.

[40] Zur Pseudepigraphie der Homilie vgl. *J. A. de Aldama,* Repertorium pseudochrysostomicum (Paris 1965) 64 Nr. 170, *Sever J. Voicu,* «Giovanni di Gerusalemme» e Pseudo-Crisostomo (saggio di critica di stile), in: Euntes Docete 24 (1971) 66–111 (109[103]) und Clavis Patrum Graecorum, cura et studio *Mauritii Geerard* (Turnhout 1974) II 548–549 Nr. 4528; der Text dürfte eher aus dem 7.–9. als aus dem 4.–6. Jahrhundert stammen.

[41] *Pseudo-Iohannes Chrysostomos,* Ὁμιλία, ὅτε τῆς ἐκκλησίας ἔξω εὑρεθεὶς Εὐτρόπιος ἀπεσπάσθη ... (Homilia de capto Eutropio), in: Patrologia Graeca 52 (1858–1860) 395–414 (408/26–28): „Λάβε ἀρραβῶνα, ἵνα μοι πιστεύσῃς περὶ τοῦ μέλλοντος· λάβε ὑπόβολα, λάβε

Entscheidend ist jedoch ein anderer Beleg: Da nämlich die Bildung des gekünstelt wirkenden Ausdrucks „προικοϋπόβολον" keinem anderen als dem Sprachkünstler Photios zugeschrieben werden kann, welcher nicht nur seltene Wörter, sondern, wie gerade das Eisagoge-Prooimion zeigt, auch Neologismen schätzte[42], muß das Lemma „ὑπόβολον" (bzw. dessen Explikation) in Photios' eigenem Lexikon als Schlüssel zum Verständnis dieses Begriffes angesehen werden.

Es heißt dort: „ὑπόβολον· ὑποκείμενον πρὸς δάνειον καὶ τόκον. Φερεκράτης Ἰπνῷ· – οὐχ ὁρᾷς τὴν οἰκίαν/τὴν Πο(υ)λυτίωνος κειμένην ὑπόβολον"[43]. Zwar wird der Terminus in den Editionen mit Omega geschrieben („ὑπώβολον")[44], weswegen es den Anschein haben könnte, daß dieses altattische „ὑπώβολον" (bzw. „ὑπώβολος"[45]) mit dem byzantinischen „ὑπόβολον" nichts zu tun habe[46], doch beruht die Schreibweise mit Omega nur auf einer Konjektur[47] des Herausgebers Richard Porson[48].

Selbst wenn für diese (allseits akzeptierte und in die modernen Lexika eingegangene[49]) Konjektur die Metrik zu sprechen scheint[50], so ist sie doch zu verwerfen, weil

καὶ μνῆστρα". Auf diesen Text machte *G. W. H. Lampe*, A Patristic Greek Lexicon (Oxford 1961; Ndr. 1978) 1446 aufmerksam, vgl. auch *Beaucamp* (Anm. 20) 154¹.

42 Um einen solchen scheint es sich bei dem Terminus „ἐναντιοθεῖτης" in Z. 22 des Eisagoge-Prooimions zu handeln. Das Wort dürfte in Analogie zu dem – auch von *Photios*, „Βιβλιοθήκη" cod. 24 (ed. *René Henry* [Paris 1959] I 14) benutzten – Terminus „τριθεΐτης" gebildet worden sein.

43 *Photios*, Λέξεων συναγωγή Y 130; vgl. auch Etymologicum Graecae linguae Gudianum ... edidit *Frider. Gul. Sturzius* (Leipzig 1818; Ndr. Hildesheim und New York 1973) 585/31–33.

44 Φωτίου τοῦ πατριάρχου λέξεων συναγωγή, e codice Galeano descripsit *Ricardus Porsonus* (Cambridge 1822) II 626/9–11 und Photii patriarchae Lexicon, recensuit, adnotationibus instruxit et prolegomena addidit *S. A. Naber* (Leiden 1865; Ndr. Amsterdam 1965) II 245/14–15.

45 Siehe Thesaurus Graecae Linguae, ab *Henrico Stephano* constructus, post editionem Anglicam novis additamentis auctum, ordineque alphabetico digestum tertio ediderunt *Carolus Benedictus Hase, Guilielmus Dindorfius* et *Ludovicus Dindorfius* (Paris 1865) VIII 495 (Ndr. Graz 1954, IX 495): „[Ὑπώβολος, ὁ, ἡ.] Ὑπόβολος, ὁ, ἡ".

46 Siehe Thesaurus Graecae Linguae (Anm. 45) 496: „Apparet autem ... ὑπώβολον veterum Atticorum, per ω scribendum, nihil commune habere cum hoc medii ævi ὑποβόλῳ per o scribendo".

47 Ausführlicher begründet in *Ricardi Porsoni* adversaria: Notæ et emendationes in poetas Græcos, quas ex schedis manuscriptis *Porsoni* apud Collegium Ss. Trinitatis Cantabrigiæ repositis deprompserunt et ordinarunt nec non indicibus instruxerunt *Jacobus Henricus Monk, Carolus Jacobus Blomfield* (Cambridge 1812) 295 (editio nova emendatior et auctior [Leipzig 1814] 261): „Valde suspicor legendum ὑπώβολον, quod et metrum postulat in Pherecrate Eustathii p. 1405, 22"; vgl. auch schon *Claudius Salmasius*, De modo usurarum liber (Leiden 1639) 585.

48 Zu diesem Philologen (1759–1808), der „nach Bentley der größte Textkritiker Englands" war (*Alfred Gudeman*, Grundriß der Geschichte der klassischen Philologie [Leipzig und Berlin ²1909; Ndr. Darmstadt 1967] 207), vgl. etwa *R. C. J(ebb)*, Porson, Richard, in: Dictionary of National Biography 46 (1896) 154–163.

49 Siehe Thesaurus Graecae Linguae (Anm. 45), A Greek-English Lexicon, compiled by *Henry George Liddell* and *Robert Scott*, revised and augmented throughout by Sir *Henry Stuart Jones* with the assistance of *Roderick McKenzie* (Oxford ⁹1940; Ndr. 1983) 1904 und *Demetrakos* (Anm. 37) IX 7529 (Ndr. XIV 7529); in den beiden letzteren ist „ὑπώβολος/ν" augenscheinlich als Adjektiv aufgefaßt.

„ὑπώβολον/ς“ nirgends (eindeutig) belegt ist[51], weil es für das Omega etymologisch keine Rechtfertigung gibt[52] und weil das von Photios überlieferte Fragment aus der (vielleicht 415 aufgeführten[53]) Komödie Ἰπνὸς des Pherekrates[54] auch durch die Konjektur nicht jeglichen metrischen Anstoßes enthoben wird.

Somit steht nichts der Annahme entgegen, daß Photios bei der Bildung des Terminus „προικοϋπόβολον“ ebendas Lemma „ὑπόβολον“ seines (wesentlich früher entstandenen[55]) Lexikons vor Augen bzw. im Sinn hatte und dieses gerade deswegen mit dem erklärenden „Präfix“ „προικο“ versah, um es von dem „eigentlichen“ ὑπόβολον, nämlich demjenigen „πρὸς δάνειον καὶ τόκον“, abzugrenzen.

Das „eigentliche“ ὑπόβολον verstand der Lexikograph offensichtlich als eine Art „Sicherheit“ für ein Darlehen einschließlich seiner Zinsen, als eine Art „Pfand“ bzw. „Hypothek“ – nicht im juristisch-technischen Sinne (handelt es sich doch bei allen Vermittlern des Begriffes um Nichtjuristen), sondern in einem ganz vagen Sinne, gewissermaßen aufgrund einer „Parallelwertung in der Laiensphäre“[56].

In einer solchen Sicht wird dem „Eigentlichen“ ein anderes „unterworfen“[57], d.h.

[50] Siehe *Porson* (Anm. 47), der den angeblichen Vers des Pherekrates mit dem zweiten „τὴν“ beginnen ließ und noch (mit der Überlieferung) „Πολυτίωνος“ las.

[51] Vgl. insbes. *Iulios Polydeukes (Pollux)*, Onomasticon 3. 85 (ed. *Ericus Bethe* [Leipzig 1900; Ndr. Stuttgart 1967] I 182/1), Etymologicon Magnum 781, 34 (ed. *Thomas Gaisford* [Oxford 1848; Ndr. Amsterdam 1967] 2187) und *Pseudo-Iohannes Zonaras*, Συναγωγὴ λέξεων, Υ μετὰ τοῦ Π 98 (ed. *Iohannes Augustus Henricus Tittmann* [Leipzig 1808; Ndr. Amsterdam 1967] II 1779/11). Nur *Eustathios von Thessalonike*, Commentarii ad Homeri Odysseam 1.156 (ed. *G. Stallbaum* [Leipzig 1825; Ndr. Hildesheim 1960] I 41/16) erwähnte ein „ὑπώβολον ἐκτεῖνον τὴν προπαραλήγουσαν καὶ δηλοῦν τὸ ὑποκείμενον ἐπὶ ὀβολιμαίῳ τόκῳ“, obwohl er unmittelbar zuvor auch das „ὑπόβολον“ des Pherekrates-Verses mit Omikron wiedergegeben hatte.

[52] Nicht einmal dann, wenn die abenteuerliche Ableitung des Wortes von „ὀβολὸς“ bzw. „ὀβολιμαῖος“, welche *Eustathios von Thessalonike* (Anm. 51) vorschlug, zuträfe.

[53] So *Alfred Körte*, Rezension von *Paul Geissler*, Chronologie der altattischen Komödie, in: Deutsche Literaturzeitung 46 (1925) 2285–2289 (2289) und Pherekrates, in: *Paulys* Realencyclopädie der classischen Altertumswissenschaft, neue Bearbeitung begonnen von *Georg Wissowa*, herausgegeben von *Wilhelm Kroll* XIX, 2 (1938) 1985–1991 (1987), gefolgt von *Paul Geissler*, Chronologie der altattischen Komödie (Dublin und Zürich ²1969; Ndr. 1979) XVI.

[54] Siehe *Augustus Meineke*, Fragmenta Comicorum Graecorum, Voluminis II fragmenta poetarum comoediae antiquae continentis pars prima (Berlin 1839; Ndr. 1970) 277–278 (mit der Konjektur „Πουλυτίωνος“), *Theodorus Kock*, Comicorum Atticorum fragmenta, Volumen I: Antiquae comoediae fragmenta (Leipzig 1880) 161 Nr. 58, *John Maxwell Edmonds*, The Fragments of Attic Comedy (Leiden 1957) I 228 Nr. 58 und *R. Kassel/C. Austin*, Poetae comici Graeci, Vol. VII: Menecrates-Xenophon (Berlin und New York 1989) 132 Nr. 64.

[55] Zur Datierung vgl. etwa *Herbert Hunger*, Die hochsprachliche profane Literatur der Byzantiner (München 1978) II 40 m.w.N.

[56] Der einschlägige Terminus technicus war nicht „ὑπόβολον“, sondern „ὑποθήκη“, vgl. z.B. *Hermann Ferdinand Hitzig*, Das griechische Pfandrecht (München 1895) 1: „Das griechische Recht weist drei Erscheinungsformen des Pfandrechts auf: ἐνέχυρον, ὑποθήκη, πρᾶσις ἐπὶ λύσει“.

[57] Vgl. *Jacobus Cujacius*, Observationum et emendationum liber quintus (Paris 1562) lib. V cap. IV (Ndr. in: *J. C.*, Opera III [Venedig 1758] 108 bzw. [Neapel 1758] 117): „... ἀπὸ τοῦ ὑποβάλλειν, quod est majori rei vel summae minorem adjicere“, zitiert von *Du Cange* (Anm. 38) 1642 sowie vom Thesaurus Graecae Linguae (Anm. 45).

zur Seite gestellt, was mit dem ersteren zwar nicht identisch ist, ihm aber völlig entspricht und gegebenenfalls an seine Stelle tritt: in gewisser Weise ein subsidiär zur Befriedigung des Gläubigers zu verwendendes Surrogat der Hauptschuld. Dies aber kann in der philosophisch- bzw. theologisch-abstrakten Denkweise[58] des Photios nichts anderes als die „wertmäßige Entsprechung", der „Wert" sein, so daß „προικοϋπόβολον" in der Eisagoge „Wert der Mitgift" bedeuten muß[59].

Bestätigt wird dieses Ergebnis durch einen Vergleich mit der Ecloga, welcher insbesondere auch dadurch nahegelegt wird, daß das „τέταρτον τοῦ προικοϋποβόλου" zur Erklärung des vorausgehenden „ἐξ ἀπαιδίας κάσσος" dient, also einen „explikativen ἐξελληνισμός" dieses in der Ecloga dreimal verwendeten[60] lateinischen Fremdwortes darstellt, das auf den Sprachgebrauch der justinianischen Novellen zurückgeht[61].

Auch in der Ecloga wurde nämlich dem überlebenden Ehegatten, wenn keine Kinder vorhanden waren, ein Viertel der Mitgift (im Falle des Vorversterbens der *Frau*) bzw. ein Viertel „πρὸς τὸ μέτρον τῆς τοιαύτης προικός" (im Falle des Vorversterbens des *Mannes*) zugesprochen[62], und genau das, was hier – wenn auch schlicht, so doch – klar gesagt wurde, wollte Photios durch die Kreierung eines stubengelehrten Wortmonstrums in vermeintlich gehobenerem Stil zum Ausdruck bringen[63].

Der Vergleich mit der Ecloga zeigt auch, daß das προικοϋπόβολον der Eisagoge in keinem Zusammenhang mit der „ἐπαύξησις" bzw. der „ἀποχαρισθεῖσα ἐν

[58] Der in der Explicatio verwendete Terminus „ὑποκείμενον" ist ja ein „equivalent of ὑπόστασις" (*Lampe* [Anm. 41] 1449), und außerdem lag eine Assoziation zu „ὑποβολή" im Sinne von „meaning" (*Lampe* 1446) nahe.

[59] Und zwar nur in der Eisagoge (und ihren Derivaten; *Beaucamp* [Anm. 20] wies auf die Ecloga ad Prochiron mutata [2.20 und 23] sowie das Prochiron auctum [7.8 und 12] hin), während der Ausdruck in dem – auch in das Prochiron auctum (7.30) eingegangenen – Ecloga-Scholion (vgl. Anm. 20) unter dem Einfluß der leontischen Novelle 20 in deren Sinne interpretiert wurde; zwar wird „par le passage du Prochiron auctum" in der Tat „toute hésitation ... définitivement tranchée" (*Beaucamp* 161), handelt es sich doch um eine „explication sans équivoque", aber das gilt nur für das Scholion selbst, wohingegen es für die Auslegung der Eisagoge ohne Bedeutung ist.

[60] Vgl. oben Anm. 20.

[61] Vgl. Legum Iustiniani Imperatoris Vocabularium (Anm. 15) 207 und III (Mailand 1987) 1466; einschlägig sind namentlich die Novellen 2 (caput 4 [edd. *Schoell/Kroll* 16/28]: „ἐξ ἀπαιδίας κάσσου") und 22 (caput 45.1 [edd. *Schoell/Kroll* 180/37–38]: „ἐξ ἀπαιδίας casu"). Ausführlich erörtert wurde das Thema von *Henry Monnier*, Du „casus non existentium liberorum" dans les novelles de Justinien, in: Mélanges Gérardin (Paris 1907) 437–465, der auch auf die Vorlagen (insbes. im Codex Iustinianus) einging.

[62] Ecloga 2.4.1 Z. 164–166 (ed. *Burgmann* 172): „Καὶ εἰ δεήσοι τὴν γυναῖκα παίδων ἄνευ πρὸ τοῦ ἀνδρὸς τελευτῆσαι, τετάρτην μοῖραν καὶ μόνον ἐκ πάσης τῆς, ὡς εἴρηται, ὁμολογηθείσης παρ' αὐτοῦ προικὸς εἰς ἴδιον κέρδος ἐγκρατεῖν αὐτόν ..." und 2.4.2 Z. 170–174 (ed. *Burgmann* 172–174): „Εἰ δὲ ὁ ἀνὴρ πρὸ τῆς ἰδίας γυναικὸς παίδων ἐκτὸς ἀποβιώσει, ὁμοίως πρὸς τῇ ἐντελεῖ ἀποκαταστάσει τῆς ὁμολογηθείσης αὐτῇ προικὸς καὶ τέταρτον μέρος πρὸς τὸ μέτρον τῆς τοιαύτης προικὸς ἐκ τῶν ἐγκαταλειφθέντων τοῦ ἀνδρὸς αὐτῆς παντοίων πραγμάτων ἐπ' ὀνόματι κάσου εἰς κέρδος οἰκεῖον λαμβάνειν αὐτήν ..."; vgl. dazu *Francesco Schupfer*, La comunione dei beni tra coniugi e l'Ecloga isaurica, in: Rivista italiana per le scienze giuridiche 36 (1903) 319–332 (326): „in modo perfettamente uguale per ambi i coniugi".

[63] Zu Photios' „Purismus" vgl. oben S. 44.

ἐπαυξήσει τῆς προικὸς δωρεὰ" steht[64], von welcher in der Ecloga nämlich gerade immer dann die Rede ist, wenn es *nicht* um den Fall der Kinderlosigkeit geht[65].

Schließlich findet die Auslegung des Terminus „προικοϋπόβολον" im Sinne von „Mitgiftwert" eine Stütze auch in den justinianischen Novellen, welche den einschlägigen Vorschriften sowohl der Ecloga als auch der Eisagoge als Grundlage dienten[66]: Denn auch dort gibt es keinerlei Indizien dafür, daß das dem überlebenden Ehegatten bei Kinderlosigkeit gewährte (auch in der Eisagoge so genannte) „κέρδος" immer (d. h. bei Vorversterben sowohl des Mannes als auch der Frau) in Abhängigkeit von der προγαμιαία δωρεὰ oder gar von der Addition von Mitgift und Eheschenkung (bzw. irgendeiner sonstigen „Erhöhung" der Mitgift) stehen sollte[67].

Ist jetzt die hier vorgeschlagene (jeglichen Zusammenhang mit der „προγαμιαία δωρεὰ" ablehnende) Interpretation des Begriffes „προικοϋπόβολον" allseits abgesichert, so bedarf es am Ende nur noch einer Aufklärung der Genese des Mißverständnisses Leons VI., welches auch das Fundament der heute herrschenden Fehldeutung bildet.

Im Rahmen der „ἀνακάθαρσις der ἀνακάθαρσις" setzte sich Leon auch mit dem προικοϋπόβολον der Eisagoge auseinander[68]. Da er dabei nicht nur dessen Erwähnung im 5. Kapitel, sondern auch diejenige im 8. Kapitel des 19. Titels berücksichtigte[69], konnte er den Terminus nicht als Synonym von „πρὸ γάμου δωρεὰ" auffassen. Andererseits mußte ihm das προικοϋπόβολον wegen des „αὐτοῦ" im 5. Kapitel als – zumindest teilweise – identisch mit der „πρὸ γάμου δωρεὰ" erscheinen[70].

Unfähig, die subtile Bedeutung der photianischen Wortschöpfung zu begreifen, und immer dazu bereit, dem Patriarchen jedwede abstrusen Eingriffe in das überkommene Recht zu unterstellen, glaubte Leon diesen scheinbaren Widerspruch nicht anders als dadurch auflösen zu können, daß er – ganz oberflächlich und dadurch doppelt fehlerhaft – προικοϋπόβολον im Sinne von „προὶξ καὶ ὑπόβολον" und „ὑπόβολον" im Sinne von „πρὸ γάμου δωρεὰ" mißdeutete[71].

Daß Leon den Bestandteil „ὑπόβολον" beibehielt und ihn, mit einem völlig neuen Sinn versehen, sehr häufig verwendete[72], also nicht den alten Terminus „πρὸ γάμου

[64] Einen derartigen Zusammenhang stellte *Beaucamp* (Anm. 20) 160–161 her, wobei sie sich von *Cujacius* (Anm. 57): „ὑπόβολον, id est, incrementum dotis", zitiert von *Du Cange* (Anm. 38) 1642 sowie vom Thesaurus Graecae Linguae (Anm. 45), beeinflussen ließ.

[65] Siehe Ecloga 2.3 Z. 158, 2.5.1 Z. 193–194 und 2.8.1 Z. 250, vgl. *Burgmann* (Anm. 20) 267. Zu Recht wies z. B. *Damianos Borres*, Περὶ προγαμιαίας δωρεᾶς κατὰ τὸν ρωμαϊκὸν καὶ ἰδίως κατὰ τὸν βυζαντιακὸν νόμον (Athen 1884) 44[1] darauf hin, daß dieser Ausdruck (funktional) an die Stelle des – von der Ecloga gemiedenen – Terminus „προγαμιαία δωρεὰ" trat.

[66] Vgl. oben S. 44–45.

[67] Vgl. Legum Iustiniani Imperatoris Vocabularium (Anm. 15) IV (Mailand 1988) 1519–1521. Als unmittelbare Vorlage diente wahrscheinlich wiederum Novelle 97.1, wo das Viertel (des Mitgiftwertes für den κάσος ἐξ ἀπαιδίας) viermal (edd. *Schoell/Kroll* 470/16, 18–19, 19–20 und 20) – wenn auch nur als *Beispiel* einer ehevertraglich festgelegten Quote – genannt ist.

[68] Vgl. oben S. 46–47.

[69] Vgl. oben Anm. 35.

[70] Vgl. oben S. 48.

[71] Es handelt sich dabei also eher um eine unbewußte als um eine absichtliche Parexegese.

[72] Vgl. oben Anm. 30. Die Ungewöhnlichkeit des Ausdrucks zeigt sich anläßlich seiner ersten

δωρεά“ benutzte, erweist zum einen, wie sehr der Kaiser seinem Lehrmeister trotz aller Ablehnung verhaftet blieb, und zum anderen, daß die πρὸ γάμου δωρεὰ in Leons Zeit nicht nur nominell, sondern, weil Leon offenbar auf keine andere adäquate Bezeichnung zurückgreifen konnte, auch materiell außer Gebrauch gekommen war[73].

Ein solches weitgehend in Vergessenheit geratenes Rechtsinstitut eignete sich vorzüglich als Exerzierfeld für lexikale Innovationen zum Zwecke seiner Wiederbelebung in „gereinigter“ Form[74], und in der Sache hatte Leon hier eine Gelegenheit, gegen die vermeintliche Benachteiligung des kinderlosen Witwers und damit gegen Photios zu polemisieren, dem er sicherlich unterstellte, seinen (Leons) Tod demjenigen der ohnehin schon todgeweihten Theophano vorzuziehen[75] und jedenfalls ihn (Leon) im Falle des Todes eines kinderlosen Ehepartners gegenüber seiner Ehefrau rechtlich benachteiligt zu haben.

Auf derartigen Vorurteilen muß Leons Novelle 20 beruhen, die, so sehr sie auch die zukünftige Terminologie und Dogmatik beeinflußt haben mag, vollkommen ungeeignet ist, eine Interpretationshilfe für die Eisagoge im allgemeinen und den Terminus „προικοϋπόβολον“ im besonderen zu leisten, gegen dessen Deutung als „Mitgiftwert“ nunmehr alle Bedenken ausgeräumt sind.

Auch im weiteren Verlauf des 19. Titels schloß sich die Eisagoge eng an die Ecloga an, selbst wenn auch immer wieder das justinianische (Novellen-)Recht – insbesondere im 6. Kapitel mit einem etwa 40 Druckzeilen langen wörtlichen Zitat aus Novelle 22.22 – zur Sprache kam[76]; irgendwelche Verständnisschwierigkeiten tauchen dabei jedoch nicht mehr auf[77].

Der Eisagoge war keine lange Geltungsdauer beschieden: Schon bald nach ihrem Erlaß wurde sie aus dem Verkehr gezogen. Später (907) wurde sie durch das Prochiron ersetzt, dessen Ehegüterrecht – und namentlich sein 6. Titel „Περὶ προγαμιαίας δωρεᾶς“[78] – ausschließlich auf justinianischen Regelungen basiert[79]. Erst danach können an den Rand des Eisagoge-Textes – meist wörtlich, bisweilen aber auch in Para-

Verwendung in den leontischen Novellen, wo er mit dem Zusatz „καλουμένου“ versehen ist (edd. *Noailles/Dain* 79/9); demgegenüber hält die herrschende Meinung den hier benutzten Ausdruck für einen „terme usuel“ (so *Henry Monnier*, La Novelle XX de Léon le Sage, in: Mélanges Fitting II [Montpellier 1908; Ndr. Aalen und Frankfurt am Main 1969] 121–160 [129]).

73 Offenbar hatte sich das „System“ der Ecloga erhalten, dem zufolge der Ehemann „ὡς εἰκὸς“ (Ecloga 2.3 Z. 158, was weder „wie üblich“ [so *Burgmann* (Anm. 20) 173] noch „éventuellement, le cas échéant, d'aventure“ [so *Beaucamp* (Anm. 20) 158[2]], sondern „billigerweise, équitablement“ bedeutet) eine „ποσότης“ „ἐν ἐπαυξήσει (τῆς προικὸς)“ schenkte.

74 Es ist sicher kein Zufall, daß sich gerade in Leons Novelle 20 wichtige grundsätzliche Äußerungen zur ἀνακάθαρσις (vgl. insbes. *Noailles/Dain* 81/9–13) finden.

75 Zu dem damaligen Gerücht, Photios wolle Leon beiseite schaffen, vgl. etwa *Josef Hergenröther*, Photius, Patriarch von Konstantinopel II (Regensburg 1867; Ndr. Darmstadt 1966) 684.

76 Vgl. oben Anm. 17.

77 Und zwar nicht zuletzt deshalb, weil keine weiteren Neologismen vorkommen.

78 Im Rahmen der Gesamtedition des Prochiron herausgegeben von *C. E. Zachariæ*, Ὁ Πρόχειρος Νόμος. Imperatorum Basilii, Constantini et Leonis Prochiron (Heidelberg 1837) 37–46 (Ndr. in: *Zepos* [Anm. 7] II 129–133).

79 Die Quellen (des 6. Titels) des Prochiron wurden von *Zachariä* (Anm. 78) identifiziert.

phrase – einschlägige, abweichende Prochiron-Kapitel als „Scholien" geschrieben worden sein[80].

Wenn solche „Neuerungen" des Prochiron „unserem (frommen) Kaiser" zugeschrieben wurden[81], so muß der betreffende Scholiast während oder kurz nach der (späteren) Regierungszeit Leons VI. tätig gewesen sein und die „Geltung" des Prochiron anerkannt haben. Etwas anderes trifft aber auf denjenigen Scholiasten zu, der im Anschluß an die elf Kapitel des (hier behandelten) 19. Titels der Eisagoge den größten Teil der sechs Kapitel des 6. Titels des Prochiron niederschrieb und die letzteren nicht nur einzeln ziemlich kritisch kommentierte[82], sondern auch insgesamt mit dem Verdikt der Inakzeptabilität belegte[83].

Diese – die Autorität des neuen kaiserlichen Gesetzbuches in Zweifel ziehenden – Scholien können, selbst wenn sie nicht in Handschriften des Prochiron, sondern in solche der Eisagoge eingetragen wurden, schwerlich noch unter Leon und von dem (gerade genannten) das Prochiron anerkennenden Scholiasten verfaßt worden sein. Wahrscheinlicher ist es, daß hier ein anderer, kirchlichen Kreisen angehörender Autor am Werke war, welcher bald nach Leons Tod im Mai 912 an einer Diskreditierung von dessen Prochiron und an einer Rehabilitierung der – von Leon verdammten, vor langer Zeit auch in Alexandros' (Leons nunmehrigen Nachfolgers) Namen erlassenen – Eisagoge beteiligt war.

Da man in jener Zeit von einer winzigen Zahl juristisch interessierter und entsprechend gebildeter Personen auszugehen hat, kann die Hypothese aufgestellt werden, daß die ersterwähnten Scholien von Symbatios[84], dem mußmaßlichen Epitome-Kompilator und etwaigen Mitarbeiter am Prochiron, die letztgenannten dagegen von – zumindest jedoch im Auftrag von – Nikolaos Mystikos, dem 907 von Leon abgesetzten und nach[85] dessen Tod sofort wiedereingesetzten Patriarchen, verfaßt wurden.

Kaum ein anderer als Nikolaos hätte es nämlich wagen dürfen, das ja immerhin offizielle Prochiron einer teilweise schonungslosen Kritik zu unterziehen und etwa die Mängel des 1. Kapitels seines 6. Titels mit folgenden Worten aufzudecken: „Dieses Kapitel ist schon in sich selbst widersprüchlich. ... Aber er (scil. der Prochiron-Kom-

80 So finden sich alle 13 neuen Prochiron-Kapitel (4.22–27, 11.4, 14.11, 16.14, 33.30–32 und 34.17) in den Eisagoge-Scholien.

81 In den Scholien 2 zu Eisagoge 16.2, a zu Eisagoge 21.1, d zu Eisagoge 34.4, e zu Eisagoge 34.7 und c zu Eisagoge 37.13; vgl. auch Scholion * zu Eisagoge 19.8.

82 Am deutlichsten in dem Scholion e zu „Eisagoge 19.12", vgl. unten S. 55–56.

83 „Scholion" vor „Eisagoge 19.12–17": „Ταῦτα τὰ μέχρι τοῦ τέλους τοῦ τίτλου κεφάλαια οὐχ ὡς ἐγκριθέντα ἐτέθησαν, ἀλλ' ὡσανεὶ μαχόμενα τῷ ε' καὶ ς' καὶ ζ' καὶ η' καὶ θ' παρετέθησαν".

84 Zu diesem vgl. zuletzt *Ludwig Burgmann*, Die Novellenbearbeitungen von Symbatios und Philoxenos – Phantome oder Plagiate?, in: Rechtshistorisches Journal 8 (1989) 343–351 (343–347 m. w. N.).

85 Sicherlich erst nach Alexandros' Tod (im Juni 913) ersann Nikolaos Mystikos zur Stärkung seiner eigenen „Legitimität" die Legende, daß er nicht erst von dem „schlechten" Alexandros, sondern schon von dem „reuigen" und jetzt in Konstantinos (VII. Porphyrogennetos) „fortlebenden" Leon zurückberufen worden sei, eine Legende, die zuletzt von *Bernard Flusin*, Un fragment inédit de la Vie d'Euthyme le Patriarche? II. Vie d'Euthyme ou Vie de Nicétas?, in: Travaux et Mémoires 10 (1987) 233–260 (240–248) zu Unrecht als historische Realität angesehen wurde.

pilator) erkannte, glaube ich, nicht, daß die beiden Novellen, die 98. und die 127., welche er zu einer Einheit verschmolz, einander widersprechen“[86].

Der Scholiast, der von Zachariä von Lingenthal zu Recht als „Revisor“ qualifiziert wurde[87], erläuterte sodann, worin der behauptete Widerspruch bestand: Während nämlich nach dem ersten Teil des Prochiron-Kapitels, welcher auf Iustinianos' Novelle 127 zurückgehe[88], die keine zweite Ehe eingehende Mutter im Falle einer Eheauflösung durch den Tod den Anteil eines Kindes zu Eigentum erhalte[89], stehe nach dem zweiten Teil des Prochiron-Kapitels, welchem Iustinianos' Novelle 98 zugrunde liege[90], den Kindern im Falle einer wie auch immer gearteten Eheauflösung das Eigentum an jeglichem Ehegewinn zu[91].

Dann fuhr der Scholiast fort: „Wenn nun diese (scil. die 127. Novelle) die vor ihr ergangene aufhebt, so ist die Anordnung der 98. Novelle aufgehoben. Außerdem weichen auch beide (Novellen-Exzerpte) vom 5. und 8. Kapitel (scil. des 19. Titels der Eisagoge) ab, und wenn jene (Eisagoge-Kapitel) gültig sind, so ist dieses (Prochiron-Kapitel), mag es auch niedergeschrieben worden sein, nichtig“[92].

Mit dieser Argumentation erwies sich der Scholiast als versierter Jurist: Ihm war der Ursprung der beiden Bestandteile des Prochiron-Kapitels bekannt[93] (genaugenommen handelt es sich um zwei – gekürzte – Abschnitte aus dem Novellenbreviar des Theodoros von Hermupolis[94]), er wies auf deren Widersprüchlichkeit hin und suchte sie nach dem Grundsatz „lex posterior derogat legi priori“ im Sinne der später ergangenen Novelle[95] aufzulösen, er vermerkte den Widerspruch der Prochiron-Vorschrift zu zwei Eisagoge-Bestimmungen und stellte anheim, den letzteren, nicht hingegen der ersteren Geltung zuzuerkennen.

[86] Scholion e zu „Eisagoge 19.12“: „Τοῦτο τὸ κεφάλαιον ἐναντίον αὐτὸ ἐν αὐτῷ. ... Ἀλλ' οἶμαι τὰς δύο νεαράς, τήν τε ϛ' η' καὶ τὴν ρκζ', ἐναντίας οὔσας ἑαυταῖς εἰς ταὐτὸ συνάγων ἠγνόησε ...“.

[87] *Zachariä von Lingenthal* (Anm. 8) 38 (bzw. 63 [und 14] bzw. 85 [und 22]).

[88] In der Tat auf deren 3. Kapitel, vgl. *Zachariä* (Anm. 78) 37² (Ndr. in: *Zepos* [Anm. 7] II 129²).

[89] Scholion e zu „Eisagoge 19.12“: „... Εἰ γὰρ ἡ μὴ δευτερογαμοῦσα μήτηρ ... λαμβάνει ... μέρος τι κατὰ δεσποτείαν ἑνὸς παιδὸς ἐπὶ τῶν τελευτῇ διαλυομένων ... ... τὸ δὲ λαμβάνειν μέρος τι τοὺς μὴ δευτερογαμοῦντας τῆς ρκζ'. ...“.

[90] In der Tat deren 1. Kapitel, vgl. *Zachariä* (Anm. 78) 37² (Ndr. in: *Zepos* [Anm. 7] II 129²).

[91] Scholion e zu „Eisagoge 19.12“: „... ἁρμόζει πᾶν γαμικὸν κέρδος τοῖς παισὶν ἐξ οἱασδήποτε λύσεως. ... τὸ μὲν γὰρ ἁρμόζειν πᾶν γαμικὸν κέρδος τοῖς παισὶν τῆς ϛ' η' ἐστίν ...“.

[92] Scholion e zu „Eisagoge 19.12“: „... Εἰ οὖν αὕτη ἀναιρεῖ τὴν πρὸ αὐτῆς, ἐστὶ τὸ τῆς ϛ' η' ἀνῃρημένον. Πλὴν καὶ ἀμφότερα τῷ ε' καὶ η' κεφαλαίῳ διαφέρεται, καὶ εἰ ἐκεῖνα ἰσχυρά, τοῦτο, κἂν ἐγράφη, μάταιον“.

[93] Von den Prochiron-Handschriften bietet nur der Cod. Par. suppl. gr. 622 (f. 20r) die (unvollständige) Quellenangabe „νε(αρὰ) ρκζ'“ am Anfang des Kapitels 6.1.

[94] *Theodoros von Hermupolis*, Novellenbreviar 127.3 (Anfang) und 98.1 (Anfang). Diese in mehreren Beziehungen ungewöhnliche Prochiron-Vorschrift 6.1 stellt die in der Absicht polemische, im Ergebnis wenig gelungene Reaktion auf die – gleichlautend beginnende, die Witwe vermeintlich über Gebühr bevorrechtigende – ebenfalls ungewöhnliche (oben ausführlich erörterte) Eisagoge-Bestimmung 19.5 dar.

[95] Der Scholiast wußte also, daß die (auf die Novelle 127 aus dem Jahre 548 zurückgehende) erste Hälfte des Prochiron-Kapitels 6.1 nicht etwa älter, sondern jünger war als die (auf der Novelle 98 aus dem Jahre 539 basierende) zweite Hälfte dieses Kapitels.

Mit ähnlichen Worten äußerte sich der Scholiast zum 6. Kapitel des 5. Titels des Prochiron, welche Regelung er an das Ende seiner „Nachträge“ zum 19. Titel der Eisagoge stellte und abschließend folgendermaßen kommentierte: „Wenn nun jenes (Eisagoge-Kapitel 19.9) gebilligt wird, so ist dieses (Prochiron-Kapitel 5.6), mag es auch niedergeschrieben worden sein, nichtig“[96].

Aus diesen (und weiteren[97]) Äußerungen ergibt sich, daß der Scholiast trotz seiner kritischen Einstellung zum Prochiron nicht etwa bedingungslos zu den Vorschriften der Eisagoge „zurückkehren“ wollte, daß er vielmehr letztlich offenließ, ob die Bestimmungen der Eisagoge oder diejenigen des Prochiron (soweit sie einander widersprachen) als „geltendes“ Recht anzusehen seien.

Insofern waren seine Annotationen zu den einzelnen Eisagoge-Kapiteln nicht gesetzgeberischer, sondern rechtswissenschaftlicher Natur: Nicht die Auflösung, sondern die Aufdeckung von Antinomien, nicht die Entscheidung, sondern die Enthüllung von Problemen kennzeichnen seine Arbeitsweise, und für seinen Vergleich sind die justinianischen Novellen (einschließlich des Codex Iustinianus[98]) gewissermaßen das Tertium comparationis, das Kriterium, an dem sich die „neuen“ Normen der Eisagoge und des Prochiron messen lassen müssen[99].

Dabei blieben ihm aber, wie gesagt, auch die zwischen den einzelnen justinianischen Novellen bestehenden Widersprüche nicht verborgen[100], und angesichts der durch diese Vielzahl legislatorischer Konzepte verursachten Konfusion berief sich der Scholiast schließlich noch auf die „Praxis“: „Aber heute erhalten die Männer vielleicht einiges aufgrund eines Testaments der Frauen oder auch aufgrund einer Schenkung zu Lebzeiten, aus der Mitgift aber ziehen sie wegen Kinderlosigkeit weder ganz noch teilweise Gewinn; fast alle Frauen aber erwerben sowohl beim Fehlen als auch beim Vorhandensein von Mitgiftverträgen, wenn der Mann stirbt, die ganze Eheschenkung wegen Kinderlosigkeit“[101].

[96] Scholion k zu „Eisagoge 19.17“: „... εἰ οὖν ἐκεῖνο ἐγκρίνεται, τοῦτο, κἂν ἐγράφη, μάταιον“.

[97] Besonders aufschlußreich ist insoweit das Scholion c zu Eisagoge 19.5–9, welches folgendermaßen beginnt: „Ταῦτα τὰ πέντε κεφάλαια πρὸς τὴν νεαρὰν δοκεῖ διαφέρεσθαι, ἧς καὶ νῦν τὸ κράτος ἐν ταῖς πράξεσι πολιτεύεται“.

[98] Vgl. Scholion a zu Eisagoge 19.1: „Ὁ μὲν κῶδιξ καὶ ἡ κβ' νεαρὰ τούτῳ συνᾴδουσά φησι ...“.

[99] Diese „neuen“ Normen werden in fast allen Scholien zum 19. Titel mit den justinianischen Novellen verglichen, vgl. die Scholien a, b, c, d, e, f, g und k sowie die Scholien in den Anmerkungen 3 zu Eisagoge 19.5 und 18 zu „Eisagoge 19.15“.

[100] Vgl. z.B. die Scholien e zu „Eisagoge 19.12“ (Anm. 86) und g zu „Eisagoge 19.14“: „Καὶ τοῦτο τὸ κεφάλαιόν ἐστι μὲν τῆς β' νεαρᾶς, ἀλλ' ἀνήρηται ὑπὸ τῆς κβ' ...“.

[101] Scholion c zu Eisagoge 19.5–9: „... Ἀλλὰ σήμερον οἱ μὲν ἄνδρες ἄλλα τινὰ τυχὸν ἀπὸ διαθήκης τῶν γυναικῶν λαμβάνουσιν ἢ καὶ ἐν ζωῇ δωρεᾶς (δωρεὰς *Zachariä*), τῆς προικὸς δὲ ἐξ ἀπαιδίας οὐδὲν ἀποκερδαίνουσιν, οὔτε πᾶσαν οὔτε μέρος αὐτῆς· αἱ δὲ γυναῖκες σχεδὸν ἅπασαι καὶ δίχα συμφώνων καὶ μετὰ συμφώνων τὴν πᾶσαν προγαμιαίαν δωρεὰν τελευτῶντος τοῦ ἀνδρὸς ἐξ ἀπαιδίας κερδαίνουσι ...“ (zitiert von *Antonios G. Mompherratos,* Πραγματεία περὶ προγαμιαίας δωρεᾶς κατὰ τὸ Ρωμαϊκὸν καὶ ἰδίως κατὰ τὸ Βυζαντιακὸν δίκαιον [Athen 1884] 87). Bemerkenswert ist, daß sich der Verfasser dieses Scholions des justinianischen Sprachgebrauchs bediente und nicht nur den photianischen Terminus „προικοϋπόβολον“, sondern auch den leontischen Ausdruck „ὑπόβολον“ vermied.

Ist aber in letzter Instanz die „Praxis" entscheidend, so erweist sich auch hier die „Ohnmacht des Rechts"[102], die Unfähigkeit des Gesetzgebers, seine Auffassungen auch nur an der einzigen Stelle durchzusetzen, an welcher der „normale Byzantiner" mit dem „Rechtssystem" in Berührung kam, nämlich im Bereich des Ehegüterrechts.

Gerade diese „Praxisrelevanz" dürfte dafür verantwortlich sein, daß die Regelung der vermögensrechtlichen Beziehungen zwischen Ehepartnern zu einem bevorzugten Betätigungsfeld potentieller Normgeber wurde, welche insbesondere auf diesem Gebiet ihre „gesellschaftspolitischen Ordnungsvorstellungen" zum Ausdruck zu bringen suchten, was schließlich zur Existenz einer Fülle von nicht miteinander im Einklang stehenden Normen führte, auf die je nach Kenntnis und Belieben zurückgegriffen werden konnte[103].

Naheliegenderweise war insofern der Rückgriff auf Iustinianos' in gewisser Weise „abschließende" Regelung in Novelle 97 am schwächsten, war doch dessen (vielleicht von Theodora beeinflußtes, gleichsam „napoleonisches") revolutionär-tyrannisches Modell einer durch den „λόγος τῆς δικαιοσύνης τε καὶ ἰσότητος" bestimmten Lebensgemeinschaft, in der die Ehefrau nicht mehr als ein nach der (durch Schachern festgelegten[104]) Mitgift zu bemessendes Handelsobjekt, sondern als gleichwertige Partnerin galt, von vornherein zum Scheitern am Widerstand einer patriarchalischen Kirche verurteilt, deren irrationale Herrschaft ja nicht zuletzt auf das Dogma der (auf „Evas Sündenfall" zurückgeführten) Minderwertigkeit der Frau gegründet war.

Den kirchlichen Anschauungen trugen dann verstärkt die „allerchristlichsten" Isaurier Rechnung, welche in der Ecloga vergleichsweise am weitesten von dem gewissermaßen „aufklärerischen" Ehemodell Iustinianos' abrückten. In makedonischer Zeit schließlich führte die generelle Rückkehr zur justinianischen Kodifikation nicht etwa zu einer Wiederbelebung gerade auch dieser Regelung Iustinianos' (die bezeichnenderweise ebensowenig im lateinischen Westen rezipiert wurde[105], ja noch im 19. Jahr-

[102] *Dieter Simon,* Die Ohnmacht des Rechts, in: Max-Planck-Gesellschaft. Jahrbuch 1988, 23–38.

[103] Vgl. z. B. die ganz unterschiedliche Auswahl ehegüterrechtlicher Normen im Prochiron auctum einerseits und in der (etwa gleichzeitig entstandenen) Hexabiblos andererseits.

[104] Das anscheinend übliche Feilschen um die Höhe der Mitgift und das damit oft einhergehende Übervorteilen des Vertragspartners wird in Novelle 97 ausdrücklich erwähnt, vgl. oben Anm. 11. Selbst wenn diese Novelle durchaus nicht ohne Vorbilder ist (vgl. *A. Gulak,* Ältere talmudische Parallelen zur Novelle 97 des Kaisers Justinian, in: Zeitschrift für vergleichende Rechtswissenschaft 47 [1933] 241–255 und oben Anm. 14), so darf ihr legislatorischer Impetus doch keineswegs unterschätzt werden.

[105] Vgl. z. B. *Hermann Schott,* Die donatio propter nuptias (Mannheim 1867) 78: „Aus der bisherigen Entwicklung ersehen wir, daß die d(onatio) pr(opter) n(uptias) in der Gestalt des justinianischen Rechtsbuchs sogar bei den romanischen Völkern bald wieder abkam. Bei den Germanen konnte sie schon deßhalb nicht durchdringen, weil sie bereits ähnliche Institute hatten ..." und *Bernhard Windscheid,* Lehrbuch des Pandektenrechts, 9. Auflage, unter vergleichender Darstellung des deutschen bürgerlichen Rechts bearbeitet von *Theodor Kipp* (Frankfurt am Main 1906; Ndr. Aalen 1963) III 46: „In Deutschland ist der Satz, daß der Dos notwendigerweise eine an Größe gleiche Eheschenkung entsprechen müsse, nicht praktisch geworden" sowie „Die herrschende Meinung betrachtet die römische Lehre von der donatio propter nuptias einfach als unanwendbar".

hundert als „höchst verkehrt" galt[106]), vielmehr kam es – jedenfalls im Ehegüterrecht der Eisagoge – zur Ausbildung eines „Mischsystems", indem der – auch materielle – Rückgriff auf die justinianische Gesetzgebung jedenfalls dort unterblieb, wo eine Anleihe bei der isaurischen Ecloga – zwar nicht dem Wortlaut, wohl aber dem Inhalt nach – kirchlichen (d.h. hier: photianischen) Standpunkten eher zu entsprechen schien.

Zu diesen Standpunkten gehörte es nun aber nicht, die auf Genesis 2.24 begründete σὰρξ μία-Lehre[107] auch auf das *Gut* der Ehepartner auszudehnen, wäre doch eine solche Anschauung für die kontinuierliche Entwicklung der (einen Zugriff auf das Vermögen von *Individuen* gewährleistenden) Institution der „ψυχικὰ"[108] wenig förderlich gewesen.

[106] *Burchardi*, Ueber den Zweck der donatio propter nuptias, in: Archiv für die Civilistische Praxis 9 (1826) 197–229 (225): „... so müßte diese (scil. Novelle 97.1 und 2), um schonend zu reden, wenigstens höchst verkehrt genannt werden", zitiert von *Desminis* (Anm. 26) 11[3].

[107] Diese Lehre war gewissermaßen ein Einfallstor für die kirchlichen Anschauungen im Bereich des Ehe(schließungs)rechts und damit für die Ausdehnung des kirchlichen Einflusses im allgemeinen von größter Bedeutung.

[108] Mögen für Photios die „ψυχικά", deren „πρόνοια" er dem Patriarchen übertrug (Eisagoge 3.11), auch überwiegend immaterieller Natur gewesen sein, so hatte die „Materialisierung des Evangeliums" doch schon mit Paulus begonnen, um dann in dem (auch durch die Novelle 40 Leons VI. vorbereiteten) Gesetz des Kaisers Konstantinos VII. über das Drittel für das Seelenheil einen gewissen Höhepunkt zu erreichen: Mit kaiserlicher Billigung gesellte sich nun die Kirche als „lachende Dritte im Bunde" im Erbfalle – „rechtlich legitimiert" – der Familie des Erblassers und dessen Ehepartner zu, um ein Drittel der Erbschaft dem „Familienvermögen" zu entziehen und dem Kirchenvermögen einzuverleiben.

Joëlle Beaucamp

L'Égypte byzantine: biens des parents, biens du couple?

Selon Karl Eduard Zachariä von Lingenthal, la communauté des biens familiaux a progressé avec la conception chrétienne du mariage et s'est fait jour, dès la première moitié du 8e siècle, dans l'*Ecloga*[1]. Il apparaît crucial de confronter cette assertion aux données papyrologiques. Car il n'y a aucune raison de couper l'Égypte du monde byzantin, sous prétexte d'une spécificité qui reste à démontrer. Et seuls les documents que fournissent les papyrus peuvent renseigner, de la fin du 3e siècle au milieu du 7e, sur les pratiques sociales en ce domaine et sur leur éventuelle évolution. Il se trouve que, comme souvent, les papyrus d'époque byzantine sont moins étudiés que ceux des périodes hellénistique et romaine: la synthèse de Günther Häge s'arrête au règne de Dioclétien[2].

Deux séries de constatations intéresseraient l'objet de ce colloque. Premièrement, on rencontre dans les papyrus des mentions de «biens des parents» (τῶν γονέων ou γονικά). Serait-ce un indice d'une communauté patrimoniale entre époux? Deuxièmement, on y trouve fréquemment des fractions de biens détenues par différentes personnes (frères et sœurs, parents plus éloignés ...); par ailleurs, les actes de partage sont assez nombreux, entre frères et sœurs particulièrement: que faut-il en conclure sur la cohésion du patrimoine à la génération suivante, celle des enfants d'un couple, et même au-delà? C'est la première de ces questions qui est présentée ici. La logique y incite, mais aussi le fait que plusieurs papyrus de la Staatsbibliothek de Munich sont fondamentaux pour le sujet.

Pour cerner une hypothétique communauté de biens dans le couple, quatre enquêtes peuvent être successivement tentées: sur les biens des parents; sur les biens communs du couple; sur l'activité économique commune du couple; et sur le sort de son patrimoine, au terme du mariage.

Pour les abréviations de publications papyrologiques, se reporter à *John F. Oates, Roger S. Bagnall, William H. Willis et K. A. Worp,* Checklist of Editions of Greek Papyri and Ostraca (Missoula³ 1985).

1 *Karl Eduard Zachariä von Lingenthal,* Geschichte des griechisch-römischen Rechts (Berlin³ 1892), 89.

2 *Günther Häge,* Ehegüterrechtliche Verhältnisse in den griechischen Papyri Ägyptens bis Diokletian (Köln – Graz 1968).

Il sera, en revanche, très peu question des catégories juridiques de biens qui composent éventuellement ce patrimoine, entre autres de la dot. C'est volontaire: car je me suis intéressée au fonctionnement concret du patrimoine et à la façon dont il est conçu. Or il est exceptionnel de rencontrer la mention que tel ou tel bien fait partie d'une dot ou d'une autre catégorie juridiquement déterminée.

I. Les mentions de biens des parents

Nous verrons successivement la fréquence du terme et sa signification.

J'ai relevé vingt-quatre références à des biens dits τῶν γονέων ou γονικά[3]. Ce peut être la κληρονομία, la διαδοχή, les πράγματα, tel ou tel bien «réel», ou encore une fraction idéale d'un bien. Sur ces vingt-quatre cas, une quinzaine sont tardifs, c'est-à-dire postérieurs à 550. Il est tentant de bâtir d'emblée une hypothèse sur cette inégale répartition chronologique: serait-elle l'indice que la communauté des biens du couple progresse avec le temps? La stricte séparation des biens des deux conjoints, qui prévaut en droit romain, s'estomperait peu à peu. On rejoindrait ainsi un schéma d'évolution déjà proposé pour Byzance, notamment par Zachariä.

Si cette hypothèse est juste, on doit s'attendre à ce que les mentions de biens paternels et de biens maternels deviennent moins fréquentes entre Dioclétien et la conquête arabe: car elles impliquent, elles, la séparation des deux masses patrimoniales. Mon enquête n'est pas encore exhaustive, du moins sur les biens paternels. Mais, jusqu'à présent, elle ne permet de constater rien de tel: les références à des biens paternels ou maternels sont nombreuses à toutes les époques.

Il resterait d'ailleurs à démontrer l'essentiel, à savoir que γονικά sert à désigner des biens en quelque sorte communs au couple; autrement dit, que le terme renvoie à autre chose que la somme des biens du père et de la mère. Voyons ce qu'il en est.

Une première constatation s'impose. Dans plusieurs papyrus, les expressions γονικός ou ἀπὸ γονέων désignent des biens qui sont également qualifiés de πατρῷος ou de μητρῷος à un autre endroit du texte. Γονικός apparaît alors comme un terme générique, un raccourci commode pour parler des biens paternels ou maternels. Il marque une addition des deux masses patrimoniales, mais nullement une confusion entre elles.

Ainsi, en 570, un médecin-chef d'Antinooupolis déclare disposer par son testament de ses biens, γονικά ou autres; mais, quand il inscrit le legs d'une vigne à un monastère, il précise que ce bien fait partie de «l'ensemble des vignes qui lui sont venues de la succession et de l'héritage de son père»[4]. Un autre papyrus de la même époque[5] concerne un conflit successoral entre frères et sœurs. Il parle des biens «venus des parents» (ἀπὸ γονέων), mais aussi de «l'héritage paternel et maternel» (πατρῷα καὶ μητρῷα κληρονομία). Il mentionne en outre des «maisons des parents» (γονικαὶ οἰκίαι). Cette fois, on pourrait penser à des maisons appartenant au couple; mais, ail-

[3] Voir les références citées aux notes 4–16 et, en outre, P. Cair. Masp. I 67026, l. 3.

[4] P. Cair. Masp. II 67151, l. 38–41 et 108–110.

[5] P. Lond. V 1708, l. 200, 35–37, 53, 39 et 74.

leurs dans le texte, ces maisons sont appelées «habitations paternelles et maternelles» (οἰκήματα πατρῷα καὶ μητρῷα) et, à partir des précisions données, on constate qu'il s'agit de différentes maisons, appartenant l'une à la mère, les autres au père. Ces deux exemples sont du 6e siècle, mais on observe le même usage en 298 à Oxyrhynchos, au 5e siècle à Hermoupolis et Oxyrhynchos, comme dans deux autres textes du 6e siècle[6].

Un seul document pourrait témoigner d'un emploi différent. C'est une transaction (διάλυσις) de 599 ou 600[7] qui met fin à une querelle successorale entre frères et sœurs. Elle mentionne «deux terrains des parents» (δύο γονικὰ οἰκόπεδα) et «une autre maison des parents» (ἄλλη γονικὴ οἰκία). Cette fois, des indices font penser que ces biens étaient conjointement la propriété des deux parents. Nous reviendrons sur la question des maisons possédées par un couple. En tout cas, ailleurs dans le texte, on constate encore que γονικός équivaut à πατρῷος + μητρῷος. Car les enfants évoquent aussi bien «le *klêros* de leurs défunts parents» ou «la modeste fortune laissée par eux» que «tous les biens, paternels et maternels».

Cette comparaison terminologique entre γονικός, πατρῷος et μητρῷος ne saurait suffire. Il faut analyser la totalité des mentions de biens des parents.

Dans deux cas de figure, ces mentions s'éclairent par le contexte. Premièrement, γονικός est employé dans des formules stéréotypées visant à englober toutes les catégories possibles de biens, selon leur origine. Le bien γονικός y fonctionne en opposition avec le bien «acquis par soi-même». On rencontre ainsi les expressions γονικὰ καὶ ἰδιόκτητα , ou ἰδιωτικὰ καὶ γονικά, ou encore «des biens parvenus par succession des parents, par droit d'achat, par sa sueur et ses efforts»[8]. Dans ce contexte, le terme a un usage générique et sert à désigner les biens obtenus des générations précédentes, le plus souvent donc de celle des parents. Il n'y a rien à en retirer pour une éventuelle communauté des biens dans le couple.

Deuxièmement, dans plusieurs documents du 6e siècle, γονικός ou τῶν γονέων sert à préciser l'origine d'un bien vendu, donc à affirmer la légitimité des droits du vendeur. On trouve les expressions ἀπὸ δικαίου κληρονομίας τῶν γονέων αὐτοῦ, ἀπὸ γονέων διαδοχῆς, ἀπὸ γονικῆς διαδοχῆς ou ἀπὸ κληρονομικοῦ δικαίου τῶν γονέων αὐτῶν[9], comme on trouverait, si l'origine du bien était différente, ἀπὸ δικαίου ἀγορασίας παρὰ τοῦ δεῖνα. Cet emploi est donc tout à fait comparable à celui du premier cas de figure. En outre, deux faits apparaissent particulièrement significatifs. Dans la plupart des cas, la qualification de γονικός ou de ἀπὸ γονέων concerne des étapes lointaines de l'acquisition, et non la plus récente. Les papyrus de Munich en fournissent deux exemples. La cour vendue dans P. Monac. I 16 a été acquise par achat auprès d'une dizaine de personnes, qui l'avaient reçue «par droit suc-

[6] P. Oxy. XIV 1704; P. Herm. 25, l. 2; P. Oxy. XXIV 2418, l. 4; P. Flor. III 294, l. 47; P. Cair. Masp. I 67110, l. 25.

[7] P. Paris 20, l. 30–33, 21–22 et 9–12.

[8] P. Cair. Masp. II 67151, l. 39; P. Cair. Masp. III 67340 v°, l. 6–7; P. Lond. V 1727, l. 30–33; P. Vat. Aphrod. 7, l. 10.

[9] P. Lond. V 1722, l. 17; P. Monac. I 13, l. 23; P. Monac. I 11, l. 37; P. Monac. I 12, l. 30; P. Monac. I 16, l. 14–15.

cessoral de leurs parents»[10]. Et, dans P. Monac. I 11 de 586, Aurêlia Tapia vend une part de maison, qui lui est venue par achat auprès de Iôannês, lequel l'avait obtenue de la succession parentale[11]. Le second fait est encore plus révélateur. Dans quelques textes, on lit que le bien a été acquis par héritage du père (réciproquement, de la mère), qui l'avait acquis lui-même (elle-même) par héritage de ses parents. Dans P. Monac. I 13 de 594, par exemple, deux sœurs vendent une part de maison, en indiquant: «elle nous est venue du juste héritage de notre père défunt Apa Dios, qui, lui, l'avait reçue de la succession de ses parents»[12]. Autrement dit, on précise que le bien est paternel (ou maternel) pour la transmission la plus proche et on ne le précise pas pour la génération d'avant. Il m'apparaît très improbable qu'il y ait eu, chaque fois, un bien commun à la génération des grands-parents et séparation des biens à la génération des parents. Dans ce deuxième cas de figure comme dans le premier, parler des «biens des parents» est une expression générique, un raccourci. Cela ne recèle pas de signification particulière.

Après ces deux analyses réductrices, faut-il exclure complètement l'idée que l'expression «biens des parents» puisse renseigner sur une éventuelle communauté patrimoniale? Peut-être que non; car il y a un reste: toutes les occurrences ne rentrent pas dans les deux cas de figure qui précèdent.

En premier lieu, quatre documents de la fin du 3e et du début du 4e siècle font état de biens ἀπὸ κληρονομίας τῶν γονέων μου, ἀπὸ τῶν γονέων, ἐκ διαδοχῆς τῶν γονέων μου ou encore καταλειφθέντα ὑπὸ τῶν ἡμετέρων γονέων[13]. Tous comportent des lacunes, mais on distingue, comme possessions des parents, un bien-fonds dans un cas, un esclave dans un autre, plusieurs esclaves dans un troisième.

En second lieu, nous avons deux textes des 6e et 7e siècles. Dans l'un, une femme détient une fraction de deux pièces d'habitation «par juste héritage de (ses) parents» (ἀπὸ δικαίας κληρονομίας τῶν ἐμῶν γονέων)[14]. Ce qui rappelle le cas, évoqué plus haut, de maisons possédées conjointement par le père et la mère[15]. Dans l'autre, des frères se partagent des biens de leurs parents (τῶν γονέων). Le papyrus est lacunaire, mais on a la mention d'un champ, d'une maison, de deux esclaves. Par ailleurs, ce même papyrus indique qu'il s'agit de biens achetés par les parents (ὠνητά)[16]: nous avons affaire à des biens acquis conjointement par un couple.

Aussi y a-t-il deux questions à approfondir: quels biens sont possédés en commun par un couple? et comment ces biens deviennent-ils communs? C'est l'objet des deuxième et troisième enquêtes.

[10] P. Monac. I 16, l. 10–15.
[11] P. Monac. I 11, l. 36–38.
[12] P. Monac. I 13, l. 22–23. On peut encore citer P. Lond. V 1733, l. 26–34.
[13] P. Oxy. XXXIII 2674, l. 6; P. Stras. VII 672, l. 13; P. Oxy. Hels. 26, l. 9; PSI V 452, l. 7.
[14] SB VI 8987, l. 16–17.
[15] P. Paris 20.
[16] P. Cair. Masp. III 67313, l. 7–8.

II. Les biens communs d'un couple

J'ai fait l'inventaire des biens qui sont dits appartenir à un homme et à son épouse, ainsi que des biens qui font l'objet d'une aliénation en faveur d'un couple ou de la part d'un couple. On trouve: un bateau, quelques terres cultivables (en 365 et dans deux papyrus du 6e siècle)[17]. Mais la très grande majorité consiste en maisons, ou fractions de maison, ou pièces d'habitation, ou fractions de pièces. On a, de fait, quatre mentions de maisons appartenant à un couple, toutes tardives (après 550)[18]; trois ventes par un couple (une du début du 5e siècle, deux tardives)[19]; et plus de quinze achats ou mentions d'achat (tous après 550)[20].

Cet inventaire suscite quatre remarques ou interrogations.

1. Dans les biens d'un couple, les maisons (que nous avions déjà rencontrées dans les biens des parents) apparaissent particulièrement importantes.
2. Ce phénomène, toutefois, n'est visible qu'après 550: quelle interprétation donner à ces deux faits?
3. De quelle façon ces biens sont-ils acquis par le couple?
4. En quel sens et jusqu'à quel point lui sont-ils communs?

Commençons par le mode d'acquisition, car l'inventaire même fournit l'essentiel de la réponse. Dans presque tous les cas où l'origine du bien commun est visible, nous avons affaire à un achat par le couple. Une autre acquisition s'en rapproche: une part de maison est cédée à un couple, qui s'acquittera, en contrepartie, d'une obligation alimentaire liée à cette part de bien[21]. Un seul cas est vraiment différent. Une déclaration de location de 553, adressée à un couple, concerne le tiers d'une maison qui appartient à celui-ci et qui aurait été donné par la mère de l'épouse, conformément au contrat [...][22]. Plusieurs lacunes affectent ce passage. Mais le *kappa* visible incite à restituer γαμικὰ συμβόλαια et on pense évidemment à un bien dotal.

Pourquoi ces achats n'apparaissent-ils qu'après 550? Nous connaissons, de fait, huit ou neuf couples qui achètent des parts de maisons après cette date[23]; mais aucun auparavant. L'explication ne peut résider dans la nature ou la transmission des documents de tel ou tel siècle: car, quand on regarde l'ensemble des achats de maison effectués entre la fin du 3e et le milieu du 7e siècle, on ne rencontre nullement la même distribution chronologique[24]. Indéniablement donc, les acquisitions de maison par des

[17] P. Monac. I 4; SB III 6612, l. 13–14; P. Vat. Aphrod. 10; P. Mich. XIII 659, l. 56–57.

[18] P. Oxy. XVI 1965, l. 11–12; P. Lond. V 1722, l. 25; P. Cair. Masp. II 67156, l. 17–18; SB VI 8988, l. 15.

[19] P. Oxy. XX 2270; P. Lond. V 1722; P. Paris 21 bis et 20 (concernant la même vente).

[20] P. Lond. V 1722, l. 14–15; P. Lond. V 1724; P. Mich. XIII 665; P. Monac. I 8, l. 16–17; P. Monac. I 9; P. Monac. I 9, l. 50–53; P. Monac. I 11, l. 20–21; P. Monac. I 12; P. Monac. I 13, l. 25–27; P. Paris 21 bis, l. 12–13; SB I 5112; SB VI 8987 et 8988 (concernant la même vente); P. Herm. 35. Dans P. Lond. V 1729, l. 9, la mention de l'achat par un couple est biffée.

[21] P. Lond. V 1730.

[22] P. Oxy. XVI 1965, l. 11–16.

[23] Parmi ces couples, deux (Iakôb et Tapia, puis Patermouthis et Kakô) sont connus par plusieurs transactions.

[24] Voir *Orsolina Montevecchi*, Ricerche di sociologia nei documenti dell'Egitto greco-romano

couples deviennent plus fréquentes à partir du 6e siècle. Faut-il y voir l'indice d'un progrès dans la communauté des biens?

Peut-être, mais je crois qu'il faudrait également comprendre pourquoi ces multiples acquisitions communes ne concernent, pour ainsi dire, que des maisons. Le problème de l'habitat et des considérations démographiques n'interviendraient-ils pas? On est frappé, en effet, par l'extrême morcellement des habitations que révèlent les papyrus: le tiers ou le quart de telle pièce à tel étage se trouve parfois partagé entre frères et sœurs, parents plus lointains, ou même entre étrangers. L'effort commun du couple ne serait-il pas d'essayer d'acquérir un espace habitable, pour lui-même et ses enfants? Pour répondre, il faudrait disposer d'une étude globale de l'habitat et d'une recherche démographique, montrant s'il y a ou non évolution sensible au 6e siècle.

En attendant, nous avons quelques indices: dans quatre ou cinq cas, on observe les efforts d'un couple pour réunir les différentes parties d'une maison et, parfois, les transmettre à un descendant. Par exemple, à la fin du 6e siècle, Psatês et son épouse Maria ont acquis une maison, en deux achats successifs auprès de deux vendeurs différents; ils revendent ensuite la maison à un de leurs enfants; après la mort du couple, la vente est contestée par ses deux autres enfants[25]. Un papyrus de Munich montre aussi que Iakôb et son épouse Tapia ont acheté chacun la moitié d'une maison; Tapia, devenue veuve, a vendu sa part à un certain Kyriakos; mais, par la suite, la fille du couple, Kakô, et le mari de celle-ci rachètent la part de Kyriakos; le couple le plus jeune détient donc désormais la moitié de la maison, plus la part qui revient à Kakô de par la succession de son père défunt[26].

Mais le souci du logement ne suffit sans doute pas à expliquer toutes les opérations de ce genre. En 573 un couple revend pour dix-huit sous, apparemment à un étranger, la maison qu'il avait achetée à deux frères. Il peut s'agir d'opérations de caractère purement économique[27].

Reste la dernière question: en quel sens les biens appartenant à un couple lui sont-ils communs? Cinq papyrus de Munich aident à le comprendre. Dans P. Monac. I 9, de 585, Aurêlia Tapia déclare vendre à son gendre Patermouthis et à sa fille Kakô sa part «des trois maisons de son père et de sa mère», à savoir: dans une maison qui appartenait à sa mère, la moitié d'une salle de réception (dont l'autre moitié appartient à ses deux frères) et sa part d'une terrasse au quatrième niveau (il est précisé que le quart de ces lieux lui vient de l'héritage de sa mère et l'autre quart par achat à un troisième frère); sa part de la maison de son père; et sa part d'une petite maison, part qui lui est venue en partie de l'héritage de sa mère, en partie de l'héritage de son père. Autrement dit, la mère de Tapia possédait une part de maison, le père de Tapia possédait une mai-

III.-I contratti di compra-vendita, in: Aegyptus 21 (1941) 98; *Orsolina Montevecchi*, La papirologia (Torino 1973) 210; *Herwig Maehler*, Häuser und ihre Bewohner im Fayûm in der Kaiserzeit, in: Das römisch-byzantinische Ägypten (Mainz 1983) 132–134; *Hansgünter Müller*, Untersuchungen zur μίσθωσις von Gebäuden im Recht der gräko-ägyptischen Papyri (Köln – Berlin – Bonn – München 1985) 350–361.

[25] P. Paris 21 bis et 20.

[26] P. Monac. I 12.

[27] P. Lond. V 1722.

son, et le père et la mère de Tapia possédaient conjointement (il me semble préférable d'éviter le terme «en commun») une maison: à vrai dire, ils en détenaient chacun une part et ces parts sont transmises aux enfants soit par héritage paternel soit par héritage maternel: donc de façon distincte. Pendant la vie du couple, les biens sont joints; ils sont néanmoins juridiquement distincts.

D'autres papyrus de Munich montrent encore deux cas où un couple achète ensemble une maison ou des pièces d'habitation et où, par la suite, la veuve dispose de sa part[28]. Enfin deux papyrus de Munich permettent de préciser la situation patrimoniale d'un couple, Iakôb et Tapia[29]. Des litiges qui ont suivi la mort de Iakôb, il ressort ceci. Iakôb avait des biens, qui sont partagés à égalité entre son fils et sa fille. Tapia a des biens personnels (ἴδια πράγματα): le document cite principalement des vêtements, parce qu'ils ont été l'objet d'une contestation; mais nous savons par ailleurs que Tapia a des biens immobiliers à elle (des parts de maison). Il y a, enfin, des biens appelés communs (κοινὰ πράγματα), qui sont divisés en trois parts égales, une pour Tapia, une pour son fils, une pour sa fille. A propos de ces biens, Tapia déclare, à la première ligne du papyrus (dont le début manque): «les biens sont communs à elle et à son défunt mari parce que tout ce qu'ils ont acquis en supplément a été acquis par leurs efforts communs»[30]. La suite du texte montre que ces «biens communs» sont des biens mobiliers, dont la valeur est estimée à cent sous: des objets de bronze, des vêtements; peut-être aussi des reconnaissances de dette. C'est le seul cas, pour un couple, de biens dénommés «communs». Faut-il le généraliser? La lacune au début du texte est particulièrement irritante. Mais deux expressions font réfléchir. Acquérir par des efforts communs: qu'est-ce que cela recouvre? Acquérir en plus: en plus de quoi? Cela conduit aux troisième et quatrième enquêtes: dans quelles activités économiques un couple est-il engagé ensemble? Comment se présente l'ensemble de son patrimoine?

III. L'activité économique commune d'un couple

Nous avons rencontré plus haut de nombreux achats et quelques ventes de maison. On trouve deux autres formes d'activité commune: l'exercice d'un métier et des emprunts.

Un exemple est fourni, pour les métiers, par un contrat d'association de 568: un menuisier et les parents de son épouse s'engagent à «travailler les uns avec les autres à (leur) entreprise commune» et à partager «les bénéfices de leur activité»[31]. On a, en outre, plusieurs mentions d'un même métier pour les deux conjoints; et on voit parfois une veuve poursuivre le métier qu'exerçait son mari[32].

Quant aux emprunts communs, j'en ai relevé sept cas: un de 333, un de 484, deux du 6ᵉ siècle et trois du 7ᵉ, ce qui n'autorise tout de même pas à parler d'une progres-

[28] P. Monac. I 11 (voir aussi P. Monac. I 12, l. 29–30); P. Monac. I 8.
[29] P. Monac. I 6 (l. 60–61 et 33–35) et 7.
[30] P. Monac. I 6, l. 1–3.
[31] P. Cair. Masp. II 67158, l. 13 et 18–19.
[32] P. Princ. III 145; P. Cair. Masp. II 67156.

sion[33]. Ces emprunts suscitent trois remarques. Premièrement, il s'agit toujours d'emprunts d'argent, jamais de denrées agricoles. Deuxièmement, ils impliquent une utilisation commune des biens des deux conjoints, mais nullement un patrimoine commun. Quand on regarde, en effet, les garanties offertes par ces couples, on trouve la formule générale ἐξ ἀλληλεγγύης, qui implique seulement que chaque emprunteur est responsable, sur ses biens, de l'ensemble de la dette, ou l'expression vague et banale «au péril de notre fortune» (κινδύνῳ τῆς ἡμῶν ὑποστάσεως)[34]. Il n'y a d'informations plus précises que dans deux cas. Au 6e siècle, un couple offre en garantie «ce qui nous appartient» (τῶν ἡμῖν ὑπαρχόντων) et s'engage à rembourser «quand nous recevrons les avances de nos salaires de la quinzième indiction»[35]; les salaires sont distincts et, à mon avis, les biens le sont aussi. En 535, un couple emprunte deux sous; en guise d'intérêts, il met à la disposition du prêteur une pièce d'habitation; or cette pièce appartient à l'épouse[36]. On peut songer à un bien dotal, mais rien n'est dit. En tout cas, si l'emprunt est commun, il y a néanmoins séparation des biens. Troisièmement, sept emprunts communs, c'est peu. A titre de comparaison, on connaît pour la même période plus de trente emprunts ou mentions d'emprunt dont une femme est seule partie prenante[37].

Le reste est encore plus maigre. Il n'y a pas d'achat ou de vente d'esclave par un couple, ni de dépôt auprès d'un couple; mais ces deux catégories de documents sont rares. Pour les prêts, ce n'est guère mieux: aucun contrat de prêt n'est établi au nom d'un couple; nous avons seulement, en 647, la mention d'une sûreté hypothécaire faite au bénéfice d'un couple; il se peut également que les biens communs de Iakôb et Tapia aient compris des reconnaissances de dette en leur faveur[38]. A titre de comparaison, on connaît une trentaine de prêts faits par une femme. De même, nous rencontrons une seule mention d'un achat de terre par un couple, dans la première moitié du 6e siècle[39], alors qu'il y a neuf achats par des femmes. Une seule mention également d'une vente de terre, à la même époque[40]. A titre de comparaison, on connaît vingt-trois ventes ou mentions de ventes effectuées par une femme: dans trois de ces cas, il s'avère que la femme est mariée et qu'elle agit avec l'assentiment de son mari. Que cela s'explique par la tutelle du mari sur l'épouse ou par l'existence de la dot, il y a, en tout cas, séparation des biens. Enfin il existe deux transactions (διαλύσεις) dont un couple est partie prenante. Ce sont deux documents d'Aphroditô de la première moitié du

[33] P. Oxy. XIV 1716 (mention); P. Oxy. XVI 1969; P. Oxy. XLVII 3355; P. Princ. III 145; P. Lond. V 1736; BGU III 725; P. Edfou I 3.

[34] P. Lond. V 1736, l. 8; P. Oxy. XVI 1969, l. 8; BGU III 725, l. 15; P. Edfou I 3, l. 15–16. Sur l'ἀλληλεγγύη, voir *Hans Julius Wolff*, Papinian und die allelengye, in: Studi in onore di Edoardo Volterra, t. 3 (Milano 1971) 738–746.

[35] P. Princ. III 145, l. 2–9.

[36] P. Oxy. XLVII 3355.

[37] Pour cette comparaison (et pour les suivantes) avec les contrats dont une femme est partie prenante, je renvoie au tome 2 de mon ouvrage sur «Le statut de la femme à Byzance (4e–7e siècle)», à paraître.

[38] P. Monac. I 6, l. 33–35.

[39] P. Vat. Aphrod. 19, l. 13–14.

[40] P. Mich. XIII 659, l. 63–64.

6e siècle. Dans le premier, le litige concernait une hypothèque grevant un κτῆμα acheté par le couple[41]. Dans le second, le litige portait sur le versement du prix d'un κτῆμα vendu par le couple[42]. Il y a bien, chaque fois, propriété conjointe du couple et intérêt économique commun. Mais deux cas apparaissent bien peu de choses, alors que nous connaissons quinze transactions dont une femme est partie prenante: et parmi ces femmes, six femmes mariées, qui agissent avec l'assistance de leur mari. Ce qui représente, à mon avis, un tout autre cas de figure: à savoir, les biens de l'épouse sont distincts et le mari exerce un contrôle sur les intérêts économiques de son épouse, que ce soit comme tuteur ou du fait de la dot.

Il ressort de cette enquête que l'activité économique conjointe est très limitée, et cela au 6e siècle comme à la fin du 3e[43]. Il existe trois exceptions, qui n'ont pas forcément la même signification. La première a trait à l'exercice commun d'un métier: elle montre au moins que le problème de la communauté des biens devrait être envisagé différemment selon les milieux sociaux. La deuxième concerne l'acquisition de maisons, dont il a été question plus haut: on aimerait savoir d'où vient l'argent de ces achats. La troisième est moins nette: il s'agit des emprunts, dont on peut se demander s'il faut les lier au problème juridique des dépenses du mariage. Ces deux derniers points nous renvoient au patrimoine du couple.

IV. Le sort du patrimoine au terme du mariage

Il existe, *a priori,* deux moments privilégiés pour étudier le patrimoine du couple d'une façon globale: sa constitution et sa disparition. J'ai choisi de donner la préférence à l'étape finale. D'abord, à cause du sujet du colloque (Ein Fleisch, ein Gut?). S'il se forme au cours du mariage un patrimoine commun, si les biens du couple fonctionnent comme un tout et s'ils sont, d'une manière ou d'une autre, conçus comme un tout, cela se marquera, nécessairement, au terme de l'union; alors qu'à son origine, les sources mettent surtout l'accent sur les catégories de biens, de statuts juridiques différents, apportés par les deux familles: du côté de l'épouse, la dot, évidemment; du côté du mari, les ἕδνα ou l'ἕδνον, plus ou moins assimilé à la *donatio ante nuptias* de la législation impériale; d'autres dons ou objets encore. Ensuite, parce que la constitution des biens du couple est plus difficile à saisir: elle peut se faire en plusieurs étapes (le mariage, mais aussi le décès des ascendants et d'autres parents). Enfin, parce qu'il se trouve que les contrats de mariage de l'Égypte byzantine sont particulièrement mal conservés et fournissent un point de départ très décevant.

Voyons donc si la dissolution du mariage représente aussi celle d'une communauté de biens? Trois situations doivent être envisagées: le divorce; la mort d'un conjoint, en l'absence d'enfants; la mort d'un conjoint, avec enfants.

[41] P. Vat. Aphrod. 10.
[42] P. Mich. XIII 659.
[43] En revanche, il est fréquent de voir le mari assister ou consentir à un acte qui a pour partie prenante son épouse.

Le divorce: la rupture de l'union est-elle celle d'une communauté patrimoniale?

Nous avons une quinzaine d'accords relatifs à des divorces par consentement mutuel, qui vont de la fin du 3ᵉ siècle à la fin du 6ᵉ[44]. Tous sont des déclarations comme quoi les époux n'ont aucun grief l'un envers l'autre sur tout ce qui touche au mariage. Le point ici intéressant est d'y lire que chaque époux avait apporté des biens (qui sont à lui) et les a récupérés; il n'y a aucune trace de biens communs qui feraient l'objet d'un partage lors du divorce.

Dans les textes du début du 4ᵉ siècle, on trouve parfois une formulation brève: «chacun d'entre nous a recouvré ses biens en entier (τὰ ἑαυτοῦ)»[45]. Ailleurs, le mari déclare à l'épouse «avoir reçu l'intégralité de toutes les espèces (εἴδη) qu'il lui avait transmises de n'importe quelle façon» et s'engage à ne la poursuivre «ni à propos de la vie commune ni à propos de l'*hednon*»; l'épouse, de son côté, reconnaît «avoir reçu de lui l'intégralité de tout ce qui avait été donné à titre de dot, ainsi que ses autres objets (σκεύη)»[46]. Bref, il y a eu, pendant le mariage, juxtaposition de deux masses patrimoniales et nullement formation d'un patrimoine commun qui serait divisé lors de la rupture.

Les formules du 6ᵉ siècle ne montrent aucune évolution sur ce point. En voici trois exemples. Le premier est une déclaration réciproque des deux époux: «chacune des deux parties reconnaît détenir et avoir recouvré ce qu'elle a apporté pendant le temps de leur union et n'avoir aucun grief envers l'autre partie, ni sur les *hedna* ni sur la dot, ni sur les dépenses du mariage, ni sur les objets (σκεύη), ni sur les espèces (εἴδη), ni sur aucune autre chose afférente à leur union commune»[47]. On voit ainsi les époux apporter les mêmes catégories de biens qu'au 4ᵉ siècle et les récupérer de même. Le deuxième exemple est une déclaration de l'époux à l'épouse: «je reconnais n'avoir désormais aucun grief envers toi ..., ni sur le mariage, ni sur les *hedna*, ni sur les dépenses du mariage, ni sur la dot, ni sur n'importe lequel des objets apportés simultanément l'un à l'autre»[48]. La dernière expression implique un apport réciproque plus qu'une communauté. La troisième formule le confirme: «chacun reconnaît avoir recouvré ses biens propres (τὰ ἴδια) en entier et n'avoir aucun grief, ni sur les objets ou espèces, ni sur les *hedna*, ni sur la vie commune, ni sur aucune autre chose»[49]. Elle montre que les σκεύη, les εἴδη et les ἕδνα (on pourrait ajouter la dot) demeurent virtuellement des biens propres du conjoint qui les apporte.

On constate donc, sans changement de la fin du 3ᵉ siècle à la fin du 6ᵉ, une réciprocité dans les apports, mais une séparation des biens: il n'y a aucune trace de biens acquis en commun qui feraient l'objet d'une répartition égale.

Une objection vient à l'esprit: dans ces textes, nous avons affaire à des formules; elles peuvent être stéréotypées et mal refléter une possible évolution. Certes, mais il s'y

[44] Voir *Andreas Merklein*. Das Ehescheidungsrecht nach den Papyri der byzantinischen Zeit (Diss. Erlangen 1967).

[45] P. Oxy. XLIII 3139, l. 13–14; P. Oxy. XXXVI 2770, l. 11–12.

[46] P. Grenf. II 76, l. 6–8 et 11–15.

[47] P. Cair. Masp. II 67154, l. 13–21.

[48] P. Cair. Masp. II 67153, l. 15–21.

[49] P. Lond. V 1712, l. 11–14.

ajoute quelques récits relatifs à des ruptures, du 4e, du 5e et du 6e siècle[50]. Or on y voit que l'essentiel est de récupérer la dot, l'ἕδνον ou encore des biens propres; il n'est jamais question que de masses patrimoniales distinctes. Bref, lors d'un divorce, les biens qui avaient été réunis, mais non confondus, se disjoignent comme le couple[51].

Le mari ou l'épouse meurt; le couple n'a pas d'enfants: une unité du patrimoine se maintient-elle, au moins temporairement?

Certains contrats de mariage prévoient cette situation. Mais les clauses qui nous sont parvenues sont elliptiques ou lacunaires. Un contrat du 6e siècle se réfère seulement aux dispositions des lois sur les κάσοι[52]. Il s'agit de ce qui est appelé *casus non existentium liberorum* ou κάσος ἐξ ἀπαιδίας: s'il n'y a pas d'enfants, l'épouse survivante reçoit une fraction de la donation anténuptiale ou l'époux survivant une fraction de la dot; ces fractions doivent être identiques[53]. Un autre contrat du 6e siècle indique: «la jeune mariée aura comme gain tout ce qui est propre à son mari (τὰ οἰκεῖα)»[54]. Faut-il comprendre par là l'ensemble des biens du mari, en donnant à τὰ οἰκεῖα le même sens qu'à τὰ ἴδια? Il y a une difficulté. Car le contrat affirme aussi que les deux conjoints sont traités d'une façon identique. Or on lit, pour le cas où l'épouse meurt la première: «le mari aura comme gain seulement [ ]». La suite est perdue dans une lacune, mais l'expression exclut que le mari acquière tous les biens de l'épouse.

Les testaments ou dispositions testamentaires fournissent une deuxième série d'informations. Eux aussi témoignent d'une tendance à transmettre à la veuve sans enfants les biens du mari, en totalité ou en partie. Nous avons trois documents de ce genre. Au 4e siècle, Abraham donne la moitié de ses biens à l'Église; l'autre moitié va à son épouse, mais seulement en usufruit: à la mort de sa femme, cette seconde moitié ira aussi à l'Église[55]. Le texte permet de voir, en outre, qu'Abraham a trois sœurs: divers dons leur seront faits, soit après sa mort, soit après la mort de son épouse. Au milieu du 5e siècle, Kollouthos institue son épouse héritière de tous ses biens, en faisant une mention spéciale de la maison qu'il habite[56]. On relève une fois de plus l'importance de l'habitation comme élément de la vie commune. Au 6e siècle, Flavios Pousi décide que l'Église héritera de la moitié de sa maison; son épouse recevra un quart de la maison, tout le matériel (ὕλη) qui s'y trouve, ainsi que les vêtements et parures de femme qui y sont[57]. Une autre femme (on ignore si c'est ou non une parente) aura le dernier quart de la maison et des objets qui sont spécifiés. A ces trois documents s'ajoute un

[50] P. Panop. 28; P. Lips. 41; PSI IX 1075; P. Lond. V 1731.
[51] On relève qu'aucun de ces documents ne donne d'information concrète sur la question des dépenses du mariage.
[52] CPR I 30 II, l. 23–25 (= M. Chr. 290).
[53] Sur ces mesures, voir *Henry Monnier*, Du «casus non existentium liberorum» dans les Novelles de Justinien, in: Mélanges Gérardin (Paris 1907) 437–465.
[54] P. Cair. Masp. I 67006 v°, l. 129–130; voir aussi l. 125 et 122–123.
[55] P. Gron. 10.
[56] Stud. Pal. I p. 6 n°I.
[57] P. Oxy. XVI 1901.

texte du 7e siècle, dont il ressort qu'une veuve a hérité d'une part de maison de son mari[58].

On constate donc, indéniablement, des dispositions testamentaires du mari en faveur de l'épouse sans enfants: il lui laisse ses biens ou une part de ses biens, dans lesquels l'habitation est un élément important. Mais, pour apprécier ces mesures, il faudrait connaître leur fréquence. Est-ce le cas le plus régulier? Un autre testament inciterait à répondre que oui: en 567, un homme institue héritiers deux monastères et sa grand-mère; or il s'agit d'un veuf[59].

Néanmoins, ce n'est pas universel. Un document de 295 permet de voir qu'un homme est mort en laissant une veuve, une sœur et sa mère. Les biens du défunt sont allés à sa mère et la veuve a seulement reçu «tout ce qu'elle prétendait que le fils détenait de ses biens»[60]. La formule est vague: il peut s'agir de la dot comme d'autres biens personnels de la femme. En tout cas, il y a clairement séparation des deux masses patrimoniales qui avaient été réunies pendant le mariage: la femme ne récupère que la sienne. A l'autre extrémité chronologique (6e–7e siècles), une veuve connaît peut-être une situation analogue. Un texte mentionne un arbitrage entre la veuve d'un certain Enôch et les frères du défunt[61]: on peut penser que les frères sont les successeurs et que la veuve cherche à récupérer ses biens. Mais c'est incertain.

Que conclure sur la situation de la veuve sans enfants? Le passage de biens du mari (la maison en particulier) à la veuve semble une pratique assez fréquente, sans que l'on puisse dire que c'est la norme sociale. Et on ne décèle pas de progrès certain en ce sens du 4e au 6e siècle[62].

Il faut enfin ajouter qu'on a une mention, en 567, de dispositions testamentaires de l'épouse en faveur du veuf sans enfants[63]. Mais qu'inférer d'un cas unique?

Le couple a des enfants; la mort rompt le mariage:
constate-t-on une communauté de biens après la mort du premier conjoint?

Il existe deux sources d'information: les prescriptions juridiques (clauses des contrats de mariage et dispositions testamentaires) et les récits, qui font saisir des situations successorales réelles. Les situations concrètes sont beaucoup plus floues, d'un point de vue juridique, et d'autant plus compliquées qu'il s'y mêle la question de la minorité des enfants et des pouvoirs qui s'exercent sur eux. Il est préférable d'analyser ces données les unes après les autres, pour essayer d'éclairer les secondes par les premières, et de distinguer le 6e siècle du 4e, pour saisir une éventuelle évolution.

En ce qui concerne les prescriptions juridiques, nous avons, pour le 4e siècle, un seul document. Il s'agit du testament d'un centurion, rédigé en 320: il institue héritiers, à égalité, ses cinq frères et sœurs germains, son épouse et la fille qu'il a eue

58 SB VI 8987, l. 15–18. On ne sait, toutefois, s'il s'agit d'un couple sans enfants.
59 P. Cair. Masp. III 67312.
60 M. Chr. 318, l. 12–14.
61 W. Chr. 134 (= BGU I 103).
62 Mais les documents sont trop peu nombreux pour que cette impression soit définitive.
63 P. Cair. Masp. III 67312, l. 73–74.

d'elle[64]. C'est un texte à part, ne serait-ce qu'en raison de la faible place qu'il accorde à la descendance par rapport aux collatéraux.

Le 6e siècle est plus riche. Deux cas de figure se différencient nettement: ou bien les deux masses patrimoniales se dissocient dès la mort du premier conjoint ou bien tout reste réuni entre les mains du survivant. Le premier cas de figure se voit dans un contrat de mariage. Il y est prévu qu'à la mort du mari l'épouse «aura tous les *hedna* et tout ce qui est donné au moment du mariage»[65]. Cela implique que le reste de la fortune maritale lui échappe. La dissociation des biens est également prévue dans un testament de 570[66]: Flavios Phoibammôn, médecin-chef à Antinooupolis, institue héritiers ses fils, mineurs, et établit quelques legs, en particulier en faveur d'un monastère, dont l'higoumène recevra la curatelle des enfants. Il ajoute: «ma très noble épouse aura la maîtrise de ses seuls *hedna*, que je lui ai donnés au moment de ses noces avant l'union»; et il précise qu'elle ne pourra rien réclamer de ses biens à ses héritiers. La dissociation des deux masses patrimoniales est donc immédiate. Il faut noter qu'elle s'accompagne d'une rupture de la cellule familiale; car Phoibammôn poursuit: «je veux qu'elle puisse seulement prendre, en partant de ma maison, ses γονικὰ πράγματα, ceux dont elle aura prouvé qu'elle les avait apportés γονικόθεν». Phoibammôn prévoit donc le départ de sa veuve et une certaine méfiance semble prévaloir.

Le deuxième cas de figure (maintien du patrimoine du couple aux mains du survivant) se voit dans la convention conclue en 583–584 par Patermouthis et Kakô[67]. Le texte débute par un éloge de leur harmonie conjugale, puis exprime la crainte que le survivant soit dépossédé par les enfants communs. Il est donc décidé que celui-ci aura et maîtrisera tous les biens de toute espèce laissés par le défunt; mais, à sa mort, il devra transmettre aux enfants, à égalité, l'ensemble de la fortune des deux conjoints. Ce texte pose un problème d'interprétation: certains termes donnent l'impression que le survivant obtient les biens en toute propriété, d'autres formules incitent à penser qu'il n'en a que la jouissance. En tout état de cause, il apparaît que le patrimoine du couple gardera son unité jusqu'à la disparition du deuxième conjoint et qu'il sera alors transmis aux enfants d'une façon globale.

De ces deux cas de figure opposés que fournissent les prescriptions juridiques, l'harmonie ou la mésentente conjugale représentent-elles le seul élément d'interprétation? Voyons les situations successorales concrètes.

Certaines fois, les biens du couple sont disjoints dès la mort d'un des deux parents, et cela au 6e siècle comme au 4e. En 291, Aurêlios Thonios vend le cinquième de quatre aroures[68]. On voit qu'il détient cette fraction, à égalité avec ses quatre frères et sœurs, par l'héritage de sa mère défunte. La vente est garantie par son père, «qui l'a sous sa main selon les lois des Romains». Il y a, certes, pouvoir du père; mais chaque enfant a reçu sa part des biens maternels. On rencontre une situation analogue en

[64] P. Col. VII 188.
[65] P. Cair. Masp. I 67006 v°, l. 125–129.
[66] P. Cair. Masp. II 67151, l. 169–182.
[67] P. Lond. V 1727.
[68] P. Oxy. IX 1208.

430[69]. Et, pour le 6e siècle, nous avons déjà évoqué la situation successorale créée par la mort de Iakôb[70]: Kakô et son frère Iôannês ont obtenu l'héritage de leur père dès la mort de celui-ci; ils se sont partagé tous ses biens par moitié; le conflit qui les oppose à leur mère Tapia porte seulement sur les «biens communs» du couple évoqués plus haut. Enfin, deux autres papyrus du 6e siècle se réfèrent sans doute à deux cas du même genre[71].

D'autres fois, inversement, et presque toujours au 6e siècle, les biens du défunt restent aux mains du survivant. Dans certains cas, on constate que le couple a de jeunes enfants. L'unité des biens se maintient donc en même temps que celle de la cellule familiale. Nous en avons deux exemples, dans les années 550. Un premier document règle un conflit successoral entre un frère et ses sœurs mariées. Il rappelle ceci: «leur père à tous Apollôs a quitté la vie après leur mère à tous, Hêraeis, décédée avant lui; il leur a laissé tous les biens qui appartenaient à lui et à leur mère ...»[72]. La totalité de la fortune du couple est restée entre les mains du père, auprès de qui vivaient les jeunes enfants. Dans le second papyrus, il s'agit d'un conflit successoral entre une veuve et sa fille[73]. Par le récit de la veuve, on voit que son mari est mort quatorze ans auparavant, en la laissant avec quatre enfants. Pour les élever, elle a travaillé à leur métier de fleuriste; et elle a beaucoup dépensé pour leur mariage. La précision la plus intéressante pour nous est celle-ci: c'est seulement dix ans après la mort du père qu'ont été faits les comptes de ce que l'on peut bien appeler la communauté familiale.

Ces deux documents du 6e siècle permettent trois observations. L'exercice commun d'un métier peut contribuer à expliquer des situations de communauté. Le jeune âge des enfants joue évidemment un rôle important. Le mariage des enfants apparaît comme le moment où cette communauté se rompt; en particulier le mariage des filles: elles ou leurs maris réclament alors une part successorale.

D'autres textes confirment la troisième observation. Dans un contrat de mariage du 6e siècle[74], le père du marié déclare apporter à titre de donation anténuptiale tous les biens laissés par sa défunte épouse; de son côté, le père de la mariée déclare donner toute une série de biens provenant de la fortune maternelle. Cela pose beaucoup de problèmes juridiques. Mais, concrètement, tout se passe comme si le père survivant avait à sa disposition les biens maternels: le mariage des enfants occasionne leur transmission au nouveau couple. Un second document renvoie peut-être à une situation du même genre. Il est d'autant plus intéressant qu'il date de la fin du 4e ou du 5e siècle, alors que tous les cas précédents sont du 6e. C'est une demande de transfert d'imposition[75]. Un père y demande que des surfaces cultivables et leur charge fiscale soient transférées au nom de sa fille (par l'intermédiaire du mari de celle-ci). Or on voit que, parmi ces biens, certains figuraient au nom de son épouse, d'autres au nom de son

[69] PSI XII 1239.
[70] P. Monac. I 6 et 7.
[71] P. Cair. Masp. III 67314; P. Cair. Masp. I 67005, l. 11–13.
[72] P. Lond. V 1708, l. 27–34.
[73] P. Cair. Masp. II 67156, l. 9–16.
[74] P. Cair. Masp. I 67006 v°, l. 19–56 et 77–98.
[75] P. Michael. 33.

propre père. Là encore l'interprétation juridique pose de multiples problèmes. Mais on peut penser qu'il s'agit d'un veuf, qui disposerait des biens de sa femme en faveur d'une fille qui se marie.

Enfin, dans quelques cas, la communauté persiste au-delà du jeune âge des enfants et de leur mariage, jusqu'à la mort du conjoint survivant. La situation est alors identique à ce que prévoyaient Patermouthis et Kakô, mais son fondement juridique reste inconnu. Ainsi, dans un papyrus de Munich de la fin du 6e siècle, une veuve s'exprime de la façon suivante: «qu'après ma mort il te soit possible d'hériter avec tes autres frères à égalité de tout ce qui sera laissé par ton père et moi»[76]. On relève que le règlement de la succession est suspendu et qu'il doit se faire globalement après la disparition du couple des parents. Pour la même époque, on constate qu'un conflit successoral a éclaté entre trois frères et sœurs «après la mort de leurs parents ... à propos de la modeste fortune de ceux-ci»; il y a eu, alors, un partage très détaillé des biens paternels et maternels en trois tiers[77]. Là encore la succession est donc réglée globalement, en une fois, à la mort du dernier des deux parents.

Bref, quand un couple a des enfants, on trouve des exemples de dissociation des biens au 6e siècle comme au 3e. Mais c'est seulement au 6e siècle que l'on voit de façon certaine l'ensemble des biens rester parfois à la disposition du conjoint survivant. Il n'est pas impossible que cela corresponde à une évolution. Mais il faudrait aussi pouvoir tenir compte des différentes catégories sociales: l'exercice d'un même métier doit favoriser la communauté; l'habitation commune n'a pas toujours la même importance dans les biens du couple.

Si l'évolution reste incertaine, un phénomène semble clair: le patrimoine n'est vécu et conçu comme un tout qu'à partir du moment où le couple a des enfants; c'est par rapport à ceux-ci qu'il fonctionne comme un tout. Nous l'avons constaté précédemment, quand le conjoint survivant dispose de biens de l'une ou l'autre origine en faveur des enfants. Mais d'autres textes permettent d'observer le même phénomène, du vivant des deux parents. En 566, par exemple, un couple hypothèque dix aroures pour garantir les ἕδνα promis à l'épouse de leur fils; le couple spécifie que ces dix aroures sont prises sur «celles de la part qu'héritera avec la volonté de Dieu notre fils Bêsariôn sur nos biens ruraux»[78]. En ce sens, il y a véritablement des biens γονικά.

Mais cette communauté patrimoniale du couple parental est un phénomène purement social. Le divorce y met fin, comme la disparition des enfants. Elle n'a aucune existence juridique. Juridiquement, il n'existe que des biens paternels ou maternels.

Il reste, enfin, une importante interrogation. On constate que les biens du couple fonctionnent souvent comme un tout, vis-à-vis des enfants. Mais on relève aussi que l'activité économique conjointe du couple est très limitée pendant le mariage. Faut-il essayer de réduire ce décalage? Faut-il comprendre, notamment, que la majeure partie des biens de la femme est aux mains du mari et que le mari assure seul l'activité économique du couple et assume seul les dépenses du mariage? La question sous-jacente

[76] P. Monac. I 8, l. 24–26.
[77] P. Paris 20.
[78] P. Michael. 42 A, l. 9–15.

est évidemment celle de la dot. Il a été très peu question d'elle dans ce qui précède. La raison en est qu'elle apparaît rarement dans nos documents, hormis les contrats de mariage et de divorce: autrement dit, il est exceptionnel de rencontrer un bien qualifié de dotal. Cela nous ramène aux réflexions faites ici par Marie Theres Fögen, sur dot et *bona materna.*

Vassiliki Kravari

Les actes privés des Monastères de l'Athos et l'unité du patrimoine familial

Les archives des monastères athonites contiennent un grand nombre d'actes privés relatifs à l'aliénation de biens familiaux, actes de vente et de donation surtout, mais aussi actes d'échange et d'accord[1], qui montrent comment le patrimoine familial était conçu au sein de la famille et peuvent aider à se faire une idée de la façon dont il était transmis. Mais des difficultés apparaissent lorsqu'on essaie d'examiner, à partir de ces documents d'archives, comment ce patrimoine était géré, notamment si, à l'intérieur d'une famille, les biens étaient possédés en commun par le couple ou séparés entre les époux. Les documents font souvent état de droits personnels d'un membre du couple sur des biens, héréditaires ou matrimoniaux; ce membre – le mari ou la femme – apparaît comme propriétaire: on voit souvent la femme faire des transactions seule, alors que le mari donne simplement son accord; tout ceci s'accorde avec la législation, qui prévoit une division des biens; mais est-il sûr qu'il ne s'agit pas de la présentation juridique d'une réalité sensiblement différente, le mari, en tant que responsable de la gestion des biens du couple, ayant dans tous les cas un poids prépondérant dans les décisions prises? En effet, en sens contraire, plusieurs documents utilisent un vocabulaire qui fait penser à un patrimoine non seulement géré par le chef de la famille mais possédé en commun par les membres de cette famille; les familles en question dans ces documents avaient-elles des pratiques différentes de celles dont nous venons de parler, ou s'agit-il de simples divergences de rédaction? La question qui se pose est donc de savoir si, à travers la représentation de la réalité fournie par les actes notariés, représentation qui diffère selon les documents, on atteint la réalité elle-même. Deux remarques préalables pourraient nous aider à étudier le problème.

1. Nos documents n'ont pas la même qualité juridique. Certains ne contiennent aucune contradiction juridique et ont donc été établis par de bons notaires[2], dans d'autres on constate confusions ou omissions résultant sans doute du fait que le notaire était moins attentif ou cultivé. Par exemple, dans les actes d'achat ou de donation, l'acheteur ou le bénéficiaire exige pour sa sûreté la mention de l'origine du bien aliéné,

[1] Deux cents actes environ, dont plusieurs sont encore inédits, ont été pris en considération pour ce travail. Presque tous concernent la Macédoine orientale aux XIIe, XIIIe et surtout XIVe siècles.

[2] Tel Dèmètrios Diabasèmérès dans la première moitié du XIVe siècle. Sur la carrière de ce personnage, cf. en dernier lieu *S. Kaplanérès*, Δημήτριος Διαβασημέρης ὁ μεγαλοναΐτης οἰκονόμος, dans: Byzantiaka 5 (1985) 77–86.

ainsi que l'accord des ayants droit; un acte rédigé par un notaire compétent ne saurait négliger ces deux points; en revanche, l'absence de l'un des deux apparaît comme un défaut de rédaction.

La correction juridique d'un document, si elle nous apprend de façon sûre à qui appartient le bien, comment il avait été acquis, et si elle nous permet de conclure à la validité de l'acte par la mention de l'accord des ayants droit, ne permet pas nécessairement d'atteindre la réalité de la gestion du patrimoine. Au contraire, plusieurs éléments dans nos documents, qui à première vue plaideraient en faveur d'une division du patrimoine entre époux, peuvent être attribués à une rédaction très juridique. Par exemple, le fait qu'une femme se présente dans un document comme aliénant seule un bien dont elle a hérité, alors que son mari donne son accord comme συναινέτης, fait qui pourrait suggérer qu'elle seule dispose de son bien et peut décider de son sort, reflète sans doute le point de vue juridique du notaire; conformément à la loi, celui-ci aurait cherché à savoir quel était le propriétaire du bien et aurait indiqué dans l'acte que le bien est aliéné par son propriétaire légitime et que l'ayant droit, en donnant son accord, ne le revendiquera pas par la suite. La réalité pouvait être différente: le mari, qui gérait en général la fortune du couple, avait pu demander à sa femme (voire décider) d'aliéner son bien pour le profit commun. D'autre part, à l'origine de plusieurs actes il y a une remise en question d'une transaction antérieure, dans le but d'obtenir un gain plus important; il se peut donc que des arguments juridiques (telle la revendication par la femme seule d'un bien dotal, lequel, nous dit-on, devrait revenir à elle, son ancien propriétaire) expriment simplement l'habileté d'un bon notaire. On se demandera si les documents établis par un notaire qui n'aurait pas cherché à étaler des arguments juridiques et qui aurait spontanément écrit ce qu'on lui disait ne sont pas de ce fait plus proches de la réalité. On aura à revenir sur la question à la fin de cette étude.

2. Les documents émanant de bons notaires sont presque tous des actes de la haute couche de la société et ont été établis dans de grandes villes, la plupart à Thessalonique; aux autres, rédigés d'une façon plus négligée dans les petites villes de province, appartiennent quasiment tous les actes de la paysannerie et très peu d'actes de familles aisées. Les premiers soulignent le plus souvent la division du patrimoine, les actes des paysans font presque toujours état de biens communs de la famille. Cette différence est-elle seulement un phénomène de rédaction, ou peut-elle aussi refléter des pratiques différentes dans la réalité selon les milieux sociaux? C'est encore une question à laquelle nous aurons à répondre.

1. Les actes de la haute couche de la société

Ce groupe comprend relativement peu d'actes. Les participants appartiennent à des familles aristocratiques[3] ou sont de riches bourgeois de Thessalonique et de grandes villes de province. Presque tous ces actes concernent des biens importants: grands do-

[3] Paléologue, Cantacuzène, Doukas, Bourtzès, Philanthrôpènos, Tornikès, Déblitzènos, Kontostéphanos etc.

maines, pour la plupart dans la région de Thessalonique et de Serrès, dont certains avaient été acquis par chrysobulle. Dans presque tous les actes de ce groupe, la provenance des biens aliénés est indiquée: il est précisé s'ils sont des biens héréditaires ou dotaux, ou s'ils ont été acquis d'une autre façon (par achat par exemple); parfois même des informations très précises sont fournies; ainsi dans un acte de 1097, où nous apprenons qu'il s'agit de biens héréditaires, qui avaient été hérités du côté maternel (ἀπὸ μητρώας κλήρας)[4]. On ne trouve que rarement des expressions vagues: (δεσποτικῶς) προσόντα (biens «appartenant à»), ou biens détenus γονικόθεν, expression qui pourrait désigner un héritage, mais qui n'exclut pas d'autres façons de transmission – donation du vivant des parents par exemple[5].

a) Actes indiquant une division des biens entre époux

De nombreux documents font état d'un patrimoine divisé entre époux. La propriété des biens mentionnés est reconnue à une personne, le mari ou la femme; l'aliénation de ces biens est présentée comme faite par le propriétaire seul, alors que le conjoint donne simplement son accord. S'agissant de biens dotaux, on comprend que cet accord est exigible, selon les cas, de la part du mari ou de la femme; en effet, la législation est claire sur l'aliénation de tels biens: il est interdit aux femmes de vendre leur dot[6], dont la gestion est l'affaire du mari[7]; en cas d'aliénation de la dot, celui-ci doit donc se porter garant de la validité de la transaction; la donation anténuptiale est un bien de la femme, qui ne peut pas lui être retiré sans compensation[8], et dont l'aliénation ne peut pas se faire sans son consentement. En revanche, en ce qui concerne les biens reçus des parents, il semble d'après les documents, comme nous le verrons, que le mari est tenu à donner son accord pour l'aliénation des biens de sa femme, mais qu'il n'a pas besoin de l'accord de celle-ci pour aliéner des biens dont il a hérité lui-même.

Nous présentons d'abord les documents qui à notre avis offrent la représentation la plus nette d'un patrimoine divisé entre époux.

Dans un acte de vente de 1112[9], Eudocie, la femme d'un protospathaire, se dit obligée de vendre une partie de sa dot pour nourrir ses enfants. La législation prévoit une

4 *Paul Lemerle, André Guillou, Nicolas Svoronos, Denise Papachryssanthou,* Actes de Lavra I (Archives de l'Athos V, Paris 1970, abrégé par la suite: *Lavra* I) n° 53.

5 Ainsi dans un acte de 1322 (*Louis Petit,* Actes de Chilandar, Actes de l'Athos V, Vizantijskij Vremennik 17, Priloženie 1, 1911, Amsterdam ²1975 – abrégé par la suite: *Chilandar* – n° 84): une partie des biens à Thessalonique vendus par un couple appartient à la femme γονικόθεν; il est précisément expliqué de quelle façon elle se trouve en possession des biens: deux ans auparavant, sa mère et ses frères les lui avaient donnés par écrit. – Sur le contenu de ce document, cf. plus loin.

6 B. 29, 1, 110; B. 29, 1, 119; B. 29, 7.

7 B. 29, 1, 3; B. 29, 1, 52.

8 B. 29, 7.

9 Nicolas *Oikonomidès,* Actes de Docheiariou (Archives de l'Athos XIII, Paris 1984, abrégé par la suite: *Docheiariou*) n° 3.

exception à l'interdiction de la vente de biens dotaux: les bénéficiaires peuvent les aliéner si leur famille est menacée de pauvreté ou d'un malheur[10]; comme ceci est le cas d'Eudocie, dont le mari se trouve dans une grande pénurie, une autorisation particulière lui est accordée; pour l'obtenir elle a dû prier le duc de Thessalonique, qui a ordonné au protoproèdre et logariaste Chandrènos d'établir un décret. Eudocie fait la vente, son mari donne son accord en garantissant que cette vente restera valable. Cet acte se distingue par une forte armature juridique: l'intervention des autorités de Thessalonique suffirait à elle seule à en témoigner; en outre, les deux époux ont invité un taboullarios, qui leur a expliqué le contenu de la transaction; la loi relative aux biens matrimoniaux est insérée textuellement dans l'acte[11]; ajoutons que les biens d'Eudocie avaient été inscrits dans un contrat de mariage[12]. Notons qu'Eudocie mentionne d'autres biens personnels dont elle dispose, et que son mari fait aussi état de biens propres à lui.

Un inédit de Vatopédi de 1327, établi par Dèmètrios Diabasèmérès, concerne également l'aliénation de biens dotaux, sans fournir de justification: la femme, Théodotè, vend sa maison à deux niveaux à Thessalonique, qu'elle a reçue en dot (γονικοπροικιμαῖον μου ἤτοι πατρικόν μου); son mari, Jean Phalkôn, appose son signon comme étant d'accord (συναινέτης) et ne semble pas participer autrement à la transaction, qui est présentée comme faite par la femme seule.

L'aliénation de la donation anténuptiale est le sujet d'un acte d'échange de 1117[13]. Le bien, un *proasteion* en Chalcidique, avait d'abord été offert au père de l'aliénant et avait été confirmé par chrysobulle; celui-ci l'avait légué, probablement par testament, à ses deux enfants, le proèdre Nicéphore Bourtzès et sa sœur. Bourtzès aliène maintenant la partie qui lui revient, mais cette partie est une *donatio ante nuptias;* c'est pourquoi sa femme Anne est invitée à donner son accord; un tabelliôn lui explique la législation (un autre tabelliôn a également éclairé son mari) et elle promet, convaincue du fait que l'échange est légal et profitable, de ne jamais exiger le retour du bien. On lui donne l'assurance que, si quelque chose manque à ses biens dotaux, il sera compensé à partir du reste de la fortune de son mari – qui paraît disposer de biens personnels.

Un mari héritier, disposant de ses biens indépendamment de sa femme, apparaît dans un acte de donation de 1304[14]: Dèmètrios Philanthrôpènos cède à un particulier son domaine, qui avait été auparavant donné en dot à sa mère (γονικοπροικιμαίαν τῆς δεδηλωμένης μητρός μου), et dont il a hérité (ce qui est conforme à la législa-

[10] B. 28, 8, 20; B. 29, 1, 69.
[11] B. 28, 8, 20; inséré aux lignes 34–35 du document.
[12] Γαμικὸν σύμφωνον, ligne 37.
[13] *Docheiariou* n⁰ 4. L'acte a été établi à Thessalonique par le *kanstrisios* et *nomikos* Dèmètrios Artakènos.
[14] *Chilandar* n⁰ 21. L'acte a été établi par un notaire consciencieux, le taboullarios Dèmètrios Chènaras.

tion)[15]; il décide librement et seul du sort du bien, sans que sa femme, qui est mentionnée dans le document, intervienne dans la transaction.

Il en est de même dans un acte d'accord établi vers 1381[16]: Manuel Déblitzènos s'arrange avec les moines de Docheiariou au sujet d'un domaine important en Chalcidique, qu'il avait acquis de ses parents; il détient pour le domaine plusieurs documents, entre autres un chrysobulle qui en garantit la liberté. Auparavant, il avait offert ce bien au monastère sous certaines conditions (ayant probablement établi un acte de donation), mais les moines avaient négligé leurs obligations, et Déblitzènos avait récupéré le bien grâce à un acte du métropolite de Thessalonique. La donation précédente est maintenant confirmée, sous condition que les parents du donateur soient commémorés[17]. Cet acte ne fait pas état de la famille du donateur. Nous savons pourtant qu'il avait femme et enfants: sa veuve et ses enfants sont mentionnés en 1384 dans un acte du tribunal de Thessalonique[18], où la veuve de Déblitzènos fait un inventaire de *ses* biens matrimoniaux ainsi que des biens *de son mari*; on sait ce qui manque des biens dotaux de la femme – un contrat de mariage avait été fait –, et elle reçoit, sur les biens de son mari, une somme plus ou moins équivalente.

On retiendra encore un acte de donation de 1364, qui fait état du bien de la femme[19]: Eudocie, la fille de Komnènoutzikos, offre au monastère de Xénophon ses biens héréditaires; comme il convient à un acte juridiquement correct, il est noté dans ce document non seulement que la donatrice avait hérité de son père des biens offerts (on peut donc imaginer que le père avait fait un testament), mais aussi de quelle façon celui-ci les avait détenus, notamment qu'ils lui avaient été offerts par l'empereur. Eudocie semble faire seule la transaction, alors que son second mari, Dèmètrios Kalygopoulos, exprime son accord en se qualifiant de συναινέτης.

Si dans tous ces documents les biens du couple apparaissent comme divisés de façon claire, d'autres actes, tout en faisant état d'une séparation de biens entre époux, invitent à se demander si le mari ne joue pas en réalité, dans l'aliénation voire dans la possession des biens, un rôle plus important que celui qui lui est attribué par le rédacteur du document. Ainsi dans l'acte de donation de la pigkernissa Anne Tornikina de 1358[20]: Anne a reçu en dot un domaine dans la vallée du Strymon, qui avait été offert à son père par chrysobulle comme bien héréditaire; après avoir été enseignée sur la loi qui reconnaît son droit sur le bien (donc peut-être après avoir interrogé un juriste),

[15] Prochiron 6, 1 (τοῖς δὲ παισὶν ἁρμόζει πᾶν γαμικὸν κέρδος ἐξ οἱασδήποτε λύσεως κατὰ δεσποτείαν). Cf. *Dieter Simon*, Das Ehegüterrecht der Pira. Ein systematischer Versuch (Fontes Minores 7, Francfort 1986) 213–214: après la mort de la femme, la dot devait normalement être transmise au mari, qui la léguait aux enfants, sauf si d'autres stipulations étaient prévues dans le contrat du mariage, tel le retour de la dot à la famille de la femme.

[16] *Docheiariou* n⁰ 48.

[17] L'acte d'accord est écrit par un notaire compétent (son nom nous est inconnu); en même temps, un *amoibaion* est établi, et Déblitzènos donne aux moines ses documents pour ce bien.

[18] *Docheiariou* n⁰ 49.

[19] *Denise Papachryssanthou*, Actes de Xénophon (Archives de l'Athos XV, Paris 1986, abrégé par la suite: *Xénophon*) n⁰ 30; l'acte a été établi à Thessalonique par un bon notaire.

[20] *Paul Lemerle, Gilbert Dagron, Sima Ćirković*, Actes de Saint-Pantéléèmôn (Archives de l'Athos XII, Paris 1982) n⁰ 12.

Anne offre la moitié de sa dot aux fondateurs du monastère du Pantocrator[21]; le bien appartient certes à Anne personnellement (cf. ligne 21 κτήματός μου), mais le document comporte une phrase qui tout à coup reflète une autre vision des choses: l'autre moitié, est-il dit, restera à la famille, «nous les anciens propriétaires» (ligne 15 ἡμεῖς αὐτοὶ οἱ προκάτοχοι δεσπόται).

Un acte de 1349, où l'on voit le mari utiliser la dot de sa femme[22], s'inscrit dans le même cadre: il s'agit d'un bien en Chalcidique, qu'un certain Asanès avait auparavant légué par testament au monastère de Xèropotamou. Mais dans ce bien était représentée une partie de la dot de sa femme, qu'il avait dépensée. Après la mort d'Asanès, ses filles, Philippa et sa sœur, ont protesté contre les dispositions testamentaires de leur père, en alléguant l'emploi d'une partie de la dot de leur mère, visiblement pour obtenir quelque profit. En effet, elles ont récupéré la moitié du bien et ont laissé l'autre moitié au monastère. Après la mort de sa sœur, Philippa veut vendre cette moitié – on arrive là au présent document – car elle se trouve, dit-elle, dans une grande pénurie; comme elle est mineure, elle a besoin d'un curateur[23], qui fait la vente avec elle; son mari signe seulement le document comme συναινῶν. La présentation juridique du document[24] n'empêche pas d'y voir quelques réalités: tout d'abord, le mari – le père de la donatrice – dépense la dot de sa femme; d'autre part, il est difficile de supposer qu'une mineure se soit lancée toute seule dans une transaction aussi importante que l'aliénation d'un bien, et il est possible, sinon probable, que l'initiative vienne de son mari.

Dans un acte d'accord établi par Dèmètrios Diabasèmérès en 1328[25], le mari est davantage présent; il s'agit du bien de la femme (δεσποτικῶς μοι γονικόθεν προσόν), situé pas loin de Thessalonique, lequel avait été d'abord offert contre un adelphaton puis vendu par écrit à Chilandar par la femme et son premier mari. Après son second mariage, la femme a essayé de récupérer le bien en prétendant que la vente ait été faite contre sa volonté; même en supposant que ceci n'était qu'un prétexte, on ne peut pas ignorer le rôle du premier mari dans l'aliénation du bien. Ayant reçu le conseil de renoncer à ses revendications, la femme confirme maintenant la validité de la vente, mais reçoit cependant des moines une plus grande somme d'argent. Son second mari, un grand myrtaïtès, exprime son accord, suscrit et signe le document comme συναινῶν; on se demandera s'il n'a pas joué un rôle plus important dans cette affaire, notamment s'il n'a pas incité sa femme à la mise en cause de la vente dans le but d'en retirer quelque profit.

[21] La donation n'est que théorique: Anne ne dispose pas en ce moment da sa dot, parce que la Macédoine orientale est occupée par les Serbes; elle espère pourtant que le territoire occupé sera bientôt libéré, auquel cas la donation de la moitié de la dot sera valable; il y a des raisons de penser qu'elle est toujours restée théorique (cf. *ibidem*, p. 102).

[22] *Jacques Bompaire,* Actes de Xéropotamou (Archives de l'Athos III, Paris 1964) n⁰ 26.

[23] Cf. B. 28, 4, 12.

[24] L'acte par lequel un curateur est nommé a été établi par le nomophylax bien connu Constantin Harménopoulos; le savoir juridique de l'auteur se fait sentir du début à la fin du document. L'acte de vente a été aussi établi par un notaire qui avait une bonne culture juridique, le taboullarios Nicétas Sôtèriôtès.

[25] *Chilandar* n⁰ 117.

Si dans ce document on voit le mari et la femme faire une transaction ensemble, dans un acte de vente de 1373[26] le mari agit seul, non seulement pour gérer la dot de sa femme – ce qui est normal – mais aussi pour en aliéner une partie: Anne Cantacuzène Palaiologina vend à Docheiariou sa dot en Chalcidique, vraisemblablement après avoir interrogé un juriste[27]; mais c'est son mari, le grand domestique (qui suscrit le document comme στέργων καὶ συναινῶν), qui a fixé le prix pour la vente du bien. Dans ce bien se trouve un moulin que le mari d'Anne a déjà cédé à Vatopédi par écrit; dans le présent document, Anne, la vraie maîtresse du bien dit-elle (ἐγὼ ἡ ἀληθὴς κυρία τοῦ πράγματος), garantit la tranquillité des moines de Docheiariou. La formulation très juridique du document, où la femme apparaît comme responsable du sort de ses biens personnels, n'empêche pas de voir qu'en réalité c'est le mari qui décide: c'est lui qui a aliéné le moulin se trouvant sur un bien dotal de sa femme, c'est lui qui fixe le prix pour la présente vente de la dot.

b) Actes suggérant un patrimoine indivis

Les actes de l'aristocratie ne sont pas unanimes. Si une division du patrimoine est esquissée dans ceux que nous avons examinés jusqu'ici, d'autres documents invitent à songer à un patrimoine commun – bien que dans certains d'entre eux la femme soit appelée propriétaire – en raison de la façon dont ils sont rédigés, de l'autorité du rédacteur ou d'éléments de contexte.

Des biens indivis semblent apparaître, mais de façon peu nette, dans un acte de vente de 1336[28], qui pose de nombreux problèmes de rédaction. Le document mentionne la dot de la femme comme son bien à elle[29] et des biens appartenant au mari[30]; mais celui-ci en est devenu propriétaire en dépensant une partie de la dot de sa femme. Sur le document, la femme est la première à apposer son signon (parce que les biens aliénés représentent une partie de sa dot?)[31], et son mari, bien que qualifié de propriétaire, appose le sien après elle comme συναινέτης.

Il est peut-être possible de faire la part entre la rhétorique juridique et la réalité dans un acte d'accord de 1419[32]. Il s'agit d'un acte de Théodora, la fille de Manuel Déblitzènos, qui, comme nous l'avons vu plus haut, avait conclu un accord avec Docheiariou vers 1381. La mère de Théodora avait offert par écrit les πατρικὰ χωράφια de celle-ci à Docheiariou, contre trois adelphata; mais le versement des adelphata a cessé après sa mort, c'est pourquoi Théodora et son mari ont protesté: «Le domaine m'appartenait par mon père» (πατρικὸν ἦν ἐμοῦ τὸ κτῆμα) et «la donation impériale devrait passer à nous, les enfants de [Déblitzènos]», insiste maintenant Théodora, en alléguant, dans la même phrase et pour les mêmes biens, des droits personnels à elle et des droits

26 *Docheiariou* n° 42. L'acte a été établi par le protonotaire de Thessalonique Nicétas Sôtèriôtès.
27 Cf. ligne 31 ἀναμαθοῦσα et lignes 52–53.
28 *Xénophon* n° 24.
29 Ligne 12, τῶν προικώων μου πραγμάτων.
30 Ligne 11, δεσποτικῶς διαφέροντα τῷ (...) αὐθέντῃ καὶ συζύγῳ μου.
31 Cf. B. 29, 1, 50: τὰ ἐκ τῶν προικιμαίων χρημάτων ἀγορασθέντα προικιμαῖά εἰσιν.
32 *Docheiariou* n° 57.

communs d'elle et de son époux. Si celui-ci signe le document comme στέργων, on comprend qu'il ne donne pas simplement son accord; il est dit dans le document que les *deux époux* ont protesté, puis qu'ils ont accepté tous les deux les conseils du métropolite de Thessalonique; au moment de l'accord, ils donnent aux moines *leurs* documents pour le bien. Malgré le début du document, qui est formulé de façon juridique et où la femme apparaît comme seule transactante, on voit qu'en fait les deux époux agissent en commun.

Dans un acte inédit de donation de Vatopédi, de 1338[33], Alexis Paxamadas et sa seconde femme Chrysè aliènent ensemble une vigne que la femme a reçue de ses parents (γονικόθεν διαφέρον ἐμοὶ τῇ Χρυσῇ); la donation se fait sous condition que *les époux* gardent la jouissance de la vigne leur vie durant, et qu'ils s'en occupent par *leurs* propres dépenses communes. À notre avis, ce document témoigne par son contenu de biens communs d'un couple, bien que la femme soit présentée comme seule propriétaire.

Il en est de même pour un acte de vente de 1322[34], par lequel Alexandre Doukas Sarantènos et sa femme Kalè aliènent ensemble des biens appartenant en partie à cette dernière (cf. note 5); le fait que la transaction soit présentée comme faite conjointement ne suffirait sans doute pas, à lui seul, à témoigner d'une indivision du patrimoine du couple, d'autant que les droits de la femme sur ses biens sont soulignés; mais l'acte a été établi par Diabasèmérès, dont les connaissances juridiques ne peuvent pas être mises en doute. Nous admettrons que le document reflète une réalité: la femme en question a des droits – théoriques – sur les biens qu'elle a acquis, et la transaction se fait en commun parce qu'ils sont devenus biens du couple.

Deux actes de Xénophon, l'un signé, l'autre établi par Diabasèmérès[35], soulèvent un problème intéressant: dans les deux documents, le mari, ayant acheté des maisons à Thessalonique, aliène les biens conjointement avec sa femme. Cette procédure commune n'est apparue jusqu'à maintenant sous cette forme dans aucun acte. Alors que dans les deux documents précédents le mari intervient dans l'aliénation d'un bien de la femme, on se trouve ici devant deux cas d'aliénation commune de biens acquis par le mari, où la femme n'aurait normalement pas à intervenir. Les deux documents ne comportant aucune contradiction juridique ni omission et portant la signature de Diabasèmérès, on se demandera si cette aliénation commune n'est pas conforme à la réalité.

Dans un acte de vente inédit d'Iviron de 1273, on voit toute une famille, le sébaste Jean Amaseianos, sa femme Eudocie et ses quatre enfants vendre ensemble un grand terrain dans la vallée du Strymon, qui est d'abord appelé «notre terre» (χωραφιαία μας γῆ); mais on apprend ensuite que la famille le possède par contrat de mariage (ἣν καὶ ἐν τῷ προικοσυμβολαίῳ ἡμῶν ἐγγράφῳ κατέχομεν); quoique bien dotal, le champ aliéné paraît considéré comme bien familial: plus loin il est appelé «notre γονικὴ γῆ». Il nous semble que cette confusion rédactionnelle entre biens dotaux et biens de la famille suggère qu'en réalité le patrimoine était indivis dans cette famille.

[33] L'acte a été établi par le bibliophylax et taboullarios de Thessalonique.
[34] *Chilandar* n° 84.
[35] *Xénophon* n° 8, de 1309, et *Xénophon* n° 10, de 1315.

On notera enfin, bien qu'il ne s'agisse pas de documents notariaux, deux actes de donation établis en 1374 par le grand primicier Jean, l'un pour le Pantocrator[36], l'autre (inédit) pour Vatopédi: non seulement le grand primicier et sa femme offrent ensemble une vigne à chaque monastère – vignes qu'ils ont plantées, disent-ils –, mais le grand primicier ajoute que Chrysoupolis «leur» a été donnée par l'empereur à titre héréditaire, en présentant sa femme comme co-bénéficiaire d'un chrysobulle qui était adressé à lui et à son frère Alexis. Nous pensons que nous sommes, ici aussi, devant un cas d'un patrimoine conçu comme indivis dans une famille.

Pour résumer. Nous avons constaté que presque tous les actes privés de l'aristocratie que nous avons présentés ont été établis par de relativement bons notaires; ils permettent de supposer une consultation fréquente de juristes de la part des familles riches; ils témoignent en outre – directement ou indirectement – de l'existence de testaments. Dans la plupart de ces actes on voit que des droits sur un bien de n'importe quelle provenance sont reconnus à une personne – que ce soit le mari ou la femme; cette personne est le propriétaire incontestable du bien. En ce sens, le patrimoine familial apparaît souvent comme divisé entre époux dans l'aristocratie. Mais il existe des documents qui permettent de déduire voire d'affirmer que dans certaines grandes familles au moins le patrimoine était indivis. Dans les autres documents, qui suggèrent une séparation des biens des époux, le fait que la femme apparaisse, en tant que propriétaire, comme la seule personne à prendre des décisions sur le sort du bien et à faire la transaction laisse sceptique; il nous semble que ce dernier fait doit être attribué à la rédaction juridique de ces documents. Dans aucun cas nous n'avons d'éléments pour mettre en doute le rôle du mari dans l'administration des biens; au contraire, nous avons noté certains indices qui permettent d'affirmer ce rôle même là où les biens du couple sont présentés comme séparés.

2. Les actes de la paysannerie

Ces actes sont plus nombreux que ceux où apparaît la haute couche sociale, mais plusieurs ont été conservés dans des collections de copies, ce qui ne facilite pas la recherche, car nous ne savons pas si les actes ont été intégralement copiés, ou (ce qui paraît plus probable dans certains cas) s'il s'agit simplement de regestes. Les actes de la paysannerie n'ont pas d'aspect juridique; le formulaire habituel est souvent employé maladroitement. Dans la plupart des cas la transaction est présentée comme faite par tous les membres de la famille; le bien aliéné est presque toujours appelé «notre» bien; tous les ayants droit vivants ont l'air de participer à la transaction, même les enfants suscrivent ou signent les documents eux-mêmes et ne sont presque jamais, comme dans les actes de l'aristocratie, simplement mentionnés[37]. Les biens aliénés sont pour

[36] *V. Kravari,* Actes du Pantocrator (Archives de l'Athos XVII, Paris 1991) n° 9.

[37] À titre d'exemple, dans un acte de vente inédit de Vatopédi de 1302, en raison sans doute de la rédaction maladroite, la vente est présentée comme ayant été faite par toute la famille, bien que ce soit le père qui parle (ce qui est la seule chose normale); Jean Bloukanos, sa femme Marie et son fils Nicolas apposent leurs signa au début; Bloukanos évoque la participation des autres:

la plupart petits. Leur provenance n'est que rarement précisée, ce qui est aussi sans doute un défaut de rédaction (cf. plus haut); l'expression προσὸν ἡμῶν ou simplement ἡμῶν semble suffir pour garantir les droits de l'aliénant sur le bien aliéné, parfois même cette information manque, et les paysans n'ont qu'à dire «nous avons vendu un champ» pour que leur transaction soit valable. Le mot γονικόν (ou γονικόθεν), assez souvent employé, semble ici aussi désigner un bien héréditaire; il en est de même pour l'expression περιόν (ou ἐναπολειφθέν), qu'on rencontre parfois dans de tels documents[38]. Nous en présenterons quelques-uns à titre d'exemple.

Dans un acte de 1007[39], une veuve et ses trois enfants vendent leur champ près d'Hiérissos; le bien, hérité des parents (de la veuve probablement), est présenté comme un bien héréditaire commun (ὅπερ ἔχομεν ἀπὸ γονικῆς κληρονομίας). Rien dans ce document ne trahit l'existence d'un testament; il a été établi par l'archidiacre et nomikos d'Hiérissos Constantin, homme visiblement peu cultivé[40].

On constate les mêmes tendances communautaires dans un acte de vente de 1332[41] relatif à des biens dotaux: un couple et ses deux enfants vendent un champ près d'Hiérissos, qui est un bien dotal; c'est probablement la mère qui l'avait reçu en dot (ceci n'est pas dit); ce qui nous intéresse plus, c'est que le champ est considéré comme bien matrimonial commun (τὸ ἐκ προικὸς ἡμῶν χωράφιον). Naturellement, aucune loi n'est évoquée au moment de la vente.

La transaction a l'air de se faire un peu plus officiellement dans un acte de 1321[42], lui aussi relatif à des biens dotaux: Pribonaggos aliène la dot de sa femme décédée, qui lui avait été donnée par son père (à elle). Pour que la transaction soit valable, la bellemère de Pribonaggos (le beau-père est mort) et son beau-frère, qui se nomment προικοδόται, comme s'ils avaient tous donné la dot[43], expriment leur accord. Le bien appartient certes à Pribonaggos, à qui, semble-t-il, des droits particuliers sont reconnus, mais Pribonaggos ne peut disposer de la dot de sa femme que si la famille de celle-ci est d'accord, ce qui n'est pas loin de ce que la législation prévoit au sujet du retour de

«Moi, Jean Bloukanos, (...) avec mes enfants et ma femme, je t'ai vendu (...) un champ»; et plus loin: «ainsi nous avons tous fait, c'est-à-dire nous, qui avons suscrit plus haut ...»; l'acte est appelé «notre pratèrion».

[38] Cf. par exemple les 110 actes de vente inédits de 1337–38, copiés sur une pièce conservée à Vatopédi, où des paysans de la région de Serrès vendent des champs à Théodora, la mère de Jean Cantacuzène; ces actes présentent toutes les particularités que nous avons mentionnées.

[39] *Jacques Lefort, Nicolas Oikonomidès, Denise Papachryssanthou,* Actes d'Iviron I (Archives de l'Athos XIV, Paris 1985) n° 13.

[40] Le même archidiacre a établi en 1014 un acte de donation (*Lavra* I, n° 18), où l'on voit un couple sans enfants (il s'agit apparemment d'une famille paysanne aisée) offrir tous ses biens situés à Hiérissos et dans la région, qui avaient été acquis par achat; l'achat est présenté comme ayant été fait en commun et non seulement, ce qui serait normal, par le mari (παρ' ἡμῶν ἐξωνηθεῖσαν, ἐξωνησάμεθα).

[41] *Chilandar* n° 121.

[42] *Chilandar* n° 59.

[43] Cf. un autre exemple dans un acte de vente de 1301, où la dot est présentée comme ayant été donnée par un couple et son fils: *Jacques Lefort,* Actes d'Esphigménou (Archives de l'Athos VI, Paris 1973) n° 9.

la dot à la famille de la femme[44]. Ce document est intéressant car il reflète une réalité juridique.

Un acte de 1321 nous arrêtera car il semble mentionner des biens divisés entre époux[45]: Pierre, le gendre de Tzernès, offre au monastère de Zôgraphou une église qu'il a construite, ainsi que des champs et une vigne, provenant des biens qui lui viennent de ses parents (ἀπὸ τὴν ὑπόστασίν μου τὴν γονικήν). Pourtant, si Pierre se nomme ktètôr de l'église, sa femme Roïdô s'appelle dans son signon ktètorissa, ce qui suggère sans doute que certains droits sur la fondation de son mari lui étaient reconnus.

Une série d'actes de vente de *ca* 1290[46], qui font état d'héritage, sont plus difficiles à comprendre: les vendeurs (couples, souvent avec enfants, père et fille, mère et fille) disent qu'ils ont hérité des biens aliénés par «leur» père ἐξ ἴσου; s'agit-il d'un legs divisé en parts égales ou de biens indivis, sur lesquels chaque membre de ces familles avait les mêmes droits que les autres? Nous préférons cette seconde interprétation vu l'exiguïté des champs aliénés, dont on peut difficilement imaginer une division en parcelles encore plus petites.

La rédaction des actes que nous avons mentionnés est très différente de celle des actes de la haute couche sociale, dont nous avons déjà noté la qualité juridique. Rien dans les actes des paysans ne permet de supposer que ceux-ci allaient souvent chez le notaire; rares sont les documents qui permettent de penser à un testament antérieurement établi[47]. Presque tous les actes de la paysannerie suggèrent des droits communs sur le patrimoine familial et une indivision des biens. Nous pensons que ces documents, dépourvus de couverture juridique, reflètent, par leur simplicité et leur quasi-unanimité, une réalité: les paysans devaient gérer leur patrimoine familial de façon communautaire.

Conclusion

La comparaison des actes de l'aristocratie et de la paysannerie nous conduit aux constatations suivantes: les membres des familles riches ont intérêt à savoir ce qui revient à chacun, et ceci leur est possible grâce au recours fréquent aux notaires; de leur côté, les paysans ont intérêt à ce que leurs biens, de petits terrains, restent dans la famille à la mort des parents, jusqu'au moment où une partie doit en être séparée pour être donnée en dot à un enfant.

[44] Cf. B. 28, 8, 68; B. 29, 1, 2.

[45] *W. Regel, E. Kurtz, B. Korablev,* Actes de Zographou (Actes de l'Athos IV, Vizantijskij Vremennik 13, Priloženie 1, 1907, Amsterdam ²1969) n° 19.

[46] *Paul Lemerle, André Guillou, Nicolas Svoronos, Denise Papachryssanthou,* Actes de Lavra II (Archives de l'Athos VIII, Paris 1977) n°s 83, 85, 86, 87, 88.

[47] Dans une pièce inédite de Vatopédi, qui contient les copies de divers actes de vente et de donation entre 1308 et 1312, on trouve un acte permettant de supposer qu'un testament avait été fait, mais ceci n'est pas sûr: un homme et ses nièces donnent à Vatopédi le champ que le père de ces jeunes filles avait offert au monastère au moment de sa mort (ὅπερ ἀφῆκεν εἰς τὸν θάνατόν του χάριν ψυχικῆς σωτηρίας εἰς τὸ Βατοπέδιν).

Il est probable que les familles aisées et les paysans avaient des pratiques de transmission du patrimoine différentes. En était-il de même pour leurs pratiques de gestion? Nous pensons que non. S'il semble bien que chez les paysans le patrimoine était commun à la famille (même si dans les praktika on voit que le mari, et non la famille, est considéré par le fisc comme seul contribuable), il est possible de penser, en raison de nombreux indices fournis par les documents sur la responsabilité du mari dans l'aliénation de la fortune du couple, que cette indivision ait existé aussi dans l'aristocratie; la séparation des biens suggérée par une grande partie des documents est plutôt à imputer à leur rédaction juridique. Il est vrai que le droit ne fait pas qu'informer la réalité. Il en est une partie.

Ruth Macrides

Dowry and Inheritance in the Late Period: some cases from the Patriarchal Register

The Vienna manuscript which constitutes the register of decisions and other statements issued by patriarchs and their synods in Constantinople in the years 1315 to 1402 provides the largest surviving collection of Byzantine cases involving family property[1]. Whether the great activity of the church in this area is a consequence of the breakdown in central authority which began in the years before the Latin conquest of Constantinople and continued in the Palaeologan period or is yet another manifestation of the church's internal development reflected in other areas also from the eleventh century on, may still be a point of debate[2]. However, it is clear that the register is an unparalleled source for family property law, by virtue of its size alone. There are over 80 cases concerning dowry or other family property from the years 1315 to 1402, with the greatest concentration of cases belonging to the last years, 1394 to 1401[3].

Of the cases which people brought to the ecclesiastical court the largest number concerned the woman's marriage portion or dowry, its restoration after the husband's death[4] and its protection against claims of the husband's creditors[5], as well as authori-

[1] *Franz Miklosich* and *Ioseph Müller,* Acta et Diplomata graeca medii aevi sacra et profana, I, II (Wien 1860, 1862), hereafter cited as *Miklosich/Müller* I or II. – A new edition of the documents for 1315–1331, with translation: *Herbert Hunger, Otto Kresten,* Das Register des Patriarchats von Konstantinopel (Wien 1981), hereafter *Hunger/Kresten.* – For summaries of the cases and dating see *Jean Darrouzès,* Les Regestes des Actes du Patriarcat de Constantinople I, fasc. v, vi (Paris 1977, 1979), hereafter *Darrouzès.* – A study of the register from the point of view of family law has been made by *N. P. Matses,* Τὸ οἰκογενειακὸν δίκαιον κατὰ τὴν νομολογίαν τοῦ Πατριαρχείου Κωνσταντινουπόλεως τῶν ἐτῶν 1315–1401 (Athens 1962), hereafter *Matses.*

[2] The former view is implicit in *Paul Lemerle,* Recherches sur les institutions judiciaires à l'époque des Paléologues, II. Le tribunal du patriarcat ou tribunal synodal, in: Analecta Bollandiana 68 (1950) 318–333, reprinted in: *Paul Lemerle,* Le Monde de Byzance: Histoire et Institutions (London 1978) XII, hereafter *Lemerle,* Recherches. For the latter view see *Michael Angold,* Η Βυζαντινή Εκκλησία και τα προβλήματα του γάμου. Η Συμβολή του Ιωάννου Αποκαύκου, Μητροπολίτου Ναυπάκτου, in: Δωδώνη 17 (1988), 179–194. – On internal ecclesiastical developments in the eleventh and twelfth centuries see *Ruth Macrides, Nomos* and *Kanon* on paper and in court, in: Church and People in Byzantium, ed. *Rosemary Morris* (Birmingham 1990), 61–85.

[3] An explanation for the large number of cases for 1394–1401 is provided by *Lemerle,* Recherches, 320. For other reasons, see *infra* p. 90–91.

[4] *Darrouzès,* nos. 2048, 2067, 2072, 2301, 2408, 2409, 3023, 3049, 3061, 3136, 3168, 3247.

[5] *Darrouzès,* nos. 2109, 2111, 2115, 2967, 3084, 3104.

sation of sales of dowry or other property when the husband or wife were minors[6]. The other main group of cases concerned rights of inheritance to paternal or maternal property[7].

Ecclesiastical officials performed the following services in connection with the cases which came before the synod: the instruction of women concerning their rights over their dowries[8], the taking of an inventory of the property found at the time of the husband's death[9], and the evaluation of property prior to its sale[10].

The social standing of litigants, who were from Constantinople[11], was diverse. It ranged from those of a low status, identified by name alone, to those of some standing who had a κῦρ or κυρά before their names, to title-holders[12] and finally, at the top of the scale, people described as relatives of the emperor[13]. Women are very prominent among litigants: where a woman's own property was at stake, she almost always brought the case to court herself[14].

The value of dowries also varied considerably, from a few hundred hyperpyra or less, to 3000[15]. Givers of dowries were fathers or mothers but also godparents and adoptive mothers[16]. Cash, jewellery, household utensils and furnishings constituted the most usual movable property, while vineyards, orchards, houses and workshops were the most commonly mentioned immovables. A more unusual form of property was the income from an icon of the Theotokos which a sister and brother shared[17].

The political events of the last ten years of the fourteenth century intrude in the cases of that period and have direct consequences for property and for the documents which supported claims to property. In some cases the connection is made explicitly; in others it can be inferred. The phrase 'the anomaly and confusion of the times' is a leit-motif in the cases of the 1390s and 1400[18]. It refers to the struggles between John VII and Manuel II, to the Turkish siege of Constantinople which began in 1394 and lasted for 8 years, and to the attendant famine and deprivation. Many families left

[6] *Darrouzès*, nos. 2503, 3111, 3208.

[7] *Darrouzès*, nos. 2066, 2072, 2076, 2116, 3109, 3123, 3128, 3129, 3133, 3135, 3142, 3143, 3146, 3161, 3182, 3195, 3201, 3237.

[8] *Darrouzès*, nos. 2405, 3114, 3140.

[9] *Darrouzès*, nos. 3046, 3061, 3115, 3123.

[10] *Darrouzès*, nos. 3065, 3069, 3102, 3108, 3109, 3179, 3208, 3240, 3241.

[11] The only exceptions were a litigant from Vizye (*Darrouzès*, no. 2066), and a few cases involving people from Thessalonike: nos. 2048, 2109, 2304.

[12] *Darrouzès*, no. 2155: a *domestikos* of the western themes; no. 2195: a *protokynegos;* no. 2300: a *protoierakes*; no. 2301: a *megas ermeneutes;* no. 2405: a *pinkernes;* no. 2043: a *megale papiaina.*

[13] *Darrouzès*, no. 2043: the *megale papiaina* and aunt of the emperor; no. 3113: aunt of the emperor.

[14] These women are widows, except in two cases: *Darrouzès*, nos. 2424–2427 (one case) and no. 3136.

[15] For the top of the scale, *Darrouzès*, nos. 2155, 3061, 3092, 3123.

[16] *Darrouzès*, nos. 2424, 3213: adoptive mother; no. 3194: godmother; no. 3142: either adoptive mother or godmother. See also note 46 below. – For the provision of dowries by godparents and adoptive parents, see *R.J. Macrides*, Kinship by Arrangement: the Case of Adoption, in: DOP 44 (1990), 112, 115–116.

[17] *Darrouzès*, no. 3219.

[18] *Darrouzès*, nos. 2967, 3061, 3092, 3109, 3120, 3128, 3208, 3219.

Constantinople, accompanying John VII to Selymbria until his return in 1399[19]. The concentration of cases in the register for the year 1400 can be connected with the return of families to Constantinople and the reclamation of their property in the city. The serious economic position in which people found themselves occasioned many other cases in which mention is made of the need to sell land and other property in order to pay off debts and support oneself[20]. Furthermore, the political instability affected the value of property. Land which lay outside the city and had not been cared for became worthless. A vineyard which had been part of a woman's dowry and had been listed as having a value of 100 hyperpyra at the time of her marriage, 'had been destroyed outside (the city) as a consequence of the confusion of affairs'[21]. It had to be discounted from her son's inheritance. Other property became devalued. Three brothers who wished to sell houses they had inherited from their parents, since 'times were difficult and they were in danger of ruin', sought the help of the ecclesiastical court. An official was sent to determine 'the fitting price for them by way of demolition, for it was not possible to alienate them in any other way'[22].

Another important consequence of the times was the loss of documents, in particular dowry contracts which were central to the substantiation of claims[23]. To compensate for their loss or misplacement, other forms of evidence had to be used, such as the testimony of witnesses to the contract or, when this also was not available, reliance on the parties to litigation to tell the truth under penalty of excommunication.

While some of the above-mentioned aspects of the patriarchal register are specific to the historical context of the cases, the problems which the cases present to a student of Rechtsfindung are not. They are the familiar problems. To begin with, there is an inconsistency in the use of precise terminology. For example, the hypobolon and theoretron are sometimes named but are more often referred to by some other phrase, 'the third', 'a third of the dowry', 'the other usual things'[24]. On the other hand, a new term, *proikanadochos*, appears in the register, unattested elsewhere[25]. Furthermore, when laws are mentioned at all, they are indicated in a vague manner: οἱ θεῖοι νόμοι or simply, ἡ νεαρά. In the former case, the laws which are meant have to be recon-

[19] On these events see *John W. Barker*, Manuel II Palaeologus (1391–1425): A Study in Late Byzantine Statesmanship (New Brunswick, New Jersey 1969); – *Elizabeth A. Zachariadou*, John VII (alias Andronicus) Palaeologus, in: DOP 31 (1977), 339–342.

[20] *Darrouzès*, nos. 3102, 3109, 3208, 3219, 3241.

[21] *Miklosich/Müller*, II, 386 = *Darrouzès*, no. 3128.

[22] *Miklosich/Müller*, II, 356 = *Darrouzès*, no. 3109. – See also, no. 3102.

[23] *Darrouzès*, nos. 3092, 3100, 3128.

[24] *Darrouzès*, no. 2048 = *Hunger/Kresten*, no. 22, 225–230: τὸ ὀφειλόμενον κατὰ νόμους ὑπόβολον τῆς προικὸς (226, 13–14); *Darrouzès*, no. 2066 = *Hunger/Kresten*, no. 37, 284–288: τὰ ἐκτὸς τῆς προικὸς ἀνήκοντα ταύτῃ κατὰ νόμους (286, 25–26); *Hunger/Kresten*, no. 90, 514–519 = *Darrouzès*, no. 2123 = καὶ τὸ κατὰ νόμους θεωρετροϋπόβολον (516); *Darrouzès*, no. 3100 = *Miklosich/Müller*, II, 342–343: οὐδόλως ἠδυνήθη συστῆσαι ... ὡς παρθένον ἔλαβε ταύτην, ὡς ἂν τὴν τοῦ πενθίμου χρόνου τροφὴν καί τι ἕτερον ἐκ τῶν τοῦ ἀνδρὸς αὐτῆς ἀποκερδήσῃ πραγμάτων (342); *Darrouzès*, no. 3123 = *Miklosich/Müller*, II, 377–379: καὶ τὰ τρίτα ὑπὲρ τῶν τριῶν καὶ τῶν ἄλλων συνήθων (378); *Darrouzès*, no. 3141 = *Miklosich/Müller*, II, 401–404: χάριν θεωρέτρων (403). – *Matses*, 139–156.

[25] See *infra* p. 95 and note 46.

structed from the case[26]. However, ἡ νεαρά is cited 3 times[27], and refers in each case to novel 26 of 1304/6, issued jointly by the patriarch Athanasios and synod and the emperor Andronikos II[28]. This novel made provision for the tripartite division of a husband or wife's property, when his or her death was followed shortly thereafter by the death of the children. One part of the property was to go to the surviving spouse, another for memorial services for the deceased, and a third to the parent or grandparent of the deceased.

A case of 1348 which came before the patriarch Isidoros and mentions this novel illustrates the difficulties created by less than perfect knowledge of the law[29]. The wife of the protokynegos Alyates died and her death was quickly followed by that of her children. Her brothers demanded her dowry property and received ⅓. But then they died and their children, the deceased woman's nephews, brought the case to the synod. They had with them a statement of the patriarch Athanasios which gave their parents the right to ⅔ of the dowry. The nephews now claimed that they had a right to this because their parents had died before receiving the ⅔. The party of the dead woman's husband, however, came to court armed with a synodal decision of Kalekas which stated that *neither* according to the letter of the holy law, *nor* according to the novel (that is, novel 26 of Athanasios and Andronikos II) did the nephews' parents have a right to the dowry of their sister. We can only conclude from this case that if the patriarch Athanasios' statement was not a forgery – and it is nowhere stated that this was suspected – he had given a decision which contradicted his own law[30].

This case also presents an example of a decision which is not based on any known law but represents a compromise solution of the judge. Isidoros, not surprisingly, found the previous patriarchal pronouncements to be totally contradictory, and so he chose a middle road (μέσην ἡ μετριότης ἡμῶν χωρήσασα)[31], allowing the deceased woman's nephews to keep the third of the dowry which they had been wrongly awarded. In another case where the son-in-law brought a case against his father-in-law for the rest of the dowry promised to him, the patriarch's decision states, 'it would be lacking in feeling (ἀσυμπαθές)' to take away the house in which the father-in-law's other children live in order to satisfy the son-in-law[32]. The word *oikonomia* is rarely used to describe these solutions[33]. This sometimes makes it difficult to distinguish

[26] However, in three cases (*Darrouzès*, nos. 2109, 2111, 2115) from the patriarchate of Isaiah (1323–1332), the 'holy laws' always refers to the Synopsis Basilicorum Π, 29. 20 (*Zepos*, Ius Graecoromanum (Aalen 1962) V, 478).

[27] *Darrouzès*, nos. 2048, 2123, 2195. – For the date of the novel see *Vitalien Laurent*, Les Regestes des Actes du Patriarcat de Constantinople I, fasc. v (Paris 1971) no. 1607, 389–395.

[28] Zepos, Ius Graecoromanum, I, 533–536.

[29] *Darrouzès*, nos. 2195, 2296.

[30] It is of course possible that Athanasios (1303–1309) made the decision on the right to the dowry before novel 26 was issued.

[31] *Miklosich/Müller*, I, 273.

[32] *Miklosich/Müller*, II, 339.

[33] On *oikonomia* in the patriarchal register see *Carolina Cupane*, Appunti per uno studio dell' oikonomia ecclesiastica a Bisanzio, in: JÖB 38 (1988), 53–73.

special rulings of particular judges from decisions which represent a more widely-spread interpretation of the law.

In addition to the problems which the cases present for the student of Byzantine legal practice, the body of evidence has limitations for anyone seeking to draw conclusions about the nature of family property in the fourteenth century. The information given in each case is partial and related to the particular case so that, for example, the disputed property is mentioned as having been given in dowry, 'among other things'; the full content of a dowry is rarely divulged. Thus it is not possible to determine patterns of dowry and inheritance within a given family. Questions such as the relative value of dowries given to children of a family, the way in which paternal and maternal property devolved, or whether there was preferential treatment of sons or daughters cannot be answered. A handful of cases might give some information on any of the above but no general picture can be drawn.

Given the above-mentioned problems and limitations, it would be difficult and dangerous to generalise about the evidence presented by the patriarchal register. What follows, therefore, is a presentation of certain aspects of the dowry, both the man's and the woman's, and inheritance.

It is a generally held opinion, even if it is not always explicitly stated, that the flow of property in marriage was in favour of the husband. Certainly, the patriarchal register gives examples of the favourable position of the man in the arrangement of the dowry. The most striking one is contained in a document of 1317 which is a response to the metropolitan of Antalya concerning some problems he raised with the synod. The metropolitan had brought to the synod's attention a custom of the people in the area of his jurisdiction. He claimed that grooms were demanding that some of the dowry be given to them as gifts while the rest be registered in the dowry contract. This meant that if the wife died, only the property registered in the contract would be returned. The rest would remain with the husband. The metropolitan claimed that families were greatly hurt by this practice but were forced into it by men who would not otherwise marry their daughters[34].

There are also other examples from the register which seem to underline the advantageous position of men. Three brothers brought a case against their deceased sister's husband. When she married her first husband, their father gave her in dowry half a vineyard and the houses he had in Constantinople. Her first husband died and she regained possession of her dowry. Then Kalomiseidos wanted to marry her but delayed, finally taking her as wife but demanding more dowry. So her brothers, 'moved by brotherly affection for her', gave to her a part of their inheritance from their parents: land, a vineyard, and a house[35].

Another case which gives information about the value of two successive dowries a daughter received, shows how the price went up each time. Kouroulakes married his daughter to Magatenos, giving a dowry worth 16 pounds. When Magatenos died, Kouroulakes remarried his daughter, this time to Patrikios, giving him another 4 pounds

[34] *Hunger/Kresten*, no. 53, 348 = *Darrouzès*, no. 2083.
[35] *Miklosich/Müller*, I, 276–279 = *Darrouzès*, no. 2300.

in addition to the 16. Kouroulakes' daughter then died and Patrikios remarried, receiving a dowry of 27 pounds from his new father-in-law[36].

A further indication that it was a man's market has been seen by some in the reduction of the value of the hypobolon which the man contributed to the marriage, from a position of equal value with the woman's dowry in Justinian's time to ½ and then ⅓ of the value of the dowry by the thirteenth and fourteenth centuries[37].

However, against this evidence for the man's advantage, one needs to take into consideration the nature and size of the property which the man brought to the marriage. In the patriarchal register, as in other sources from the tenth century at least, the word προίξ is used to refer also to the man's marriage portion[38]. Unfortunately, the cases in the register do not usually give indications of the value of this property in relation to the woman's dowry. There is, however, one exception in a case of 1400 which supports the idea that the man's dowry had to be at least equal in value to the woman's. Eirene Palaiologina had given her son Alexios a dowry worth more than 1000 hyperpyra. It consisted of a vineyard, houses and a courtyard, a church and a bakery. She had also registered a garden in the dowry contract but made an agreement with her son that she would receive 20 hyperpyra as an income each year from the garden. This agreement was to be kept a secret from Alexios' wife. However, his father-in-law learned of it and brought a case to the ecclesiastical court. He pointed out that the dowry of his daughter, worth 1000 hyperpyra, had been partly expended and had depreciated also in value. This was likely to continue to be the case 'because of the anomaly of the times and want'. He therefore asked that his son-in-law make over to his wife property from his dowry to compensate her in her dowry and that she then have this property as her own dowry. The patriarch decided in the woman's favour: 'from this day these are to be dowry goods and are to be reckoned as such and are to satisfy the 1000 hyperpyra of the dowry of Palaiologos' wife'[39]. This case then shows that the man's dowry could be the same value and more than his wife's but also that it had to be sufficient in size to restore his wife's.

There are many other examples also of the way in which the woman's dowry was defended against her husband's creditors and in sales transactions. Certainly one generalisation is possible: the protection of the woman's dowry is the most common outcome of the patriarchal decisions throughout the register[40]. This, too, can be seen to balance what appears in other ways to be the husband's advantage. To mention only one of the many cases: Michael Palaiologos, one of the emperor's *archontopouloi*, borrowed 75 hyperpyra from Michael Pothos and gave his vineyard in pawn. He agreed that if he was not able to pay back the loan he would sell the vineyard and pay back the money in this manner. But he sought the patriarch's permission for the transaction

[36] *Darrouzès*, no. 2048.

[37] On the hypobolon see *Joëlle Beaucamp*, Προικοϋπόβολον – ὑπόβολον – ὑποβάλλω, in: Ἀφιέρωμα στὸν Νίκο Σβορῶνο I (Rethymno 1986) 153–161, and the contributions by *Ludwig Burgmann* and *Andreas Schminck* in this volume.

[38] Actes de Lavra, ed. *Paul Lemerle, André Guillou, Nicolas Svoronos, Denise Papachryssanthou*, I (Paris 1970) no. 4 (a. 952) 102. – Peira 25.10. – *Matses*, 126–129.

[39] *Miklosich/Müller*, II, 368–369, 375–377 = *Darrouzès*, nos. 3115 and 3122.

[40] *Matses*, 89–138; – *Lemerle*, Recherches, 321–322.

because both he and his wife were minors (ἀφῆλιξ) and his vineyard was liable to his wife's dowry (σιωπηρῶς ὑποτεθειμένου). The patriarch's decision ensured the wife a compensation from her husband's property for the part of her dowry which had been spent and also for what might be spent in the future[41].

In connection with the dowry and its restitution to the wife or her family, the word *proikanadochos* which appears in two cases of 1400 should be mentioned. A certain Zarachounes left his wife and child in Selymbria and went to Constantinople where he married the daughter of a priest who brought a dowry of 600 hyperpyra to the marriage. After a time Zarachounes' Selymbrian wife came looking for him. The father-in-law in Constantinople, the priest, 'became frightened for his position but also for his daughter and the dowry property'. The patriarch decided in this case of bigamy that Zarachounes must separate from the priest's daughter, return to his wife and child in Selymbria and give back the woman's dowry, in addition to an extra 300 hyperpyra for the *hybris* he had committed. The priest did not have any trouble reclaiming the dowry for, we are told, Zarachounes' aunt who was *proikanadochos,* gave it all back to him[42]. In another case, Maria Ligataraia proved through good witnesses to Tzymides, her *sympentheros,* that she was not the *proikanadochos* of the dowry Tzymides had given his daughter[43]. In both these cases the *proikanadochos* appears to be (or is thought to be) a relative on the groom's side.

A case of 1330 strengthens this impression. The groom's father, Theodore Padyates, 'received' (ἀναδέχεται) the bride's dowry property which had a value of 36 pounds. He spent it all and then died, leaving a protracted case to be fought by his sons[44]. The use here of ἀναδέχεται would seem to indicate that Padyates was the *proikanadochos,* that is, that he 'took the dowry in surety'. Such an arrangement might be necessary only when the husband was under 25. Although there is no mention of the minority of the husband in any of these cases, it cannot be excluded as a possibility[45]. It is unlikely, however, that the *proikanadochos* describes a new practice; rather a 'new' word is being used to denote something which had been taking place for centuries: the management of the woman's dowry by someone on the husband's side, until the husband came of age to take over this function[46].

The patriarchal register also contains a few cases which are of interest for the rela-

[41] *Miklosich/Müller,* II, 382–384 = *Darrouzès,* no. 3126.
[42] *Miklosich/Müller,* II, 401–404 = *Darrouzès,* no. 3141.
[43] *Miklosich/Müller,* II, 374 = *Darrouzès,* no. 3119.
[44] *Hunger/Kresten,* no. 101, 568–578 = *Darrouzès,* no. 2155.
[45] *Matses,* 89, and *Darrouzès,* no. 3119, suggest that the *proikanadochos* was in control of the dowry for the period between the betrothal and the marriage. However, in the case of Zarachounes (*Darrouzès,* no. 3141), at least, the couple was married and the priest's daughter was expecting a child when the bigamy was discovered (*Miklosich/Müller,* II, 402).
[46] *Matses,* 86–89, includes in his discussion of the *proikanadochos* a case (*Darrouzès,* no. 2409) in which a man is described as ὁ καταστάτης ἀνάδοχος ἀρχῆθεν καὶ προικοδότης (*Miklosich/Müller,* I, 382). He argues (p. 87) that the *proikodotes* is not here the 'giver of the dowry' because the man is also called an *anadochos* which, according to Matses, must mean a *(proik)anadochos.* On the contrary, I would argue that the man in question was a godfather who gave the dowry to his godchild. See note 16 above.

tionship of dowry and inheritance and the question of the right of an already dowered son or daughter to inherit further parental property. The decisions show that there was the possibility of further inheritance, even if the larger portion was settled on the child at marriage. However, some siblings clearly regarded their already dowered brothers and sisters as having no further claim on parental property. George Mamalis, one of five children, brought a case against one of his brothers over an orchard which adjoined their deceased parents' home. He claimed that ⅗ of it belonged to him but that it lay dry and barren because of strife with his brother Doukas over it. Doukas, for his part, insisted that none of his brothers or sisters who had already married and been given dowries by their parents had a share in the orchard. Only he and his younger brother Nicholas were heirs to the parental property, a house and the orchard, because all the others were ἐξώπροικοι[47], that is, they had been given dowries, while he and Nicholas were still living at home as dependents (ὑπεξούσιοι) at the time of their mother's death. Doukas was so certain that his dowered siblings were excluded that he was eager to have his mother's will brought forward for inspection. The will however gave an equal share in the orchard to each of the five children[48].

In another case, the brother, although not wishing to exclude his sister altogether from paternal inheritance, felt he had priority. George Prinkips' father had given his daughter a dowry, not once but three times. To his son he had promised 300 hyperpyra in his marriage contract and some household items. The son lived with his father for a year after he married but did not take the 300 hyperpyra he had been promised, partly because he felt gratitude toward his father for providing a home for him and his bride and also because his father lacked resources. The father then died intestate, leaving only a vineyard. George's sister – who had been given three dowries – now asked for her portion of the vineyard. George came to court to request that he be satisfied first in his dowry, the 300 hyperpyra, before his sister receive anything. The patriarch's decision shows that there was no hindrance to already dowered children inheriting parental property, for the patriarch even suggested that brother and sister collate their dowries and share equally, in addition to this, the paternal inheritance[49].

From these cases it appears that a marriage settlement was not incompatible with a son or daughter receiving a further portion as inheritance at their parents' death, whether by testamentary or intestate succession. The economic circumstances of the family and the wishes of the parents were the variables. Although, however, a further inheritance was possible, the evidence does not contradict the idea that the dowry settled on a child at marriage did represent the main inheritance of a boy or girl. A case mentioned above shows that an already dowered daughter did not inherit anything upon her father's death[50]. Her three brothers, however, did give her property from their paternal inheritance, 'moved by brotherly affection'. Moreover, evidence from surviving wills of the fourteenth century shows that the testators felt their obligation

[47] On this term see *Matses*, 181 and note.
[48] *Miklosich/Müller*, II, 543–546 = *Darrouzès*, no. 3237.
[49] *Miklosich/Müller*, II, 221–223 = *Darrouzès*, no. 2967.
[50] See above p. 93 and note 35.

to their children to have ended with the marriage settlement[51]. Although a further gift might be made, the bulk of the property had already been given to the children and what remained could be distributed to the church, servants and other relations.

Some of the cases described above underline another aspect of dowry and inheritance – namely that the marriage settlements on older children could limit the dowries and inheritance of other children in the family, especially younger sons. The need to provide the sister of George Prinkips with a dowry three times had reduced his father's means so that George could not even collect his promised 300 hyperpyra. Another father was in danger of losing the home he and his children lived in when his son-in-law demanded the rest of the dowry promised to him[52].

However, the best example of the problem for younger sons is presented by a long and involved case from the year 1400 concerning Anna Palaiologina, the aunt of the emperor, and her sons[53]. Her dowry had originally had a value of nearly 3000 hyperpyra but the anomalous and difficult times had reduced this. From her dowry were left only the houses in which the family lived, and a vineyard. These were given in dowry by her husband Branas, when their daughter married Astras. Branas kept some of his own property: vineyards and some houses he had bought. The family was forced to leave Constantinople and went with the emperor, leaving the houses and vineyards in safe-keeping with their son-in-law Astras. While they were away Branas died intestate, leaving Palaiologina with an unmarried daughter and three sons. When this daughter came of age to be married, her mother gave her to Philip Tzykandeles. The girl's dowry was provided mainly by the mother of the emperor John VII and the emperor himself. Anna Palaiologina had nothing to give to her daughter apart from the abovementioned properties – the vineyards and houses which had been given to Astras in safe-keeping. When peace was made between the emperors John VII and Manuel II and the *archontes* returned to Constantinople and reclaimed their property, she also asked for the property, to give it to her daughter in dowry. But her sons resisted her in this and made trouble for her, saying 'they know one thing only, that these properties are paternal and they want to have what belongs to them from these, as legitimate sons of their father'. Their mother therefore asked the court that her dowry be restored first from this property and that they then take whatever was left over. Since her dowry contract had been lost in the moves and it could not be proved that Palaiologina had received instruction concerning her rights over her dowry when her husband gave it to their daughter, the patriarch decided that she should receive the equivalent of her dowry from the property of her husband. For even if she had agreed to her husband's giving it away in dowry, she had not been instructed in the law which helps her and so her husband owed her what he had given away.

[51] The will of Theodore Karavas (1314) is explicit on this point: Actes de Chilandar, ed. *Louis Petit*, supplement to Vizantijskij Vremennik 17 (1911), no. 27, p. 61, line 75. – See also *Paul Magdalino*, The Byzantine Aristocratic *Oikos*, in: The Byzantine Aristocracy, IX to XIII Centuries, ed. *Michael Angold*, British Archaeological Reports 221 (1984) 99–102.

[52] *Miklosich/Müller*, II, 339 = *Darrouzès*, no. 3096.

[53] *Miklosich/Müller*, II, 329–333 = *Darrouzès*, no. 3092.

In this case, as in others without exception, the importance of the restoration of the mother's dowry is upheld by the synod, above all other claims. Yet, at the same time it is clear that the younger brothers who had nothing either from their mother or father were sent away empty-handed, while the two sisters received dowries from maternal and paternal property. For Palaiologina makes it clear that with her restored dowry she intended to fulfil her dowry agreement with Tzykandeles and the patriarchal decision shows that no provision was to be made for the sons[54].

But the story does not end here. Palaiologina came again in the same year to the synod and reversed her story completely, taking her sons' side[55]. Now she claimed that she and not her husband had given her dowry property to her daughter when she was married to Astras. She had given up any claim to it; therefore the vineyards were the paternal inheritance of her children. She insisted that she would break her agreement with her son-in-law Tzykandeles and give this property to her sons. Because, however, Palaiologina had absolutely no proof for what she now claimed, her case was not upheld. The victorious party, therefore, in this case was the son-in-law Tzykandeles who received the dowry consisting of the much fought-over vineyards.

The motives for Palaiologina's behaviour can never be reconstructed. We can never know why she did not wish to see her sons receive their share of their father's intestate inheritance in the first place. Many unstated factors could have played a part. The knowledge that the younger sons would be able to make their way in society, by obtaining an office and income, in a way their sisters could not, may have been a consideration. Then, too, Palaiologina may have had an agreement with her son-in-law to provide and care for her in old age. Dowry and inheritance must have been used to exercise control over offspring and as a bargaining tool in marriage alliances in a way which is not fully recoverable from our sources.

[54] *Miklosich/Müller*, II, 332.

[55] *Miklosich/Müller*, II, 422–423 = *Darrouzès*, no. 3155.

Fausto Goria

Zur ehelichen Gütergemeinschaft im philosophischen Denken der Griechen von Xenophon bis Ioannes Stobaios

1. Die Frage, ob und gegebenenfalls in welchem Umfang die Ehegemeinschaft im oströmischen Reich Auswirkungen auf die vermögensrechtlichen Beziehungen der Ehepartner hatte, kann unter verschiedenen Gesichtspunkten behandelt werden. Nicht außer acht gelassen werden sollten dabei meines Erachtens die damals verbreiteten philosophischen Vorstellungen über das Wesen der Ehe, ihre Ziele und die beste Art und Weise, sie zu verwirklichen; bei Erörterung dieser Thematik konnte unter Umständen auch der ökonomische Aspekt des Familienlebens zur Sprache kommen.

Meines Wissens wurde eine solche Untersuchung bislang nicht in Angriff genommen; sicherlich bedarf sie einer Vorstudie über die diesbezüglichen Äußerungen von Autoren aus den Jahrhunderten vor Konstantinos dem Großen, weil ihre Schriften auch noch in der Folgezeit im Originaltext gelesen wurden und darüber hinaus in Auszügen Eingang in doxographische Kompilationen fanden, von denen jene des Ioannes aus Stoboi (einer Stadt in Mazedonien) wohl vom Beginn des 5. Jahrhunderts n. Chr. fast vollständig erhalten blieb.

Die vorliegende Arbeit versteht sich als Beitrag zu einer solchen Vorstudie; es sollen hier diejenigen Schriften untersucht werden, in denen mehr oder weniger deutlich von ehelicher Gütergemeinschaft die Rede ist[1], und dabei soll möglichst jeweils ermittelt werden, in welchem Sinne (insbesondere in bezug auf die juristische Fragestellung) der Begriff verwendet wurde und in welcher Beziehung er zum allgemeinen Ehekonzept stand. Zu diesem Zweck wurden die Kapitel 22 und 23 des 4. Buches des Anthologion des Ioannes Stobaios herangezogen, welche der Ehe und den γαμικὰ παραγγέλματα gewidmet sind, sowie das Kapitel 28, das den Titel Οἰκονομικὸς

[1] Die redaktionell bedingte Eile, mit der der vorliegende Beitrag abgefaßt werden mußte, erlaubte weder eine Ermittlung noch eine Diskussion der gesamten diesbezüglichen Literatur. Zitiert werden daher nur jene Werke, die zur Ergänzung und Vertiefung unserer Ausführungen unentbehrlich erschienen. Eine erste – auch bibliographische – Orientierung über die hier behandelte Problematik bietet: Für und wider die Ehe. Antike Stimmen zu einer offenen Frage zusammengestellt und übersetzt von Konrad Gaiser (München 1974) 59–88 (im folgenden Gaiser, Ehe). Die für die griechischen Schriftsteller und deren Werke (mit Ausnahme von Plutarchs Moralia) benützten Abkürzungen richten sich nach Henry George Liddell-Robert Scott, A Greek-English Lexicon ... with a Supplement 1968 (Oxford 1976).

trägt[2]. Von den genannten Stellen wurden jedoch zum einen nur solche Passagen berücksichtigt, die auf Philosophen, nicht aber auf Tragiker und Komiker zurückgehen; zum anderen schien es unangemessen, sich auf das im Anthologion zusammengestellte Material zu beschränken, weswegen auch andere einschlägige, im weitesten Sinne philosophische Zeugnisse in die Untersuchung mit einbezogen wurden. Zwar wurde versucht, nichts Wesentliches außer acht zu lassen, eine absolute Vollständigkeit wurde jedoch nicht angestrebt; vielmehr mußte mehrfach eine Auswahl vorgenommen werden, welche notwendigerweise nicht frei von Willkür ist: So erschien es zweckmäßig, Autoren aus der Zeit vor dem 4. Jahrhundert v. Chr. (welches – zumindest von der literarischen Produktion her gesehen – das goldene Jahrhundert der griechischen Philosophie ist) unberücksichtigt zu lassen. Aber auch Platon, dessen Ansichten in bezug auf Ehe und Familie nur im weiteren Rahmen seines Entwurfs einer Idealgesellschaft begriffen werden können, blieb außer Betracht. Andererseits wurde, wenngleich erst die Kompilation des Ioannes Stobaios vom Anfang des 5. Jahrhunderts n. Chr. den Endpunkt der Quellenuntersuchung bildet, auf eine Darstellung der Auffassungen christlicher Schriftsteller verzichtet, um den Umfang der vorliegenden Arbeit nicht allzusehr auszudehnen, aber auch, um dem Umstand Rechnung zu tragen, daß sich Stobaios selbst auf die Wiedergabe von Zeugnissen der heidnischen Kultur beschränkte. Im übrigen schenkte die Patristik der Ehe zwar natürlich große Aufmerksamkeit, nicht aber deren ökonomischen Aspekten, weswegen die Frage der vermögensrechtlichen Beziehungen zwischen Ehegatten im patristischen Schrifttum eine vergleichsweise bescheidene Rolle spielt.

2. Der erste für unser Thema einschlägige Autor ist Xenophon. In seinem „Oikonomikos“ (der vielleicht zwischen 390 und 371 auf Xenophons Landgut bei der in Elis gelegenen Ortschaft Skillus verfaßt wurde) werden keine Ratschläge erteilt, sondern Erfahrungen des Ehealltags beschrieben, und zwar diejenigen eines Athener Bürgers namens Ischomachos, der – als teilweise idealisiertes Spiegelbild des Autors – nach allgemeiner Meinung ein καλός τε κἀγαθὸς ἀνὴρ war[3]. Seine Ansichten über die Ehe erklärt er, indem er die Belehrungen an seine Frau referiert. Zweck der Ehe sei danach die Entwicklung einer bestmöglichen Gemeinschaft in bezug auf das Hauswesen und die Kinder; können doch diese besonders insofern ein gemeinsames Gut beider Eltern darstellen, als sie sie im Alter unterstützen werden; nun aber sei auch in der Zwischenzeit das Haus, in dem die Ehegatten leben, beider gemeinsames Gut. So habe er seiner Frau erklärt, seine ganzen eigenen Vermögensgegenstände der Gemeinschaft zuzurechnen, während sie ihrerseits in die Gemeinschaft all das eingebracht habe, was sie erhalten habe. Grundsatz einer solchen Vereinigung sei es, daß nicht etwa derjenige, der eine größere Zahl an Vermögensgegenständen eingebracht habe,

[2] Ioannis Stobaei Anthologium, rec. C. Wachsmuth et O. Hense, vol. IV, Anthologii libri quarti partem priorem ab O. Hense editam continens (Berolini 1909) 495–599 (über die Ehe und die γαμικὰ παραγγέλματα); vol. V, Anthologii libri quarti partem alteram ab O. Hense editam continens (Berolini 1912) 677–701 (Οἰκονομικός).
[3] X. Oec. VI,12.

sondern derjenige, der der bessere Gesellschafter sei, den wertvolleren Beitrag geleistet habe[4].

Um die vorhandenen Güter nun möglichst zweckmäßig zu bewahren und (selbstverständlich unter Wahrung von Recht und Billigkeit), soweit möglich, zu vermehren, sei ein Zusammenwirken beider Ehegatten erforderlich, wobei sich die Aufgabenteilung nach den geschlechtsspezifischen Fähigkeiten richten solle[5]: Der Ehemann werde demnach die Feldarbeiten und überhaupt die außerhäuslichen Tätigkeiten verrichten (welche in der Regel auch die „produktiven" seien)[6]; die Ehefrau dagegen werde sich um die Aufbewahrung der Vorräte und generell um den Haushalt kümmern[7], für Verpflegung und Kleidung sorgen (also für die „Verarbeitung"), die Kleinkinder aufziehen, die Haussklaven[8] anweisen, überwachen, vielleicht auch unterrichten, die Kranken pflegen und die Gegenstände des täglichen Verbrauchs austeilen und unter ihrer Kontrolle halten[9]. Da ihr die Güter selbst gehörten, werde es ihr schließlich größere Genugtuung bereiten, ihnen Sorgfalt angedeihen zu lassen, als sie zu vernachlässigen[10]. Etwas später wird die Stellung von Ehegatten mit derjenigen von Teilhabern an einem Vermögen („χρημάτων κοινωνοί") verglichen und die Ansicht vertreten, daß die Ehegatten auch an den eigenen Körpern wechselseitigen Anteil hätten[11].

Allen diesen Erörterungen ist natürlich eine spezifisch juristische Sichtweise fremd. Höchstwahrscheinlich ist nämlich die feierliche Aussage „Ἐγώ τε ... ὅσα μοι ἔστιν ἅπαντα εἰς τὸ κοινὸν ἀποφαίνω" (Oec. VII,13) nicht als juristische Willenserklärung zur Begründung wechselseitigen Miteigentums an allen Vermögensgegenständen der Ehegatten zu werten (dies hätte auch keineswegs athenischem Brauch entsprochen), ganz abgesehen davon, daß diese Aussage, selbst wenn dies beabsichtigt gewesen wäre, zur Erreichung des juristischen Zweckes kaum ausreichend gewesen wäre. Im übrigen befaßt sich Xenophon mit der Erhaltung und Vermehrung des Vermögens und geht daher nicht auf die *Veräußerung* einzelner Gegenstände oder Vermögensteile ein, deren Erörterung ihm vielleicht Anlaß zu Präzisierungen geboten hätte. Trotzdem glaube ich nicht, daß die zitierten Worte lediglich dazu dienen, die übliche Gütergemeinschaft von Personen, die unter ein und demselben Dach wohnen, eindringlich zu umschreiben; ich meine vielmehr, daß diese Worte einerseits das Versprechen beinhalten, dem Haushalt sämtliche Erträgnisse des Vermögens zukommen zu lassen und sie also der Ehefrau zur Verfügung zu stellen, andererseits dem Wunsch Ausdruck verleihen, die Gattin an der Vermögensverwaltung zu beteiligen.

Gerade auf diesen letzten Punkt legt Ischomachos besonderen Nachdruck, indem er minuziös die von den Ehegatten jeweils zu erfüllenden Aufgaben beschreibt und dabei deren Verschiedenheit mit dem Hinweis auf die verschiedenen natürlichen

[4] Ibid., VII,11–13. Eine deutsche Übersetzung bietet Gaiser, Ehe 24.
[5] Ibid., VI,15ff.; 22ff.
[6] Vgl. auch ibid., Kap. XIff.
[7] Vgl. auch ibid., VIII,10ff.
[8] Vgl. auch ibid., X,10.
[9] Ibid., VII,36; vgl. auch III,15.
[10] Ibid., IX,19.
[11] Ibid., X,3–5.

Fähigkeiten der beiden Geschlechter rechtfertigt. Daraus kann man wohl folgern, daß die am Beginn der Abhandlung genannte Gütergemeinschaft im folgenden Sinne zu verstehen ist: Die Vermögen der beiden Gatten sollen fortan eine einzige ungeteilte Masse bilden, damit bei ihrer Verwaltung – zum größtmöglichen wirtschaftlichen Nutzen und unabhängig von den jeweiligen juristischen Eigentumsverhältnissen – eine geschlechtsspezifische Aufgabenteilung vorgenommen werden kann. Wenn das Familienvermögen in dieser Weise als eine Einheit angesehen wird, welche beiden Partnern unterschiedslos gehört, läßt sich auch die Forderung leichter rechtfertigen, die Ehefrau müsse all die zahlreichen Verpflichtungen übernehmen, wie sie ein Haushalt wie derjenige des Ischomachos nun einmal auferlege. Andererseits liege der Wert der ehelichen Gemeinschaft – so Ischomachos vielleicht in versteckter Polemik gegen die Ansprüche reich ausgestatteter Ehefrauen – gerade in der Tätigkeit jedes Partners und nicht etwa in der Menge der Güter, die man in die gemeinsame Vermögensmasse eingebracht habe.

Man könnte nun einwenden, daß der Frau somit ein Wirkungskreis zugewiesen wurde, der jedenfalls streng auf den Bereich des Hauses beschränkt sei, wohingegen das gesamte übrige Vermögen der Kontrolle des Mannes unterstehe; in der Sicht Xenophons ist aber der οἶκος der – auch wirtschaftliche – Mittelpunkt des Familienlebens, der Ort, zu dem die Einnahmen und aus dem die Ausgaben fließen. Dementsprechend konnte Sokrates in dem nämlichen Dialog – unter Vorwegnahme des später von Ischomachos skizzierten Bildes – behaupten, daß die Einnahmen eines Haushaltes durch die Tätigkeit des Mannes erwirtschaftet würden, daß die Ausgaben aber in der Regel durch die Frau verwaltet würden; so sei der Beitrag einer guten Ehefrau zur häuslichen Gemeinschaft demjenigen des Ehemannes gleichwertig[12].

Xenophons Eheideal beruht hier, bar jeglicher Romantik, auf einer rein wirtschaftlichen Grundlage; die soeben umrissene „Gütergemeinschaft" erweist sich indes als ein interessanter Versuch, die Ehe als eine einigermaßen „paritätische" Gemeinschaft darzustellen (abgesehen von der Vorrangstellung, die der Ehemann – in Gestalt des Ischomachos – als planender Leiter bezüglich der Aufgaben des Paares einnimmt), als eine Gemeinschaft, in der die Gatten gleiche Bedeutung, aber unterschiedliche Funktionen haben, welche mehr oder weniger unmittelbar das gesamte gemeinsame Vermögen betreffen[13].

3. Es kann hier begreiflicherweise nicht untersucht werden, ob und gegebenenfalls wie Xenophons Modell praktische Relevanz für griechische Poleis des 4. Jahrhunderts und anderswo haben konnte. In theoretischer Hinsicht aber bekräftigte Aristoteles in der

[12] Ibid., III,15.

[13] Zum Ehemann als Lehrer der Frau (eine auch in X. Smp. II,9 vertretene Ansicht) vgl. auch X. Oec. III,10–14; die diesbezügliche Position des Philodemos von Gadara analysiert Renato Laurenti, Filodemo e il pensiero economico degli epicurei (Testi e documenti per lo studio dell'antichità, XXXIX, Milano 1973) 40–46. Der neue Aspekt des Modells Xenophons besteht nicht darin, daß der Mann seine Frau unterweist, und schon gar nicht in der skizzierten Aufgabenteilung unter den Eheleuten, sondern darin, daß beiden Aufgabenbereichen gleiche Bedeutung beigemessen wird und daß sie als zweckmäßig im Hinblick auf eine gemeinsame Vermögensmasse erachtet werden.

zweiten Hälfte des Jahrhunderts die Notwendigkeit einer Aufgabenteilung und gegenseitigen Ergänzung der Ehegatten, allerdings ohne – zumindest in den erhaltenen Werken – eine systematische und vertiefte Behandlung der Problematik des Ehelebens zu bieten. Die in diesem Zusammenhang vielleicht wichtigste Stelle findet sich in der Nikomachischen Ethik: Hier wird die Beziehung zwischen Mann und Frau im Bereich der Freundschaft („φιλία") angesiedelt, welche zwischen Mann und Frau von Natur aus bestehe; im Gegensatz zu den übrigen Lebewesen aber vereinigten sich die Menschen nicht nur um der Nachkommenschaft willen, sondern auch, um die unvermeidlichen Schwierigkeiten des Alltags zu bewältigen. Denn von Anfang an seien die Aufgaben aufgeteilt und für den Mann und die Frau jeweils verschieden; andererseits aber unterstütze man sich gegenseitig, indem man das Eigene jedes einzelnen zum Gemeinsamen beider mache. Deshalb scheine in einer solchen Freundschaft sowohl das Nützliche als auch das Angenehme einen Platz zu haben; die Freundschaft sei darüber hinaus auch tugendgemäß, wenn die Partner entsprechend tugendhaft seien[14].

Aristoteles scheint sich also insofern von Xenophon zu unterscheiden, als er – in Übereinstimmung mit seiner insgesamt umfassenderen Sicht, die nicht wie die Xenophons rein utilitaristisch ist – die Gemeinschaft der Ehegatten nicht streng auf die materiellen Güter beschränkt, sondern ihr die Funktion gegenseitiger Hilfeleistung im allgemeinen (unter Umständen auch im Sinne ethischer Vervollkommnung) zuweist. Die eheliche Gemeinschaft ist also nicht mehr nur ein Mittel zur möglichst nutzbringenden Anwendung des Prinzips der Arbeitsteilung auf die Verwaltung und Vermehrung der Familiengüter in ihrer Gesamtheit, sondern auch eine Form der Verwirklichung jener vielschichtigen Beziehung „φιλία"; insofern aber entzieht sie sich – noch mehr als bei Xenophon – jedweder juristischen Qualifikation, ist doch die Art und Weise ihrer Verwirklichung ganz von den konkreten Lebensumständen und eventuellen Erfordernissen der Hilfeleistung abhängig[15].

An anderer Stelle bemerkt Aristoteles, daß die Ehefrau bisweilen, besonders wenn sie eine ἐπίκληρος ist, zum Befehlen neige; er brandmarkt dieses Verhalten und vergleicht es mit dem in Oligarchien zu beobachtenden Phänomen, daß Ämter nicht nach Qualifikation, sondern aufgrund von Reichtum und Macht vergeben werden[16]. Noch deutlicher als bei Xenophon ergibt sich daraus, daß ein etwaiger größerer Reichtum der Frau dem Ehemann keinesfalls seine Vorrangstellung „bei dem, was ihn an-

[14] Arist. EN VIII,1162a, 16–29. Eine deutsche Übersetzung bei Gaiser, Ehe 29–30. Zur Aufgabenteilung vgl. auch Arist. EN VIII,1160b, 34–35.

[15] An anderer Stelle (Pol. II,5,1262b,37–1263a,40) ist sich Aristoteles (im Rahmen einer Diskussion der verschiedenen Eigentumsformen innerhalb der städtischen Verfassung) der Unterschiede zwischen juristischem Miteigentum, einfacher Gebrauchsgemeinschaft und komplexeren Konstruktionen völlig bewußt; ebenda 1263a, 29–30 interpretiert er das Sprichwort „κοινὰ τὰ φίλων" im Sinne einer gemeinsamen Teilhabe an der Nutzung, die δι'ἀρετὴν verwirklicht werde. Dies bedeutet jedoch nicht, daß sich die eheliche Gemeinschaft allein auf diesen Aspekt beschränkt. Eine Zusammenstellung der überaus zahlreichen Stellen, welche die Verbreitung des zitierten Sprichwortes (laut D.L. VIII,10 pytagoreischer Herkunft) bezeugen, in: Aristote. L'éthique à Nicomaque, introduction, traduction et commentaire par René Antoine Gauthier et Jean Yves Jolif (Louvain-Paris ^{2}1970) II,2,697, ad Arist. EN VIII,1159b,31.

[16] Arist. EN VIII,1161a, 1–3.

geht", streitig machen darf, und ebendies impliziert offensichtlich, daß er über das Vermögen seiner Frau verfügen kann. Im übrigen wird die Vorrangstellung des Mannes in der Ehe, welche in Xenophons Oikonomikos zwar auch faktisch bestand (war es doch Ischomachos, der seine Frau belehrte und ihr Richtlinien für die Haushaltsführung gab), nicht aber offen in Form einer Vorschrift zum Ausdruck gebracht wurde[17], von Aristoteles mehrfach ausdrücklich ausgesprochen: Die Freundschaft unter den Eheleuten beruhe nicht auf der Gleichberechtigung der Partner, sondern auf der Überlegenheit des Mannes. Die Gemeinschaft unter Ehegatten sei ihrer Natur nach aristokratisch, selbst wenn (um der Gefahr eines Abgleitens in die Oligarchie vorzubeugen) der Ehefrau in den sie betreffenden Bereichen ein eigenständiger Wirkungskreis zuzuerkennen sei[18]; der Ehemann regiere seine Ehefrau wie der Magistrat eine Stadt[19]. Daraus folge, daß die Tugenden des Mannes und der Frau nicht dieselben seien[20] (im Gegensatz zu der diesbezüglichen Ansicht des Sokrates[21]) und daß folglich die jeweiligen Tätigkeiten nicht nur in verschiedenen Bereichen entfaltet würden, sondern auch von unterschiedlicher Bedeutung seien: Der Mann sei seiner Natur nach eher zum Führen befähigt als die Frau[22], weil in dieser die rationale Fähigkeit schwach sei, wenn sie ihr auch nicht abgehe wie dem Sklaven oder wenn sie auch nicht so unvollständig entwickelt sei wie beim Kinde[23].

Daraus kann leicht ersehen werden, daß es grundsätzlich im eigenen Interesse der Frau liegt, sich dem Manne überall dort, wo ihm die Führung zukommt, unterzuordnen[24], und dies kann natürlich nicht ohne Auswirkungen auch auf die Verwaltung des Vermögens bleiben. Xenophons Bemühungen um eine stärkere Gleichberechtigung gehen hier ins Leere.

4. Im ersten Buch des dem aristotelischen Corpus angehörenden, allgemein aber einem Schüler zugeschriebenen Oikonomikos wird der Gedanke der Nikomachischen Ethik und der Politik wiederaufgenommen, daß die Ehegemeinschaft nicht nur die Erhaltung des Menschengeschlechts bezwecke, sondern auch das Wohlergehen der Ehepartner, welche von Natur aus für die Vereinigung miteinander bestimmt seien. Der Autor bezieht sich hier auf die Auffassung Xenophons, der dem Mann im wesentlichen eher aktive Erwerbstätigkeiten zugewiesen hatte, der Frau dagegen eher passive Obhutsaufgaben[25].

[17] Vgl. allerdings X. Oec. III, 10–15; Smp. II,9.
[18] Vgl. jeweils Arist. EN VIII,1158b,11–14; 1160b,32–36; 1161a,22–25.
[19] Arist. Pol. I,12,1259b,1, vgl. 1254b,14–15.
[20] Arist. EN VIII,1158b,18; Pol. I,13,1259b–1260a.
[21] Zum sokratischen Denken vgl. Arist. Pol. I,13,1260a, 22; X. Smp. II,9; Eva Cantarella, L'ambiguo malanno (Rom ²1985) 81–84. Über die Stellung Platos vgl. beispielsweise Eva Cantarella, a.O. 87–89; Silvia Campese, La donna e i filosofi, in: Associazione italiana di cultura classica. Atti del convegno nazionale di studi su La donna nel mondo antico, Torino 21–22–23 Aprile 1986, a cura di Renato Uglione (Torino 1987) 106–112.
[22] Arist. Pol. I,5,1254b,13–14; I,12,1259b,2–3; VII,3,1325b,3–4.
[23] Ibid., I,13,1260a,12–13.
[24] Ibid. III,6,1278b,37–39.
[25] Ps.-Arist. Oec. I,3,1343b,18–1344a,7.

Der selbständige Bereich der Frau wird genauer im 3. Buch umschrieben (welches wahrscheinlich erst erheblich später entstand als das 1. und lediglich in mittelalterlichen lateinischen Übersetzungen überliefert ist): Ihr soll die Leitung der hausinternen Angelegenheiten obliegen (um die sich zu kümmern für den Mann nicht schicklich ist), und im besonderen soll sie die Kontrolle über die Ausgaben für Feste ausüben, wobei die durch die Gesetze der Stadt bestimmten Beschränkungen zu beachten sind. In allem anderen aber soll sie ihrem Gatten gehorsam sein und sich seinen Gewohnheiten anpassen[26]. Gedanken des 1. Buches aufgreifend und weiterentwickelnd, wendet sich der Autor mit zahlreichen Ermahnungen an den Ehemann, wobei im vorliegenden Zusammenhang von besonderem Interesse ist, daß ihm empfohlen wird, durch Treue, Umsicht und Unterweisung ein so harmonisches Verhältnis zu seiner Frau zu entwickeln, daß diese im Falle seiner Abwesenheit die gemeinsamen Belange so wahrnehmen könne, als ob er anwesend sei[27]. Kurz darauf zitiert und erläutert der Autor die Verse Homers, daß es nichts Besseres und Erhabeneres gäbe als einen Ehemann und eine Ehefrau, welche in voller Willensübereinstimmung den Haushalt führten[28]. Schließlich werde sich jeder um die Eltern des anderen kümmern müssen sowie um die Kinder, die Freunde, die Güter und das ganze Haus als gemeinsames Vermögen[29].

In dieser ganzen Abhandlung bleiben allerdings die Einzelheiten der Gütergemeinschaft im Hintergrund – genau wie in den authentischen Werken des Aristoteles. Während aber das erste Buch des Oikonomikos noch eine inhaltliche Verbindung zwischen den Vorstellungen des Aristoteles und dem Modell Xenophons herzustellen suchte, scheint sich im dritten Buch die Perspektive allmählich zu verändern, indem nunmehr der moralische und geistige Aspekt der Ehegemeinschaft in den Vordergrund tritt und als notwendige Voraussetzung auch der wirtschaftlichen Komponente erscheint; dabei wird die vergleichsweise klare Scheidung von Wirkungsbereichen der Ehegatten zugunsten der Darstellung eines Idealzustandes aufgegeben, der die Frau dazu veranlaßt, sich die Wünsche und Bedürfnisse des Mannes in einem solchen Ausmaß zu eigen zu machen, daß sie notfalls imstande wäre, an seiner Stelle und in seinem Sinne das Familienvermögen zu verwalten (übrigens ein Thema des Stoikers Antipatros, an dessen Einfluß man hier deshalb denken könnte). Daß der Autor so nachdrücklich die Bedeutung des Verhaltens des Ehegatten für eine solche Übereinstimmung in Absichten und Zielen hervorhob, legt die Annahme nahe, daß es seiner Ansicht nach in erster Linie dem Manne als dem Hauptverantwortlichen für das Familienvermögen zukam, dafür zu sorgen, daß die Frau es übernahm, sich darum wie

[26] Ps.-Arist. Oec. III,1,140,6–141,11 Rose.

[27] Ibid. III,3,145,2–5 Rose: „Ex hiis quoque omnibus eligens meliora, uxorem sibi concordem et fidelem et propriam facere decet, ut praesente viro et non utatur semper non minus ac si presens adesset, ut tamquam rerum communium curatores…". Möglicherweise liegt hier ein Anklang an die aristotelische Lehre vor, die den Freund als *alter ego* bezeichnet: Arist. EE VII,1245a,30–31; EN IX,1166a,31–32.

[28] Ps.-Arist. Oec. III,4,146,17–19 Rose: „Nihil enim maius bonum ipsa in hominibus ait esse quam cum concordes vir et uxor in voluntatibus domum regunt"; vgl. Hom. Od. VI,181–185.

[29] Ibid. III,4,147,5–11.

um ihr eigenes Vermögen zu kümmern[30]. Es bleibt die Tatsache, daß sich die Argumentation auch hier auf der Ebene der Verwaltungstätigkeit bewegt, wir uns also nicht auf dem Niveau einer einfachen Gebrauchsgemeinschaft befinden. Andererseits gelangt der Autor, wenn er auch von der minuziösen Aufgabenteilung im Sinne Xenophons ausgeht, schließlich zu dem – wenn auch noch ziemlich verworrenen – Denkmodell einer Art gegenseitiger Austauschbarkeit der Gatten bei der Verwaltung des Vermögens.

5. Dieses letzte Thema wurde ziemlich breit von Antipatros aus Tarsos abgehandelt, welcher um die Mitte des 2. Jahrhunderts v. Chr. Nachfolger des Diogenes von Seleukeia als Haupt der stoischen Schule in Athen wurde. Indem er jungen Leuten eine Eheschließung empfahl, verglich er die Ehe mit den anderen Arten der Freundschaft („φιλία")[31] und unterschied sie dabei – anders als Aristoteles – sehr deutlich von den letzteren: Während nämlich jene der Vermengung von Gegenständen ähnelten, die man nebeneinander stellen könne (wie Linsen oder andere Hülsenfrüchte), stelle die Verbindung der Gatten eine vollständige Vermischung dar, vergleichbar derjenigen von Wein und Wasser. Denn sie allein haben nicht nur das Vermögen, die Kinder und die Seele, sondern auch die Körper gemeinsam. Auch unter einem anderen Gesichtspunkt ist die Ehe die erhabenste Verbindung: Während die anderen κοινωνίαι auch andere Zwecke verfolgen, hat sie das Ziel, aus beiden Teilen eine einzige Seele zu formen (es wird allerdings anscheinend erwartet, daß sich vor allem die Frau der Seele des Mannes anpasse)[32]. Nach einer Erwiderung auf mögliche Einwände – hier erfährt man, daß der Mann die Frau die οἰκονομία zu lehren habe, die Art und Weise, das Haus gedeihen zu lassen, sowie den Sinn und den Zweck der ehelichen Gemeinschaft und auch noch die religiösen Pflichten und die sittlichen Verhaltensregeln – zählt Antipatros die Vorteile einer harmonischen Vereinigung auf: Es werde dadurch einfacher, die Beschwernisse des Lebens zu meistern – ganz ähnlich wie für jemanden, der nur eine Hand oder nur einen Fuß habe und dann den fehlenden Körperteil bekomme. Da die Ehegatten nun nicht mehr allein, sondern zu zweit seien, verdoppelten sich ihre Fähigkeiten; jeder von ihnen habe ein *alter ego*, das ihn unterstützen könne. Dies sei besonders wichtig, wenn sich ein Mann der Philosophie oder der Politik widmen wolle; in diesem Falle bedürfe er nämlich erst recht einer Ehefrau, die für ihn die Verwaltung übernehme.

In unserem Zusammenhang sind es im wesentlichen drei Aspekte, die Antipatros besonders hervorhebt: die das gesamte Leben umfassende Natur der Ehegemeinschaft

[30] In ganz anderem Sinne (nämlich eines Anspruches der Frau, im Hause des Mannes zu herrschen) hätte sich Theophrastos geäußert, wenn das – wohl über Seneca, De matrimonio – von Hieron. Adv. Iovin. I,47(314B-C) (ed. E. Bickel, Diatribe in Senecae philosophi fragmenta. I. Fragmenta de matrimonio, Lipsiae 1915,389) gelieferte Bild stimmt. Jedenfalls erwähnt er die Gütergemeinschaft nicht.

[31] Stob. IV,22,25 (= Flor. 67,25), ed. Hense IV,507–512 = Ioannes ab Arnim, Stoicorum veterum fragmenta (Lipsiae 1903) III,254–257, Fr. 63. Eine deutsche Übersetzung bei Gaiser, Ehe, 36–39.

[32] Der Text ist hier leider verdorben, und der Sinn hängt weitgehend von der gewählten Korrektur ab: vgl. Stob. ed. O. Hense, IV,508,20, App.

(von der die Gütergemeinschaft nur *ein* Bestandteil sei), ihr Ziel der Formung einer einzigen Seele und die Ausbildung der Fähigkeit der Frau, notfalls auch selbständig das ganze Familienvermögen zu verwalten, wenn nämlich der Mann anderen Beschäftigungen nachgehen müsse. (Hier wird die Vorstellung vom Ehegatten als *alter ego*, die von Aristoteles übernommen wurde, der sie allerdings in bezug auf den Freund äußerte[33], gerade durch die Differenzierung zwischen der Ehe und den anderen Arten der Freundschaft besonders eindringlich.) Diese Gedanken des Antipatros legen es nahe, daß durch sie das dritte Buch des pseudo-aristotelischen Oikonomikos beeinflußt wurde (und nicht etwa umgekehrt).

6. Mit diesen Ansichten fand Antipatros Nachfolger in der stoischen Schule: im 1. Jahrhundert n. Chr. den Römer Musonius Rufus und im 2. Jahrhundert n. Chr. Hierokles von Alexandreia.

Für Musonius ist es der Zweck der Ehe, zusammenzuleben, Kinder zu zeugen und alles als gemeinsames Gut anzusehen und nichts – nicht einmal den Körper – als eigenes Gut jedes einzelnen; dabei seien nicht die Paarung und die Zeugung von Kindern die eigentlichen Merkmale der Ehegemeinschaft, sondern die vollständige Teilhabe am Leben des Partners (was auch eine Gemeinschaft in bezug auf Absichten und Wünsche miteinschließe) und die gegenseitige Fürsorge; wo es daran fehle und sich die eheliche Verbindung auf das Zusammenleben beschränke, werde die κοινωνία notwendigerweise zerstört und verschlechtere sich die Lage der Gatten[34]. Daher sei Eintracht („ὁμόνοια“) unter den beiden Ehepartnern vonnöten, welche allerdings nur dann bestehen könne, wenn die Gatten tugendhaft seien[35]. Was die Tugendhaftigkeit angehe, seien an den Mann und die Frau gleich hohe Anforderungen zu stellen. Auch hinsichtlich der Arbeitsteilung sei es – selbst wenn einige Aufgaben eher dem Manne, andere eher der Frau zukämen – durchaus zweckmäßig, wenn jeder mit den Tätigkeiten des anderen vertraut sei[36]. An anderer Stelle bekräftigt Musonius, daß es keine notwendigere und innigere κοινωνία gebe als die eheliche, weil in ihr als einziger unter allen sozialen und familiären Beziehungen alles (Körper, Seelen, Güter) als gemeinsam angesehen werde und weil in ihr die φιλία am stärksten ausgeprägt sei.[37].

Steht Musonius zwar eindeutig in der Nachfolge des Antipatros, so scheint er in bezug auf die Vermögensgemeinschaft doch besonderen Nachdruck darauf zu legen, daß sie gewissermaßen eine innere Einstellung ist, daß sie eher ein erstrebenswertes Ziel des Ehelebens als dessen Voraussetzung darstellt; auch scheint er größeren Wert auf die Liebe und die gegenseitige Hilfeleistung als auf die Unterscheidung der jeweiligen

[33] Vgl. supra A. 27; Xenophon hielt es für möglich, als *alter ego* einen entsprechend ausgebildeten ἐπίτροπος zu haben (X. Oec. XII,4); auch Aristoteles hielt es für normal, daß der politisch oder philosophisch engagierte Mann einen ἐπίτροπος habe, vgl. Pol. I,7,1255b,35–37.

[34] Stob. IV,22,90 (= Flor. 69,23), ed. O. Hense IV,530–531 = C. Musonii Rufi reliquiae, ed. O. Hense (Lipsiae 1905), 67–68, Fr. XIII/A.

[35] Stob. IV,22,104 (= Flor. 70,14), ed. Hense IV,540 = Muson. Fr. XIII/B ed. Hense 69–70.

[36] Stob. II,31,123 = Muson. Fr. IV, ed. Hense 16,15–17,20; dies schließt die Vorrangstellung des Mannes nicht aus: vgl. Fr. VIII ed. Hense 39,17–18.

[37] Stob. IV,22,20 (= Flor. 67,20), ed. Hense IV,497–501 (bes. 500,7–9) = Muson. Fr. XIV ed. Hense 70–76 (bes. 74,7–10).

Tätigkeiten zu legen. So leuchtet hier, wenn auch noch recht unbestimmt, ein ziemlich neues Ehekonzept auf: Statt in einer präzisen Arbeitsteilung (nach dem Modell Xenophons) oder auch in einer vollständigen Austauschbarkeit des Mannes durch die Frau (nach der Vorstellung des Antipatros) verwirklicht sich die Zusammenarbeit der Gatten nach Musonius eher in einem liebevollen Zusammenwirken bei denselben Tätigkeiten und vielleicht auch Entscheidungen.

Dieser Aspekt wird von Hierokles noch stärker betont – selbst wenn bei ihm auch nicht der Hinweis fehlt, daß der Mann ἄρχει[38]: Nachdem er hervorgehoben hat, daß die Ehe nützlich sei (sowohl wegen der Kinderzeugung als auch um anderer Vorteile willen wie etwa demjenigen, daß die Frau während der Abwesenheit des Mannes als Wächterin des Hauses dienen könne), bezeichnet er die Ehe auch als schön[39]; wahre Zierde eines Hauses sei nämlich ein Paar einträchtiger („συμφωνούτων") Ehegatten, die alles gemeinsam besäßen – einschließlich der Körper, aber vor allem der Seelen – und die sich gemeinschaftlich um die Führung des Haushaltes kümmerten, um die Überwachung der Sklaven, die Aufzucht und Erziehung der Kinder sowie um den gesamten Lebensunterhalt. Die Gütergemeinschaft sei folglich ein Mittel zur Herstellung vollständiger Eintracht. Es verwundert dabei nicht, daß Hierokles bei der Behandlung der οἰκονομία die traditionelle Aufgabenteilung zwischen Mann und Frau sehr wohl kennt, zugleich aber einerseits Wert auf die Feststellung legt, daß es auch Hausarbeiten gäbe, die dem Manne zukämen (wie Holzhacken, Wasserschöpfen, Mahlen, Kneten des Brotteiges), andererseits auf die Betonung der (auch schon von Musonius hervorgehobenen) Notwendigkeit, daß jeder mit den Tätigkeiten des anderen vertraut sein müsse, weil dies die ehelichen Bande festige[40].

7. Ungefähr zur gleichen Zeit wie diese stoischen Schriften (die, wie gezeigt, durch das Ideal einer – in erster Linie als geistige Einstellung aufgefaßten – „vollständigen Gemeinschaft" charakterisiert sind) entstand ein blühendes neupythagoreisches Schrifttum. Unter diesen Werken, die häufig fiktiven Autoren zugeschrieben sind und deren Lokalisierung (nach Alexandreia, Rom oder Süditalien) sowie Datierung (zwischen dem 3. Jahrhundert v. Chr. und dem 2. Jahrhundert n. Chr.) ganz unsicher sind, sind in diesem Zusammenhang vor allem zwei Schriften ziemlich unterschiedlicher Ausrichtung von Interesse.

Da sind zunächst die unter dem Namen eines Kallikratidas überlieferten Stellen[41], welche aristotelische Gedanken wiederaufzunehmen scheinen, wird hier doch hervorgehoben, daß in der Ehe (deren Zweck die Lebensgemeinschaft sei) dem Mann die

[38] Stob. IV,22,23 (= Flor. 67,23) ed. Hense IV,503 = Hans von Arnim, Hierokles' ethische Elementarlehre (Berliner Klassikertexte IV, Berlin 1906), 53,15–16 (im folgenden Arnim, Hierokles).
[39] Stob. IV,22,24 (Flor. 67,24) ed. Hense IV,503–507, bes. 505,5–20 = Arnim, Hierokles, 53–55, bes. 54,14–25. Deutsche Übersetzung bei Gaiser, Ehe 47–50.
[40] Stob. IV,28,21 (= Flor. 75,21) ed. Hense V,696–699 = Arnim, Hierokles, 62–63.
[41] Für unsere Thematik sind besonders relevant die von Stobaios IV,28,17–18 zusammengetragenen Stellen (= Flor. 85,17–18) ed. Hense V,684–688 = Holger Thesleff, The Pythagorean Texts of the Hellenistic Period (Acta Academiae Aboensis, ser. A, Humaniora, Bd. 30,1, Åbo 1965), 105,10–107,11 (im folgenden *Thesleff,* Texts). Ausführlicher Kommentar bei Friedrich Wilhelm, Die oeconomica der Neupythagoreer Bryson, Kallikratidas, Periktione, Phintys. Rheinisches Museum für Philologie, N.F. 70 (1915), 177–181.

Führung zustehe, welche allerdings „politischer" Natur sei, weil ja auch der Mann an der κοινωνία teilhabe und die Führung daher im gemeinsamen Interesse auszuüben habe. Auch der Hinweis darauf, daß eine Ehefrau, die reicher sei als ihr Mann, dazu neige, eine Vorrangstellung einzunehmen, und daß dadurch Streitigkeiten hervorgerufen würden, erinnert an einen aristotelischen Gedanken. Nicht besonders originell sind auch die Folgerungen: Einerseits sei es sinnvoll, sich eine Frau zu nehmen, die aus ähnlichen wirtschaftlichen Verhältnissen stamme; andererseits müsse er ihr gegenüber als Verwalter („ἐπίτροπος"), Herr („κύριος") und Lehrer („διδάσκαλος") auftreten, indem er sich um ihr Vermögen kümmere, sie selbst leite und unterweise.

Kallikratidas betont also offensichtlich noch stärker als Aristoteles den Leitgedanken, daß in der Ehe dem Manne die Vorrangstellung zustehe – und sei es auch nur zum gemeinsamen Nutzen; diese äußere sich in verschiedenen Befugnissen, zu denen auch die Verwaltung der Güter der Gattin gehöre (wobei die Mitgift nicht von etwaigen anderen Vermögensgegenständen der Frau unterschieden wird). Die Aufgaben der Frau werden nicht näher umschrieben, verbleiben gewissermaßen im Dunkel blinden Gehorsams dem Manne gegenüber. Allerdings könnte dies auch auf den fragmentarischen Zustand der Überlieferung zurückgehen; denn in anderen neupythagoreischen Schriften wird die Arbeitsteilung zwischen Mann und Frau in Worten beschrieben, die dem Sinne nach den Vorstellungen Xenophons recht nahe kommen[42].

8. Unter diesen Werken ist am vollständigsten überliefert (und insofern einem Gesamturteil zugänglich) ein Οἰκονομικός, der dem Philosophen Bryson (einem Schüler des Pythagoras) zugeschrieben ist und der – abgesehen von einigen Fragmenten bei Stobaios – in einer vielleicht aus dem 10. Jahrhundert stammenden arabischen Übersetzung erhalten ist, welche dann ihrerseits einer lateinischen Epitome und einer hebräischen Fassung als Vorlage diente[43]. Der Verlust des Originaltextes gebietet Vorsicht bezüglich der Beurteilung von Einzelheiten; dennoch kann man hier einen interessanten Versuch erkennen, die Menge der in früheren Schriften herausgearbeiteten Elemente in einem einzigen Gesamtbild zusammenzuführen und in eine strenge Ordnung zu bringen.

Dabei geht der Autor vom Zweck der Ehe aus, der einerseits durch die Natur bestimmt sei (Zusammenwirken von Mann und Frau bei der Hervorbringung von Nachkommenschaft), andererseits aber auch durch die Vernunft: Da der Mann ja um des Lebensunterhaltes willen sein Haus verlassen müsse, brauche er eine Person, die es für

[42] Vgl. hauptsächlich Phintys, in Stob. IV,23,61 (= Flor. 74,61) ed. Hense IV,588–591 (bes. 589,3–17) = *Thesleff*, Texts, 151–153, wo die Diskussion der Aufgabenteilung mit derjenigen der weiblichen Tugenden verbunden ist; im Vergleich zu Xenophon fehlt allerdings eine konkrete Erwähnung der Gütergemeinschaft. Vgl. auch Wilhelm, a.O. 208–212. – Andere neupythagoreische Schriftsteller betonen – wie Kallikratidas (und das 3. Buch des pseudoaristotelischen Oikonomikos) – die Notwendigkeit, daß sich die Frau nach dem Willen und den Wünschen des Mannes richte: vgl. Melissa in *Thesleff*, Texts 116,11–15; Periktione in Stob. IV,28,19 (= Flor. 85,19) ed. Hense V,691,14–16 und 692,8–10 = *Thesleff*, Texts, 144,8–10; 16–18; vgl. Wilhelm, a.O. 199.

[43] *Martin Plessner*, Der οἰκονομικός des Neupythagoreers „Bryson" und sein Einfluß auf die islamische Wissenschaft (Orient und Antike, 5, Heidelberg 1928) 205–214: Ausgabe der lateinischen Epitome; 214–259: deutsche Übersetzung des arabischen Textes (im folgenden *Plessner*).

ihn hüte und besorge. Da sich jedoch niemand um fremde Angelegenheiten mit der gleichen Sorgfalt wie um eigene kümmere, sei es am besten, einen Partner zu haben, der das Haus in derselben Weise wie der Hausherr als eigenes ansehen könne und aus diesem Grunde den Haushalt mit demselben Eifer wie dieser selber führen könne[44]. Wie nun die Frau von der Natur zum Zusammenwirken mit dem Manne bei der Kinderzeugung geschaffen sei, so besitze sie die natürliche Befähigung, während der Abwesenheit des Mannes dessen Stelle im Hause einzunehmen, wohingegen umgekehrt der Mann sie in dem ergänzen könne, was ihr abgehe, nämlich durch die Begabung, außer Haus den Lebensunterhalt zu beschaffen. Die Person, deren ein Mann bedürfe, sei also die Ehefrau, zumal die Gottheit zwischen beiden Gefühle der Liebe und der Zusammengehörigkeit entstehen lasse, welche Gefühle des Neides, der Rivalität und der Habsucht in bezug auf die Verwaltung des Vermögens bei ihnen ausschlössen[45]. Kurzum, die beiden seien so beschaffen, als bildeten sie eine einzige Person.

Da der Mann seiner Frau sein eigenes Haus überlasse und sie zur Hausherrin einsetze[46], müsse sie ihm ergeben sein und sich ihm unterordnen, indem sie seinen Anordnungen Folge leiste; selbstverständlich sei sie von ihm über ihre Aufgaben in bezug auf Mithilfe, Aufsicht und Bewahrung des gesamten Vermögens zu belehren. Kurzum, Familienoberhaupt sei der Mann[47]. Für das Wohlergehen der Familie müßten die Charaktere der beiden Gatten miteinander harmonieren, was voraussetze, daß die Partner tugendhaft seien[48]; die Frau solle die gleichen moralischen Qualitäten wie der Mann besitzen, um ihn bei seiner Vervollkommnung unterstützen und um die Führung des Haushaltes übernehmen zu können[49]; mit einer lebhaften und teilnahmsvollen Beschreibung solcher Tugenden endet das der Frau gewidmete Kapitel in der Schrift Brysons[50].

Die Ehe wird also wiederum – wie schon bei Xenophon – unter einem rein ökonomischen, mithin recht beschränkten Blickwinkel gesehen, was möglicherweise auch durch das literarische Genus bedingt sein mag; an die Stelle einer minuziösen Aufzäh-

[44] Bryson §§ 74–76 bei *Plessner,* 233–234; lateinische Epitome, ibid. 207–208. – Die Bemerkung, daß man sich um fremde Angelegenheiten nicht mit der gleichen Sorgfalt kümmere wie um die eigenen, findet sich bei Ps.-Arist. Oec. I,6,1344b,35–36. Bereits Aristoteles, Pol. II,3,1261b,33–35, hatte konstatiert, daß man sich intensiv um die eigenen Angelegenheiten, aber wenig um die gemeinsamen kümmere. Die Stellung der Frau als Alter ego des Mannes hob hauptsächlich Antipatros hervor.

[45] Bryson §§ 80–81 bei *Plessner* 235 f. Der letzte Satz der arabischen Fassung ist zusammenhanglos; verbessert man den Text nicht, so dürfte sich aber ungefähr dieser Sinn ergeben (für eine eingehende Diskussion des schwierigen Passus bin ich Frau Dr. Roberta Aluffi zu herzlichem Dank verpflichtet). Die hebräische Fassung übersetzt hingegen anders: „sondern einer gibt dem anderen freiwillig sein Geld" (*Plessner* 235, x–x).

[46] Frau Dr. Aluffi wies mich darauf hin, daß der arabische Text den Terminus *mallaka* verwendet, der „zum Eigentümer machen" (eventuell auch in juristisch-technischem Sinn) bedeutet.

[47] Bryson §§ 82–84; 87 bei *Plessner* 236–237; 238.

[48] Bryson §§ 94–95 bei *Plessner* 240; es liegt hier eine enge Verwandtschaft mit Muson., Fr. XIII B, ed. Hense 70,1–4 = Stob. IV,22,104 (= Flor. 70,14) ed. Hense IV 540,20–26 vor; viel vager ist hingegen die Ähnlichkeit mit Arist., De an. 411a,5, auf die *Plessner* 283 hingewiesen hat.

[49] Bryson §§ 91–93 bei *Plessner* 239–240; vgl. §§ 96–97, ibid. 240–241.

[50] Bryson §§ 96–103 bei *Plessner* 240–242.

lung der Tätigkeiten einer Hausfrau tritt hier aber eine Darstellung der besonderen Eigenschaften, die zu ihrer Vervollkommnung beitragen und ihr einen der Würde des Mannes entsprechenden Rang verleihen (eine Ansicht, die auch andere – sowohl neupythagoreische wie stoische – Autoren teilten[51]). Die Funktion der Frau als *alter ego* des Ehemannes war, wie wir sahen, im 3. Buch des pseudo-aristotelischen Oikonomikos andeutungsweise und dann wesentlich deutlicher bei dem Stoiker Antipatros von Tarsos beschrieben worden; Bryson ist aber offenbar der erste, der sie in einen strengen Argumentationszusammenhang stellt, in welchem auch die Frage der Gütergemeinschaft zur Sprache kommt: Die Ehefrau könne das für den Mann erforderliche andere Ich sein, weil ihr Mutter Natur die entsprechenden Eigenschaften verliehen habe; aber um dieser Rolle gerecht werden zu können, müsse sie, was den Haushalt und die Güter des Mannes angehe, in dieselbe Stellung versetzt werden, die er einnehme, das heißt – so scheint es – Miteigentümerin werden. Auch hier ist es – worauf schon bei anderen Werken hingewiesen wurde – nicht möglich, den Beweis dafür zu erbringen, daß auf ein Miteigentum im juristisch-technischen Sinne angespielt wird, doch legt die Stringenz der Argumentation ebendiesen Schluß nahe, weil nur so sichergestellt wird, daß die Frau die Vermögensgegenstände ihres Mannes auch wirklich als ihre eigenen ansieht. Aber selbst wenn man (wie es vielleicht richtiger ist) davon ausgeht, daß es nicht die Absicht des Verfassers war, seine Ausführungen in juristischer Hinsicht zu präzisieren, so bleibt es dennoch dabei, daß er der Ehefrau die allgemeine Befugnis einräumt, die Güter des Gatten so zu verwalten, wie ihm dies selbst als Eigentümer zusteht. Diese Befugnis erstreckt sich – zumindest im Falle seiner Abwesenheit – nicht nur (wie bei Xenophon) auf die Führung des Haushaltes, sondern auf die Verwaltung des gesamten Vermögens. Andererseits muß man wohl der Frau, um ihr Interesse an einer gedeihlichen Entwicklung der Vermögensverhältnisse zu wecken, wenigstens die Haushaltsführung nicht nur in Abwesenheit, sondern auch in Anwesenheit des Mannes anvertrauen. Der erste Schritt ist also Sache des Mannes und wird als ein „Miteinander-Teilen" (nämlich des Hauses) begriffen, dem die notwendige Unterweisung vorauszugehen hat (hier denkt man unwillkürlich an Xenophon).

Hieran knüpft Bryson zwei Überlegungen, die ihm gestatten, einerseits den (aristotelischen) Gedanken der männlichen Überlegenheit und andererseits den (eher stoischen) einer vollständigen geistigen Vereinigung der Ehepartner aufzunehmen. Daraus, daß der Mann der Frau sein eigenes Haus und seine eigenen Güter anvertraut, leitet Bryson die Gehorsamspflicht der Frau – schon aus Dankbarkeit – ab, um dann – etwas gewunden – zu der Feststellung zurückzukehren, daß der Mann in der Ehe und in der Familie als das höherwertige Element anzusehen sei; ebendiese Feststellung in Verbindung mit dem Umstand, daß es ja immer Aufgabe der Frau ist, den Haushalt zu führen, erlaubt dem Autor die Bemerkung, daß es für ein reibungsloses Zusammenleben des Paares unerläßlich ist, daß die Charaktere der beiden Partner miteinander in Einklang stehen, was nur möglich sei, wenn beide tugendhaft seien. Daraus ergibt

[51] Vgl. beispielsweise Phintys (supra, A.42); Muson. Fr. III–IV ed. Hense 8–13 und 14–16 = jeweils Stob. II.31,26 und 123. Ähnlich war aber schon die Haltung Sokrates' und teilweise vielleicht auch Platons, vgl. supra A. 21.

sich, daß für eine gute Verwaltung des Familienvermögens eine wechselseitige geistige Durchdringung der Gatten erforderlich ist, und zu diesem Zweck muß jeder der beiden einzeln mit Tugenden ausgestattet sein, welche für den Mann und die Frau nicht wesentlich verschieden sind (wodurch eine gewisse Gleichberechtigung hergestellt wird, die an einige – oben behandelte – Aussagen des Musonius erinnert).

Es ist also als Brysons Verdienst anzusehen, daß er versuchte, die Vermögensgemeinschaft in einen logischen Zusammenhang mit der geistigen Gemeinschaft zu bringen und die Notwendigkeit sowohl der einen als auch der anderen nicht ethisch, sondern einfach mit ihrer wirtschaftlichen Zweckmäßigkeit zu begründen.

9. Mögen wir uns auch mit der Erörterung der stoischen und vielleicht auch der neupythagoreischen Auffassung bereits in die Kaiserzeit begeben haben, so dürfen wir doch nicht annehmen, daß diese Ehekonzepte die früheren – und sei es auch nur auf der Ebene der Mentalitäten und der kulturellen Modelle – vollständig verdrängt hätten.

Lassen wir die Auffassung Dionysios' von Halikarnassos außer acht, dessen philosophische Grundannahmen schwer zu bestimmen sind[52], so müssen wir darauf hinweisen, daß der Oikonomikos Xenophons im 1. Jahrhundert v. Chr. der römischen Gesellschaft in Ciceros lateinischer Übersetzung nahegebracht wurde; einen Reflex davon darf man vielleicht in der Darstellung der vermögensrechtlichen Beziehungen unter den Ehegatten, die sich in der gemeinhin als *laudatio Turiae* bekannten Inschrift aus augusteischer Zeit findet, erblicken. Anscheinend hatte die Frau dem Manne ihr eigenes Vermögen anvertraut, damit er sich um die Einkünfte kümmere; andererseits hatte sie die *custodia* über sein Vermögen übernommen, was wohl – wie bei Xenophon – im Sinne von Haushaltsführung und Ausgabenkontrolle zu verstehen ist[53]; auf

[52] Von besonderer Bedeutung ist hier die Stelle Ant. Rom. II,25, wo die (Romulus zugeschriebene) Regelung gelobt wird, nach der die Frau, die mit ihrem Mann die confarreatio vollzogen habe, κοινωνὸς aller Güter und sacra werde. Es handelt sich dabei weniger um eine Folge der Ehe als um eine solche der conventio in manum. Dionysios verbindet anscheinend eine solche κοινωνία mit der „notwendigen Bindung unauflöslicher Vertrautheit", das heißt der künstlichen Beziehung agnatischer Verwandtschaft, die sie mit dem Mann und dessen Verwandten einging. Diese Beziehung habe zur Folge, daß sich die Frau gezwungenermaßen nach dem Mann zu richten und ihm in allem zu gehorchen habe. Als Ausgleich dafür werde sie aber κυρία des Hauses – im gleichen Umfang wie der Mann selbst – und könne zusammen mit den Kindern dessen Erbe antreten. Dionysios hebt – als Ursache dieser Gemeinschaft – die Unauflöslichkeit des ehelichen Bandes hervor (was sicherlich ein neues Element ist), scheint aber zugleich neupythagoreische (auch bei Antipatros begegnende) Themen wiederaufzunehmen, wenn er behauptet, die Frau werde gerade durch den Gehorsam κυρία; die κοινωνία wiederum verwirkliche sich auch durch die aus der οἰκειότης abgeleiteten Erbansprüche. – Nicht von Dionysios, sondern aus viel späterer Zeit stammt die ihm zugeschriebene Ars rhetorica, wo (II,2–7) Anleitungen für Hochzeitsreden erteilt werden, die für unseren Zweck irrelevant sind.

[53] Vgl. Fontes iuris Romani anteiustiniani. III. Negotia, ed. Vincentius Arangio-Ruiz (Florentiae ²1969), N. 69, S. 209–218 und 625–626; s. auch Erik Wistrand, The so-called Laudatio Turiae (Studia Graeca et Latina Gothoburgensia, 34, Lund 1976). Die fragliche Stelle entspricht I,37–39: „Omne tuom patrimonium acceptum ab parentibus communi diligentia cons[eruauimus]: / neque enim erat adquirendi tibi cura, quod totum mihi tradidisti. Officia [ita par] / titi sumus, ut ego tu[t]elam tuae fortunae gererem, tu meae custodiam sust[ineres...] (Fontes a.O., III,213; ibid. A.1

diese Weise könnte die gleich darauf folgende Feststellung, daß die Gatten ein gemeinschaftliches Vermögen besäßen[54], zu verstehen sein.

Ausdrücklich wird dann auf die Ideale Xenophons in einer Schrift des L. Iunius Moderatus Columella Bezug genommen, welcher, wiewohl spanischen Ursprungs, in Rom lebte und dort zur Zeit des Kaisers Claudius bzw. Nero einen Traktat über Landwirtschaft schrieb. Zwar gibt er die traditionelle Ansicht über die Aufgabenteilung der Ehegatten und deren mutmaßlich naturgegebene Ursachen[55] wieder, doch vermeidet er dabei, die Stellung des Mannes als gewichtiger hinzustellen (so sind die Ausführungen nicht – wie etwa jene des Ischomachos – in Belehrungen, die der Mann seiner Frau erteilt, eingebettet). Erst aus den folgenden Ausführungen, daß nämlich nicht nur in Griechenland, sondern auch in Rom ungefähr bis zur Zeit des Augustus die Hausarbeiten eine fast ausschließliche Aufgabe der matronae gebildet hätten, erfahren wir, daß jene sich mit der ihnen eigenen Emsigkeit bemühten, die „negotia viri" „maiora atque meliora" zu machen. Dieser Satz ist für die Deutung des folgenden von Bedeutung, wo es heißt, daß im Hause nichts geteilt sei – in dem Sinne, daß der Mann oder die Frau das ausschließliche Eigentum an irgendeinem Gegenstand beanspruchte, daß vielmehr beide in Eintracht „gemeinsam" handelten, wobei die Arbeitsamkeit der Frau den Tätigkeiten des Mannes außerhalb des Hauses gleichwertig sei[56]. Die (schon xenophontische) Annahme, daß die Hausarbeit der Frau unter wirtschaftlichem Gesichtspunkt der Tätigkeit des Mannes außerhalb des Hauses an Bedeutung durchaus gleichkommen könne, schließt nicht aus, daß es letzten Endes doch das Vermögen des Mannes ist, zu dessen Vermehrung auch die Frau beiträgt. Die „Gütergemeinschaft", die Columella als erstrebenswert ansieht, ist also in dem Sinne zu verstehen, daß der Ehemann der Frau die Führung seines eigenen Haushaltes anvertraut und daß die Ehefrau dieser Aufgabe nachkommt, indem sie sich der von ihrer Familie zur Verfügung gestellten Mittel und Sklaven bedient; natürlich wird der daraus erwachsende Wohlstand – jedenfalls solange die Ehe besteht – auch ihr zugute kommen. Allerdings weist Columella selbst darauf hin, daß dieses Modell schon in seiner Zeit nicht mehr in Geltung war, weil die matronae nunmehr vorzögen, in Luxus zu schwelgen und ein Leben in Muße zu führen, wobei sie es den Sklaven überließen, sich um die häuslichen Angelegenheiten zu kümmern[57].

Dennoch finden sich zumindest von den Grundlinien der Arbeitsteilung im Sinne Xenophons, wie sie auch von vielen anderen Autoren mehr oder weniger vollständig

finden sich Hinweise auf abweichende Interpretationen; ähnlich deutet den Passus hingegen Wistrand a.O. 39f.); vgl. auch Marcel Durry, Eloge funèbre d'une matrone romaine (Collection des Universités de France, Paris 1950) LXXIV f., wo auf weitere Auslegungsmöglichkeiten hingewiesen wird. S. auch Z.29–33 über die weiblichen Tugenden.

[54] Laud. II,36–37 (Fontes a.O., III,216; Wistrand 26): „...neque patrimoni no[stri, quod adhuc]/ fuerat commune separa[ti]onem facturam..."; die Stelle könnte allerdings auch auf die von Turias Vater stammende und noch ungeteilte Erbschaft anspielen.

[55] Colum. 12 praef., §§ 1–6, wo (in der Übersetzung Ciceros) die Überlegungen Xenophons (Oec. 7,18–28) dargelegt werden.

[56] Colum., ibid. §§ 7–8.

[57] Colum., ibid. §§ 9–10.

wiedergegeben werden, noch im 4.Jahrhundert n.Chr. Spuren, z.B. bei Libanios[58]. Letzterer äußert sich jedoch nicht ausdrücklich über den Ausgangspunkt Xenophons, nämlich die Vereinigung der Vermögen in der Absicht, in bezug auf die Gesamtmasse eine Arbeitsteilung vorzunehmen, welche der Natur jedes Partners möglichst entspricht. Aus diesem Grunde können wir hier auf eine vertiefte Behandlung der diesbezüglichen Texte des Libanios verzichten.

10. Ein Autor, der sich (am Ende des 1.Jahrhunderts n.Chr.) zur ehelichen Gemeinschaft äußerte und dabei auch ziemlich ausführlich auf den vermögensrechtlichen Aspekt einging, ist Plutarch. Indem er eine Grundhaltung im Sinne Platons mit typisch stoischen (und teilweise wohl auch neupythagoreischen) Anregungen verknüpfte, kam er zu einer eigenständigen Einstellung, welche durchaus nicht origineller Akzente entbehrt.

Zunächst unterstreicht er die Bedeutung der Liebe unter den Ehegatten, welche er in dem Bemühen um eine Verschmelzung der Seelen verwirklicht sieht, da doch die Ehegatten „weder zwei sein wollen noch glauben, es zu sein“[59]. Dies äußere sich vor allem in der gegenseitigen Teilhabe nicht nur an den Wechselfällen des Lebens, sondern auch an den Gedanken und Gefühlen – etwa augenblicklicher Freude oder Traurigkeit[60]. Wie ein einheitlicher Gegenstand sowohl einem zusammengesetzten wie auch einem aus verschiedenen Bestandteilen gebildeten entgegengesetzt sei, so bildeten zwei Partner, die sich liebten, ein einziges Wesen, in dem sich die Individuen auflösten wie in einer Mischung von Flüssigkeiten; in diese Verbindung seien sogar die Körper der Gatten miteinbezogen, die Güter, die Freunde und die Angehörigen[61]. Und wie die Natur durch die Vereinigung der Körper ein neues Wesen entstehen lasse, in welchem sich Merkmale beider Elternteile fänden, ohne daß es möglich sei, den Anteil jedes einzelnen wieder zu trennen oder auch nur oberflächlich zu unterscheiden, ebenso zieme es sich, daß unter den Gatten auch eine κοινωνία der Güter bestehe, daß alles zu einem einzigen Vermögen vermischt und verschmolzen werde, so daß keiner von beiden mehr einen Teil des Vermögens als eigenen und einen anderen Teil als fremden ansehe, sondern daß beide Partner alles als eigen und nichts als fremd betrachteten. Allerdings müßten, wie eine Mischung üblicherweise als „Wein“ bezeichnet werde, selbst wenn sie zum größeren Teil aus Wasser bestehe, auch das

[58] Lib. Thes. XIII,14–15 (ed. Förster VIII,555). Der Mann erwirbt Güter, indem er sich auf dem Forum aufhält; diese Güter übernimmt und bewahrt die Frau zu Hause. Die Sklaven hingegen würden sie vergeuden und somit die Arbeit des Herrn zunichte machen. Dies gilt insbesondere dann, wenn der Mann verreist ist oder einer öffentlichen Tätigkeit nachgeht. – Zuvor (§ 13) hatte Libanios bemerkt, daß der Reiche sein Vermögen durch die Ehe verdoppele, der Arme immerhin etwas erwerbe oder jedenfalls aus einer guten, besonnenen und fleißigen Ehefrau großen Nutzen ziehe. Zumindest implizit wird hier also Xenophons Eheauffassung beibehalten.

[59] Plu. Amat. 21,767E; vgl. 770A–B.

[60] Plu. Con. praec. 14,140A; 20,140E; vgl. Brut. 13,7,989f; Dio.21,7–8, 966f.

[61] Plu. Con. praec. 34,142E–143A. (Plutarchi Moralia Bd.I, recc. et emendd. W. R. Paton et I. Wegehaupt, Leipzig ²1974). Vgl. auch Plu. Amat. 24,769 F.

Vermögen und der Haushalt als dem Manne gehörend angesehen werden, auch wenn die Frau mehr als der Mann in die Ehe eingebracht habe[62].

Plutarch nimmt also den stoischen Gedanken einer vollständigen Gemeinschaft unter den Ehegatten wieder auf, geht aber eindringlicher auf ihre vermögensrechtlichen Konsequenzen ein. Auch in dieser Hinsicht müsse gelten, was Platon in bezug auf die πόλις sage, daß nämlich „das Meinige und das Nicht-Meinige" nicht auf die einzelnen Individuen, sondern auf die gesamte Gemeinschaft bezogen werden solle[63]. Das Ehepaar werde also ein einziges Vermögen haben, welches jeder der beiden als eigenes empfinden solle, und zwar nicht im Sinne einer Teilhaberschaft nach bestimmten Quoten, sondern in demjenigen einer Berechtigung an dem Ganzen, so als ob das Vermögen zur Gänze einem selbst gehörte (selbst wenn es gleichzeitig vollständig auch dem Gatten zustehe)[64]. Plutarch scheint hier auf eine Form des Miteigentums Bezug zu nehmen, die sowohl dem altgriechischen als auch dem römischen Recht bekannt und für Familiengemeinschaften typisch war; vorausgesetzt wird dabei offensichtlich eine größtmögliche Eintracht unter den Gatten, welche so weit geht, daß jeder auch ohne Mitwirkung des anderen den gemeinsamen Willen des Paares zum Ausdruck bringen kann. Es taucht hier wieder ein stoischer Gedanke auf: In der Ehe ist jeder das Alter ego des Gatten und kann ihn daher bei der Verwaltung des gesamten Vermögens vollständig ersetzen.

Plutarch legt jedoch keinen allzu großen Wert auf diesen Gesichtspunkt (den im übrigen schon Antipatros und Bryson eher im Hinblick auf die Frau betont hatten, welche nämlich im Falle der Abwesenheit oder Verhinderung des Mannes als dessen „Ersatz" fungiere); wichtiger ist ihm vielmehr, daß die Gatten einvernehmlich handeln. Dementsprechend komme ihre Gemeinschaft nicht so sehr in einer Aufgabenteilung zum Ausdruck (über die sich Plutarch – zumindest in seinen Schriften über die Ehe – gar nicht äußert), sondern eher darin, daß sie bei jeder Handlung gleichen Sinnes seien[65]. Es ist indes eine Einschränkung zu beachten: Noch im selben Satz verspürt der Autor das Bedürfnis der Klarstellung, daß das gegenseitige Einvernehmen keineswegs die ἡγεμονία καὶ προαίρεσις des Mannes ausschließe. Dieser Punkt wird sogar mehrmals hervorgehoben[66]; im übrigen werden, wie wir gesehen haben, auch der Haushalt und das Vermögen dem Manne zugeschrieben, selbst wenn die Frau vielleicht einen größeren wirtschaftlichen Beitrag leistete.

Ein weiterer Hinweis ermöglicht es uns, den Sinn der von Plutarch empfohlenen Gemeinschaft noch genauer zu erfassen. An der Stelle der Coniugalia praecepta, an

[62] Plu. Con. praec. 20,140E–F. – Auch andernorts hebt Plutarch eine gewisse Vorrangstellung des Mannes hervor, ohne sie aber zu begründen: vgl. beispielsweise Con. Praec. 8,139B; 11,139D; 19,140D; 33,142E.

[63] Plu. con. praec. 20,140D–E; vgl. auch Amat. 21,767D. Verwiesen wird auf Pl. R. V,10,462C.

[64] Plu. Con. praec. 20,140F.

[65] Vgl. besonders Plu. Con. praec. 11,139C–D. Von Bedeutung auch Qu. Rom. 30,271E, wo der berühmte, von den römischen Gatten ausgesprochene Satz „ubi tu Gaius ego Gaia" als bezeichnend für das κοινωνεῖν ἁπάντων καὶ συνάρχειν aufgefaßt wird.

[66] Vgl. supra A. 62. Plutarch legt Wert auf die Feststellung, daß der Ehemann sich nicht als Herr, sondern wie die Seele dem Körper gegenüber verhalten solle: „συμπαθοῦντα καὶ συμπεφυκότα τῇ εὐνοίᾳ" (Con. praec. 33,142 E).

der er die Ehe mit der Vermischung zweier Flüssigkeiten vergleicht, fügt er nämlich hinzu, daß der römische Gesetzgeber verboten habe, daß die Ehegatten einander Geschenke machten oder voneinander erhielten, und zwar nicht, damit sie nichts miteinander teilten, sondern damit sie alles als gemeinsam ansähen[67]. Plutarch will hier offenbar einen möglichen Einwand vorwegnehmen: daß nämlich die von ihm geschilderte eheliche Gütergemeinschaft nicht den römischen Gesetzen entspräche, die ja Schenkungen unter Ehegatten untersagten. Es steht deswegen für ihn außer Frage, daß man die Ehegemeinschaft auch mit rechtlichen Mitteln zu verwirklichen habe, zu welchen etwa die wechselseitige Schenkung des jeweiligen Vermögens gehören könne. Wie aber sei dann das von den römischen Gesetzen aufgestellte Hindernis zu überwinden? Plutarch läßt sich nicht erschüttern und kehrt die Argumentation um: Seiner Meinung nach widerspricht das Verbot gegenseitiger Schenkungen keineswegs der ehelichen Vermögensgemeinschaft, ja es fördere sie sogar. Dieser offensichtlich paradoxen Behauptung liegt etwa folgender Gedankengang zugrunde: Wenn man von „Schenkungen" spreche, so lege man die Unterscheidung in „mein" und „dein" auch in der Ehe zugrunde und setze für das gemeinschaftliche Eigentum an den Gütern eine Rechtshandlung, aber auch die Möglichkeit einer Beschränkung voraus; da nun aber eine Ehe ohne irgendeine wirtschaftliche Gemeinschaft nicht denkbar sei, müsse das Schenkungsverbot geradezu als ein Ansporn aufgefaßt werden, dafür zu sorgen, daß sich das gemeinschaftliche Eigentum auf alle Vermögensgegenstände der Partner erstrecke, andererseits daß es auf die andauernde gegenseitige Zuneigung gestützt und dementsprechend vom Miteigentum im juristischen Sinne losgelöst werde, weil dieses nämlich zur Geltendmachung egoistischer Forderungen, die sich auf die Unterscheidung zwischen „mein" und „dein" gründeten, verleiten könnte.

Notfalls verzichtete Plutarch also anscheinend darauf, sich auf konkrete juristische Bestimmungen zu beziehen, wie dies ja auch bei den anderen behandelten Autoren der Fall war. Es bleibt aber beachtenswert, daß derjenige, der sich an seine Ausführungen hätte halten wollen (welche, wie wir sahen, nicht weit von den wenige Jahre später geäußerten Ansichten des Stoikers Hierokles entfernt sind, die ihrerseits schon von dem Römer Musonius Rufus angedeutete Auffassungen aufgreifen), mit dem Ehepartner wenigstens die wichtigsten die Vermögensverwaltung betreffenden Urkunden hätte aufsetzen müssen, wenn er wollte, daß das Vermögen, obwohl nur ihm juristisch zustehend, fortan als Familiengut angesehen wurde. Dies erinnert an eine einzigartige Beteuerung in der sechsten Satire Juvenals: Der Ehemann, der seine Frau liebt, wird in jedem Fall Qualen erleiden, selbst wenn seine Liebe erwidert wird; denn gegen den Willen seiner Frau wird er kein Geschenk machen können, nichts verkaufen oder kaufen können; in seinen Freundschaften wird er beschränkt sein und sogar bei der Errichtung seines Testamentes[68].

[67] Plu. Con. praec. 34,143A. Im 2. und 3. Jahrhundert n. Chr. debattierten die römischen Juristen über die Gründe, die zu dem Schenkungsverbot unter Eheleuten geführt hatten: vgl. D. 24,1,1–3 pr.

[68] Iuv. 6,206–218.

Dies mag indirekt bestätigen, daß das „Modell" Plutarchs in Rom nicht unbekannt war[69] und daß man zum Beispiel die Zustimmung beider Gatten zu Veräußerungen von Gegenständen, die rechtlich vielleicht nur einem von beiden gehörten, für erforderlich hielt. Wenn man tatsächlich mit einer solchen Willensübereinstimmung der Partner rechnen muß, so könnte sie sich in Kaufurkunden niedergeschlagen haben, und zwar auch unabhängig von der jeweiligen juristischen Berechtigung. Man wird diesen Gesichtspunkt bei der Interpretation von Dokumenten der Rechtspraxis sowie von Reskripten zu berücksichtigen haben, worauf wir uns hier allerdings nicht weiter einlassen können.

11. Zu Beginn des 5.Jahrhunderts n.Chr. stellte Stobaios einen Großteil der im vorausgehenden erörterten Texte zusammen, aber mit durchaus bedeutungsvollen Ausnahmen: Denn im Abschnitt über die Ehe wird die eheliche Gütergemeinschaft hauptsächlich mit Stellen aus stoischen Schriften (von Antipatros, Musonius und Hierokles) dargelegt[70]; zu diesen Stimmen tritt im nächsten Abschnitt Plutarch hinzu, von dem einige der wichtigsten Stellen wiedergegeben werden – einschließlich des Passus über das Schenkungsverbot unter Ehegatten in den römischen Gesetzen[71]. Dagegen ist Aristoteles nicht berücksichtigt; von Xenophon ist ein Exzerpt über die Begriffsbestimmung der οἰκονομία (am Ende des diesem Gegenstand gewidmeten Abschnitts[72]) aufgenommen, während die Stellen über die Gütergemeinschaft und die Arbeitsteilung der Ehegatten fehlen. An und für sich wird eine solche Aufgabenteilung zwar nicht ignoriert, aber in dem Kapitel, das sich ausführlicher damit beschäftigt und aus der Schrift des Hierokles in den „Οἰκονομικὸς" betitelten Abschnitt eingefügt wurde, wird die Arbeitsteilung doch nicht streng entgegengestellt und vor allem dem Erfordernis, die Ehebande zu festigen, untergeordnet, und nicht demjenigen, das Vermögen zu mehren[73]. Die Vorrangstellung des Mannes und die Tugenden der Frau werden hauptsächlich auf der Grundlage neupythagoreischer Texte (von Phintys, Kallikratidas und Periktione) beschrieben[74]; die Vorrangstellung des Mannes aber wird auch in zahlreichen Passagen aus den Schriften anderer Autoren bestätigt[75].

[69] Es ist schwer vorstellbar, daß Juvenal hier auf die Situation anspielt, daß die Frau als Garantie für die Rückgabe ihrer Mitgift eine Hypothek an den Gütern des Mannes vereinbart hatte. Schwer zu bewerten ist auch die ethische und juristische Realität bei Martial 4,75. Es könnte sich um eine *societas omnium bonorum* zwischen Mann und Frau handeln – wie in D. 34,1,16,3 – oder einfach um die Festsetzung einer Mitgift in Höhe des Gesamtvermögens.

[70] Vgl. Stob. IV,22,20 (= Flor. 67,20): Musonius, Fr. XIV Hense; 21–24: Hierokles; 25: Antipatros, Fr. 63 (Arnim, SVF III); alle diese Texte stehen hintereinander im ersten Teil des der Ehe gewidmeten Abschnitts, und zwar unter der Rubrik: ὅτι κάλλιστον ὁ γάμος.

[71] Vgl. Stob. IV,23,43 (=Flor. 74,43), der die ersten zwei Sätze Plutarchs (Con. praec. 20,140 D–E) wiedergibt, während Fr. 44 die beiden letzten Sätze des gleichen Kapitels (140F) reproduziert. Fr. 50 schließlich enthält die Stelle über die Römer (Con. praec. 34,143A). Der ganze Abschnitt trägt die Überschrift: γαμικὰ παραγγέλματα.

[72] Stob. IV,28,23 (=Flor. 85,23) ed. Hense V,701.

[73] Stob. IV,28,21 (=Flor. 85,21) ed. Hense V,696–699; vgl. supra A. 40.

[74] Stob. IV,23,61 (=Flor. 74,61): Phintys; IV,28,16–18 (=Flor. 85,16–18): Kallikratidas; 19: Periktione; auch hier lautet die Rubrik: οἰκονομικός.

[75] Vgl. beispielsweise Stob. IV,23,5 (=Flor. 74,5): Menander; 20: Philemon; 57: Iamblichos; 58: Sokrates.

Will man nun Ioannes Stobaios eine konsequente Einstellung zur Frage der vermögensrechtlichen Beziehungen unter Ehegatten zuschreiben, so müßte man – mit aller Vorsicht, die sowohl durch den anthologischen Charakter seines Werkes als auch durch die Lückenhaftigkeit unserer Untersuchung geboten wird – feststellen, daß er für das Ideal der κοινωνία eintritt, und zwar im Sinne jener (insbesondere von den Stoikern und Plutarch geforderten) vollständigen Gemeinschaft, die sich in erster Linie in einer Geisteshaltung manifestiert. Eine solche Einstellung kann, wenn man sich die damalige Vorrangstellung der neuplatonischen Philosophie vor Augen hält, keineswegs überraschen. Es bleibt aber auf jeden Fall sein Verdienst, das antike Gedankengut den folgenden Jahrhunderten vermittelt zu haben.

12. Abschließend läßt sich nun festhalten, daß es in der Philosophiegeschichte nicht wenige Autoren gab, die bei der Behandlung der Ehe auch eine vermögensrechtliche Gemeinschaft der Partner für erforderlich hielten. Darunter ist allerdings jeweils Verschiedenes zu verstehen, wobei sich sogar im Lauf der Zeit eine gewisse Entwicklung beobachten läßt, ohne daß aber die jüngeren Wortbedeutungen die älteren vollständig verdrängten.

Wie wir gesehen haben, lassen sich in den behandelten Schriften über die Gütergemeinschaft hauptsächlich drei Gesichtspunkte auseinanderhalten: a) die Bildung eines einzigen Vermögens, hinsichtlich dessen eine wirtschaftlich sinnvollere, da den jeweiligen Fähigkeiten des Mannes und der Frau eher entsprechende Aufgabenteilung vorgenommen werden soll; b) die Möglichkeit, einen vollwertigen Vertreter zu haben, der die notwendigen Kenntnisse besitzt und die erforderliche Hingabe aufbringt, um das „gemeinsame" Vermögen als eigenes zu verwalten; c) das ständige Zusammenwirken bei der Verwaltung des „gemeinsamen" Vermögens, wobei auch einer allein für beide zusammen handeln kann. Während die beiden letztgenannten Punkte offenkundig eng zusammengehören, stehen sie – zumindest theoretisch – in einem gewissen Gegensatz zum ersten Punkt. Für keinen der drei Aspekte ist indes ein (juristisches) Miteigentum an den Vermögensgegenständen unerläßliche Voraussetzung[76], selbst wenn dies zur Verwirklichung der ersten beiden Punkte von Nutzen sein könnte, um nämlich ein Interesse an den geforderten Verhaltensweisen zu erwecken. Andererseits beziehen sich alle drei Gesichtspunkte auf die Verwaltung des Vermögens und nicht nur auf dessen reine Nutzung, weswegen es sich also nicht um eine einfache Anwendung des bekannten Wortes „κοινὰ τὰ φίλων" handelt[77]. Man muß also berücksichtigen, daß der Terminus „Gemeinschaft" unterschiedliche (und weit flexiblere) Bedeutungsnuancen aufweist, die auch nicht unerheblich von dem abweichen, was wir heute unter „Vermögensgemeinschaft" verstehen.

Was die Eigenart der verschmolzenen Vermögensmassen anbelangt, liefern die behandelten Autoren nur wenige Angaben; insbesondere ist nie von der Mitgift der Frau als einem wirtschaftlichen oder juristischen Phänomen die Rede, selbst wenn sie wohl

[76] Im übrigen riet offenbar auch Philodemos von Gadara dem epikureischen Weisen, die Reichtümer zu einer gemeinsamen Sache zu machen, und zwar in dem Sinne, daß er ihre Verwaltung mit vertrauten Freunden absprechen solle: vgl. Renato Laurenti, Filodemo (supra, A.13), 117–122.

[77] Vgl. supra, A.15.

oft vorausgesetzt wird (zum Beispiel von Xenophon, Libanios und vielleicht auch Kallikratidas). Es ist durchaus denkbar, daß einige Texte, die der Frau das Recht einräumen, die Güter des Mannes zu verwalten, implizit darauf abzielen, einen gewissen Parallelismus zwischen diesem Recht und demjenigen des Mannes an den Mitgiftgegenständen herzustellen. Doch sind die Aussagen der philosophischen Schriftsteller letzten Endes viel zu unbestimmt, als daß man derartige Überlegungen anstellen dürfte; schließlich geht es in ihnen nicht um die Darstellung der Realität, sondern um die Beschreibung eines Ideals.

Da stellt sich nun die Frage nach den Beziehungen zwischen den behandelten Theorien und der historischen Wirklichkeit: Zwar wird hier, wie gesagt, sicherlich nicht das durchschnittliche Familienleben dargestellt, heißt das aber, daß die Ausführungen als ganz wirklichkeitsfremd anzusehen sind oder daß sie keinerlei Einfluß auf die Praxis ausgeübt haben? Antworten auf solche Fragen sind schwer zu erteilen und können, selbst wenn der eine oder andere Hinweis im vorausgehenden schon gegeben worden sein mag, hier nicht einmal ansatzweise erteilt werden, würde dies doch Erörterungen erfordern, die den Umfang der bisherigen Ausführungen noch überstiegen. Statt dessen soll eine andere Frage gestellt werden, deren Beantwortung dem Leser überlassen sei: Könnten nicht vielleicht einige Ideale der antiken Philosophen auch noch in unserer heutigen Zeit Gültigkeit haben?

(Übersetzung: Carolina Cupane Kislinger)

Gerhard Thür

Armut

Gedanken zu Ehegüterrecht und Familienvermögen in der griechischen Polis*

Eine Bauernhochzeit ist auch heutzutage noch ein großes Ereignis. Vergnügt taucht der Städter in den Trubel ein; festliches Essen und Trinken, Blasmusik, Tanz, vielleicht sogar eine zünftige Rauferei. Gehört man dazu oder spielt man Folklore? Kaum ein Zaungast sieht, welch organisatorische Leistung nötig ist, um solch ein Fest mit ein- bis zweihundert Gästen auszurichten. Der moderne Mensch fragt sogleich nach den Kosten: Zahlt der Brautvater, zahlen beide Beteiligten gemeinsam oder wird auf

* Das der Spätantike und Byzanz gewidmete Colloquium bot Gelegenheit, die altgriechische Polis aus etwas größerem Abstand zu betrachten. Dies förderte die Neigung zur Generalisierung. Der Leser sei aber davor gewarnt, aus dem Beitrag etwa „Grundgedanken" des altgriechischen Ehegüterrechts ableiten zu wollen. Dem skizzenhaften Charakter der Überlegungen entsprechend, behielt ich die Vortragsfassung bei. Genauere Information bieten die folgenden, zumeist neueren Abhandlungen, die auch die ältere Literatur erschließen (sie werden später nur noch mit dem Namen des Autors und, wenn nötig, mit der Jahreszahl zitiert): *Karl-Dieter Albrecht,* Rechtsprobleme in den Freilassungen der Böotier, Phoker, Dorier, Ost- und Westlokrer (Paderborn 1978); *Antoine M. Babacos,* Actes d'aliénation en commun et autres phénomènes apparentés d'après le droit de la Thessalie antique (Thessaloniki 1966); *Antonios M. Babakos,* Familienrechtliche Verhältnisse auf der Insel Kalymnos im ersten nachchristlichen Jahrhundert (Köln–Wien 1973); *Jacqueline Christien,* La loi d'Épitadeus, in: RHD 52 (1974) 197–221; *Carl Cromme,* Personen- und Familiengüterrecht in den delphischen Freilassungsurkunden, in: RIDA 9 (1962) 177–238; *Roland Étienne,* Les femmes, la terre et l'argent à Ténos à l'époque hellénistique, in: La femme dans le monde méditerranéen, Bd. 1, Hrsg. *A.-M. Vérilhac* (Lyon 1985) 61–70; *Lin Foxhall,* Household, Gender and Property in Classical Athens, in: ClQu 39 (1989) 22–44; *Peter Garnsey,* Famine and Food Supply in the Graeco-Roman World (Cambridge 1988); *Günther Häge,* Ehegüterrechtliche Verhältnisse in den griechischen Papyri Ägyptens bis Diokletian (Köln–Graz 1968); *A. R. W. Harrison,* The Law of Athens, Bd. 1: The Family and Property (Oxford 1968); *Stephen Hodkinson,* Land Tenure and Inheritance in Classical Sparta, in: ClQu 36 (1986) 378–406; *ders.,* Inheritance, Marriage and Demography: Perspectives upon the Success and Decline of Classical Sparta, in: Classical Sparta, Hrsg. *A. Powell* (London 1989) 79–121; *Evanghelos Karabelias,* L'épiclérat attique (thèse dactyl., Paris II, 1974); *ders.,* Recherches sur la condition juridique et sociale de la fille unique dans le monde grec ancien excepté Athènes (dactyl., Paris 1980); *ders.,* L'épiclérat à Sparte, in: Studi in onore di Arnaldo Biscardi, Bd. 2, Hrsg. *F. Pastori* (Milano 1982) 469–480; *John E. Karnezis,* The Epikleros (Athen 1972); *ders.,* Σολώνειοι ἐπιτροπικαὶ διάταξεις ... (Athen 1976); *W. K. Lacey,* Die Familie im antiken Griechenland (Mainz 1983) [engl. London 1968]; *Douglas M. MacDowell,* Spartan Law (Edinburgh 1986); *ders.,* The Oikos in Athenian Law, in: ClQu 39 (1989) 10–21; *Alberto Maffi,* Le mariage de la patrôoque «donnée» dans le

die Gäste umgelegt? Durch Zufall bin ich im nördlichen Burgenland[1] auf eine Organisationsform gestoßen, die weitgehend ohne Geld auskommt. Nach dem Herkommen werden die Lasten des Festes von den Teilnehmern getragen, und zwar *in natura:* Rind, Schwein und Hühner werden nach Verwandtschaftsnähe beigesteuert, ebenso Schmalz, Mehl, Zucker, Eier, Nüsse, auch der Wein (nur die Schnäpse liefert der Wirt). Der Wirt stellt den Saal und verrechnet im wesentlichen nur Arbeitsleistung. Er ist häufig Fachmann für das Schlachten und die Fleischbereitung. Gemeinsam mit der hochspezialisierten „Mehlspeisköchin" wandelt er in den Spuren der antiken Opferpriester.

Nach einem traditionellen Organisationsschema wird an solchen Festen eine gesellschaftliche Aufgabe bewältigt, welche die wirtschaftlichen Kräfte des einzelnen Mitglieds bei weitem übersteigt. Das zeigt sich auch in Kleinigkeiten: In einem autarken Dorf ist es einer einzigen Familie praktisch unmöglich, zu einem bestimmten Zeitpunkt einige hundert frische Eier bereitzustellen. Also sammeln die geladenen Frauen zwei bis drei Wochen lang. Andererseits schafft es aber eine Hochzeitsgesellschaft erfahrungsgemäß nicht, die bei der Fleischbereitung anfallenden Suppen aufzuessen. Suppe wird schnell sauer. So besteht der Brauch, jenen nur entfernt Verwandten, die nicht zum Fest geladen sind, einen Topf Suppe ins Haus zu schicken. Als ich einmal

Code de Gortyne (col. VIII 20–30), in: RHD 65 (1987) 507–525; *Joseph Modrzejewski,* Zum hellenistischen Ehegüterrecht im griechischen und römischen Ägypten, in: ZSStRom 87 (1970) 50–84; *ders.,* La structure juridique du mariage grec, in: Symposion 1979, Hrsg. *P. D. Dimakis* (Athen 1981 und Köln 1983) 39–71; *Claude Mossé,* La femme dans la Grèce antique (Paris 1983); *dies.,* La contre Spoudias de Démosthène et les droits économiques des femmes d'Athènes, in: Symposion 1985, Hrsg. *G. Thür* (Köln–Wien 1989) 215–219; *Ruth Oldenziel,* The Historiography of Infanticide in Antiquity, in: Sexual Asymmetry, Hrsg. *J. Blok, P. Mason* (Amsterdam 1987) 87–107; *Paul Roesch,* Les femmes et la fortune en Béotie, in: La femme dans le monde méditerranéen, Bd. 1, Hrsg. *A.-M. Vérilhac* (Lyon 1985) 71–84; *Barbara Röll,* Untersuchungen zur privatrechtlichen Stellung der Frau in Böotien im 2. Jahrhundert vor Christus nach den Inschriften (Athen 1974); *Hans-Albert Rupprecht,* Zum Ehegattenerbrecht nach den Papyri, in: BASP 22 (1985) 291–295; *ders.,* Ehevertrag und Erbrecht, in: Festschrift für Ramon Roca-Puig, Hrsg. *S. Janeras* (Barcelona 1987) 307–311; *David M. Schaps,* Economic Rights of Women in Ancient Greece (Edinburgh 1979); *Wolfgang Schuller,* Frauen in der griechischen Geschichte (Konstanz 1985); *Riet Van Bremen,* Women and Wealth, in: Images of Women in Antiquity, Hrsg. *A. Cameron, A. Kuhrt* (Detroit 1983) 223–242; *Ronald F. Willetts,* The Law Code of Gortyn (Berlin 1967); *Hans Julius Wolff,* Eherecht und Familienverfassung in Athen, in: Beiträge zur Rechtsgeschichte Altgriechenlands und des hellenistisch-römischen Ägypten (Weimar 1961) 155–242 [urspr. in: Traditio 2 (1944) 43–95]; *ders.,* Die Grundlagen des griechischen Eherechts, in: TR 20 (1952) 1–29, 157–163 [= in: Zur Griechischen Rechtsgeschichte, Hrsg. *E. Berneker* (Darmstadt 1968) 620–654]; *ders.,* Das attische Apotimema, in: Festschrift für Ernst Rabel, Bd. 2, Hrsg. *W. Kunkel, H. J. Wolff* (Tübingen 1954) 293–333; *ders.,* Zur Geschichte der Paropherna, in: ZSStRom 72 (1955) 335–347; *ders.,* προίξ, in: RE 23/1 (1957) 133–170.

[1] Die altertümliche soziale Struktur der an der österreichisch-ungarischen Grenze gelegenen Gemeinde Tadten wurde vom Institut für Volkskunde der Universität Wien untersucht; *Károly Gaál, Olaf Bockhorn,* Tadten. Eine dorfmonographische Forschung der Ethnographica Pannonica Austriaca (Wiss. Arb. aus dem Burgenland, Eisenstadt 1976), zur Hochzeit s. S. 258–264, zur „Hochzeitsköchin" s. S. 190. Herr Prof. Gaál teilt mir freundlicherweise mit, daß das Hochzeitsmahl erst seit etwa 1970 im Gasthaus stattfindet, vorher wurde es im Elternhaus der Braut veranstaltet.

Zeuge solch einer Szene war, sagte die beschenkte Hausfrau beschämt: „Eigentlich haben wir das ja nicht nötig, aber es ist bei uns so ein komischer Brauch."

Damit bin ich beim Thema dieses Beitrags: *Armut.* Die soeben geschilderte Organisationsform ermöglicht es, soziale Aufgaben, in unserem Beispiel die Selbstdarstellung zweier Kleinfamilien als vollberechtigte Mitglieder der Dorfgemeinschaft, weitgehend unabhängig von der konkreten Vermögenslage des einzelnen wahrzunehmen. Die kollektiven Mechanismen sind auf minimale wirtschaftliche Voraussetzungen zugeschnitten, eben Armut. Im folgenden will ich versuchen, solche Minimalvoraussetzungen im altgriechischen Familiengüterrecht aufzuspüren. Ist das Grundbedürfnis des einzelnen, genügend Nahrung zum Überleben zu finden, vielleicht der Schlüssel zu den rechtlichen Organisationsformen von Familienvermögen?

Lächerlich, kann man sofort einwenden, wenn man an das reiche Athen denkt, die großartige Seemacht des 5. und 4. Jahrhunderts, die Stadt mit den Prachtbauten auf der Akropolis, dem Kultbild der Athena Parthenos, üppig mit Gold (der Bundesgenossen) behängt; weit vom Meer her sah man die goldene Speerspitze der Athena Promachos leuchten. Diese Stadt war nicht arm. Dennoch war das Ehegüterrecht auf allerbescheidenste Verhältnisse zugeschnitten, die auch Athen lange genug erlebt hatte. Bescheidene Dorfsiedlungen waren die meisten griechischen Stadtstaaten, traurige, um das tägliche Brot kämpfende Nester, „Die letzte Welt", wie sie Christoph Ransmayr in seinem Roman über Ovids Verbannungsort Tomi eingefangen hat. Es waren staatliche Organisationen, die in Kriegszeiten oft genug von einem Tag auf den anderen umgesiedelt wurden, die sich in Hungersnöten teilten und Oikisten – mit allen Segenswünschen geleitet und dem Abbild der staatlichen Ordnung in sich – wegschickten, wenn sie die zuviel geborenen Kinder nicht rechtzeitig ausgesetzt hatten[2]. Jedes Dorf war ein souveräner griechischer Staat, lehrte die Jugend (neben militärischer Disziplin) Homer, träumte von einem olympischen Sieger aus den eigenen Reihen, verehrte zu Hause, so gut es ging, die panhellenischen Götter und wünschte sich einen Tempel aus Stein anstatt des unansehnlichen Holzhauses – bezeichnenderweise waren im Stein- und Holztempel ohnehin die gleichen Konstruktionselemente und Maßverhältnisse verwirklicht.

Es wäre verwunderlich, wenn die Familienverfassung in den griechischen Poleis nicht ebenfalls auf gewisse einheitliche Konstruktionselemente zurückzuführen wäre. Hans Julius Wolff hat das in großen Aufsätzen (1961 [1944], 1952 und 1957) versucht. Moses I. Finley hat dem entschieden widersprochen[3]. Der theoretische Streit um die Einheit des griechischen Rechts oder die Vielfalt der griechischen Rechte, der gerade an dieser Frage entbrannte, ist hier nicht neu aufzurollen. Fest steht, daß die Quellen aus Athen und Gortyn, wo wir einigermaßen Bescheid wissen, aus Sparta, einigen Inseln und einigen Regionen des Mutterlandes sowie aus dem ptolemäischen Ägypten äußerlich ein recht buntes Bild bieten. Nicht ganz überzeugt bin ich freilich immer von den „Grundgedanken", mit denen Wolff die verschiedenen Lösungen auf einen

[2] Zu den Überlebensstrategien der antiken Polis s. *Garnsey,* 43–86, bes. 64f., und *Oldenziel.*

[3] *Moses I. Finley,* The Problem of the Unity of Greek Law, in: La storia del diritto nel quadro delle scienze storiche (Firenze 1966) 129ff.; dagegen *Hans Julius Wolff,* in: Symposion 1971, Hrsg. *H. J. Wolff* (Köln–Wien 1975) 20ff.

Nenner bringen oder auch differenzieren möchte. Doch wird sich sein aus der modernen Rechtsvergleichung entlehnter Ansatz weitgehend bestätigen. Meiner Ansicht nach hatte das klassische Athen mit dem Prinzip des einheitlichen, völlig in den Dienst der agnatischen Familiennachfolge gestellten Oikos und der für die Ehe wesentlichen Mitgift (Proix) die „rückständigste" Familienverfassung. In dorischen Städten gab es hingegen keine vergleichbare Proix, doch es traten verschiedene Vermögensmassen in einer Familie auf, nämlich das staatlich zugeteilte Landlos, der Klaros, und das erworbene, frei vererbliche Vermögen. Das führt bei den Doriern, trotz politischer „Rückständigkeit" gegenüber dem demokratischen Athen, zu einer gewissen rechtlichen Selbständigkeit der einzelnen Familienmitglieder, auch der weiblichen. In der hellenistischen Zeit sieht man neben der größeren individuellen Selbständigkeit eine Vielschichtigkeit von Vermögensmassen in der Familie, was aber Verfügungsbeschränkungen der einzelnen nach sich zieht. Die überholten Einrichtungen Oikos und Klaros sind verschwunden.

Im folgenden stütze ich mich hauptsächlich auf die Arbeiten Wolffs und seiner Schüler, Carl Cromme (1962, Delphi), Antonios Babakos (1966, Thessalien, und 1973, die Insel Kalymnos[4]) und Barbara Röll[5] (1974, Böotien). Gewiß sind damit erst einige Ausschnitte des Themas vorbereitet; mehr als eine kurze Zusammenfassung kann ich hier nicht bieten. Wolff selbst hat das Thema Familienverfassung bis zu seinem Tod im Jahre 1983 nicht mehr verfolgt, da er seine Zeit in das Handbuch „Das Recht der Papyri" investierte.

Für Athen kann ich mich in diesem Überblick auf das Allernotwendigste beschränken[6]. Brennpunkt der Familienorganisation im klassischen Athen war der Oikos, was mit „Haus" nur sehr unzulänglich, besser mit „Hof", einigermaßen treffend mit *„familia"* wiederzugeben ist. Der Oikos ist ein letztlich sakralrechtlich definierter Personenverband, der innerhalb des größeren Verbandes der Phratrie den Staat trägt[7]. Grundsatz des Erbrechts ist es, den Oikos von Generation zu Generation über legitime leibliche oder durch Rechtsakt bestimmte männliche Nachkommen fortzuführen. Ein wichtiges Argument in Erbschaftsreden ist häufig, der Oikos dürfe nicht „leer werden"

[4] Zum Material von der Insel Tenos s. vorläufig *Étienne.*

[5] Zu dem von *Röll* bearbeiteten Gebiet s. nun *Roesch,* bes. S. 76.

[6] *Harrison,* 45–60 und 130–138, gibt eine insgesamt zuverlässige Darstellung.

[7] Allzu scharf trennt *MacDowell* (1989) die drei Bedeutungen des Wortes: Haus, Vermögen und Familie. Wenig überzeugend sieht er dabei im „Vermögen" die ältere Schicht; „Familie" (als Personenverband) sei erst in der Rednerzeit hinzugekommen. Das vermutlich solonische Gesetz, wonach sich der Archon um „leere Häuser" kümmern müsse (Dem. 43,75), bezieht er (S. 19 f.) auf Baulichkeiten. Verfehlt ist sein Argument, der Archon könne sich nicht gut um „nichtexistente Söhne" kümmern: Da Athen die „posthume Adoption" kennt, kann das der Archon sehr wohl. Zu Unrecht schiebt er (S. 10 Anm. 2) auch den „Oikos der Dekeleier" zur Seite (IG II^2 1237, 396/5 v. Chr.); in sakralem, sicher weit zurückweisenden Zusammenhang wird dort Oikos sogar für den Personenverband der Phratrie gebraucht, s. *P. J. Rhodes,* A. Commentary on the Aristotelian Athenaion Politeia (Oxford 1981) 69 f. Berechtigte Kritik übt er (S. 20) an *Wolff* (1961 [1944]) 238[93], der die Polis als „Zusammenschluß von Oikoi" betrachtet. Da aber normalerweise die durch Abstammung vermittelte Zugehörigkeit zu einem Oikos Voraussetzung für das Bürgerrecht ist, möchte ich an der staatstragenden Funktion des kleinsten Personenverbandes festhalten.

(ἐξερημωθῆναι). Dem Chef des Oikos stehen auch die damit verbundenen Vermögensrechte zu. Ob durch Vermögensteilung unter mehreren Söhnen auch im sakralen Bereich mehrere Oikoi entstehen, kann ich nicht sagen. Hier scheinen Divergenzen zwischen Ideologie und wirtschaftlicher Realität zu klaffen, wie sie auch sonst in den Erbschaftsreden greifbar sind[8]. Daß Söhne zu Lebzeiten des Vaters am Vermögen beteiligt waren, scheint für Athen nicht belegt. Umgekehrt hat der Vater jedenfalls keinerlei Rechte am vom Sohn erworbenen Vermögen. Nur wenn der Sohn vor dem Vater stirbt, und zwar kinderlos, zeigt sich eine Besonderheit: Der Vater wird nicht Erbe seines Sohnes, sondern nimmt dessen Vermögen einfach an sich, so als ob eine latente Berechtigung auflebte[9].

Welche Stellung haben Frauen in diesem System? Üblicherweise wechselt die legitime *Tochter* in einen anderen Oikos über, um als Ehefrau den Fortbestand dieses Oikos zu sichern. Eigenartigerweise hat die Tochter, auch wenn sie noch Mitglied ihres ursprünglichen Oikos ist, kein Erbrecht nach dem Vater; daß die *Ehefrau* ihren Mann nicht beerbt, ist hingegen in einer patriarchalisch-agnatischen Familienverfassung nicht weiter verwunderlich. Frauen waren also notwendig, um das Erbrecht zu vermitteln, konnten in Athen aber niemals durch Erbrecht Vorstand eines Oikos werden. Demgemäß stand die Frau ihr Leben lang unter der personenrechtlichen Gewalt eines Kyrios: zunächst unter der Kyrieia des Vaters oder der Brüder, mit Verheiratung unter der des Ehemannes; dieser konnte sie testamentarisch weiterverheiraten, sonst wurden ihre Söhne Kyrioi oder die Kyrieia fiel an ihre Familie zurück. Auch wenn der Vorstand eines Oikos nur eine einzige Tochter hat, wird diese nicht Erbin. Als Erbtochter (Epikleros, „auf der Erbschaft sitzend", wie Wolff in seinen Vorlesungen den Ausdruck anschaulich erklärte) fällt sie dem nächsten männlichen Agnaten, meistens also ihrem Onkel, als Ehefrau zu. Dieser zeugt mit ihr den männlichen Nachfolger seines Bruders: Erbe und Chef des Oikos wird dann erst der Enkel[10].

In der bis jetzt skizzierten Familienverfassung hatte die Frau keine güterrechtlich relevante Stellung. Mit der Ehe verbunden waren aber zwei Arten von Vermögensverschiebungen: Seit altersher üblich, aber keineswegs notwendig, war die *Pherné*. Kleidung, Schmuck und Sachen zum persönlichen Gebrauch brachte die Frau in die Ehe mit. Bei Auflösung der Ehe gab es keine eigene Klage auf Herausgabe dieser Gegenstände. Das besagt aber nicht, daß sie beim Mann geblieben wären. Vielmehr wird die Frau ihre Sachen schlicht wieder mitgenommen haben. Daß sie in ihrem Eigentum standen, dürfte kaum zu bezweifeln sein. Solons Bemühungen, die Pherné auf ein bescheidenes Maß zurückzudrängen (Plut. Sol. 20,3 f.), sprechen für das hohe Alter dieser in den Quellen kaum erwähnten Einrichtung. Das Fehlen sonstiger rechtlicher Rege-

[8] Vgl. die fünf Oikoi der Erben des Buselos, Dem. 43,19; begreiflicherweise kommt hier auch *MacDowell* (1989), 16f. von seinem positivistischen Standpunkt her zu keinem Ergebnis.

[9] Gegenargumente bringen *Harrison*, 138–141, *MacDowell* (1989), 13 Anm. 8. Streitigkeiten zwischen Vätern und Söhnen über die Verwendung des „Familienvermögens" waren nicht selten, s. *Foxhall*, 31 Anm. 47; Schlüsse auf gemeinschaftliche Verfügungsrechte sind hieraus jedoch nicht zu ziehen.

[10] Zur Erbtochter in Athen s. *Karnezis* (1972 und 1976), *Karabelias* (1974) und die Beiträge von *Eberhard Ruschenbusch, Alberto Maffi* und *Luisa Lepri Sorge*, in: Symposion 1988, Hrsg. *G. Nenci, G. Thür* (Köln–Wien 1990).

lungen zeigt entweder die geringe Bedeutung der Pherné im athenischen Ehegüterrecht oder daß sie keinen Anlaß zu Streit gab.

Fast untrügliches Zeichen für eine gültige Ehe war in klassischer Zeit jedoch eine *Proix* (Mitgift), die der Kyrios für das Mädchen bestellte. Die Proix war im 4. Jahrhundert üblicherweise eine Summe Geldes, die dem Ehemann ausgehändigt und durch ein Grundstück nach dessen Schätzung (Apotimema) gesichert wurde. Durch einen „Warnstein" kenntlich gemacht, war das Grundstück dem Zugriff anderer Gläubiger, aber auch des Staates entzogen. Unter diesen Umständen ist die Frage, in wessen Eigentum die Proix während der Ehe stand, fast müßig. Selbstverständlich hatte der Mann die Verfügungsmacht über das Geld. Wolff (1957) 147 nimmt das auch für andere Gegenstände an, doch sprechen gewichtige Gründe dagegen[11]. Aus der Proix erhielt die in den Oikos eingetretene Ehefrau ihren Unterhalt. Bei Auflösung der Ehe kehrte die Frau wieder in ihren väterlichen Oikos zurück. Unabhängig davon, ob die Frau ein Verschulden am Scheitern der Ehe traf und ob sie Kinder im Hause des Mannes zurückließ, mußte dieser die Proix herausgeben. Waren aus der Ehe Kinder geboren, konnte die Frau nach dem Tode ihres Mannes aber auch in dessen Oikos verbleiben. In diesem Fall blieb auch die Proix dort. Starb die Frau kinderlos, ging die Proix zurück. Waren Kinder vorhanden, verblieb die Proix beim Mann und fiel nach dessen Tod als Sondervermögen den gemeinsamen Söhnen aus dieser Ehe zu.

Über den Sinn dieser Sondererbfolge an der Proix hat man sich schon seit langem Gedanken gemacht. Ludwig Mitteis[12] hielt die Proix für einen der Tochter vorweg ausbezahlten Erbteil; Wolff widerlegt das mit dem Hinweis, daß es in Athen kein Erbrecht der Tochter gebe[13]. Er meint, daß durch die Proix den Söhnen der Frau ein Anteil am Vermögen der mütterlichen Familie gesichert worden sei, entsprechend dem auch durch die weibliche Linie vermittelten Erbrecht. Dem ist aber entgegenzuhalten, daß dieses Erbrecht in der weiblichen Linie erst dann zum Zuge kommt, wenn die männliche erschöpft ist (die Söhne der Brüder gehen also den Söhnen der Schwestern vor). Die Proix bleibt aber in jedem Fall in der weiblichen Linie.

[11] *Wolff* folgen u.a. *Schaps*, 74 ff., *Schuller*, 55 f., *Mossé* (1989), 215. *Foxhall*, 34 ff. beruft sich für das Gegenteil vor allem auf Dem. 47, 57; überzeugend erklärt sie die Optik der Quellen, indem sie die Ebene der Familie von der der Polis trennt: Nach außen tritt nur der Kyrios der Frau in Erscheinung, innen kann eine mit entsprechender Proix ausgestattete Frau das Sagen haben. Freilich kann man aus der Drohung der Frau, mitsamt der Proix das Haus des Mannes zu verlassen, kein „Vetorecht" (S. 37) gegen unberechtigte Verfügungen des Mannes ableiten. Daß die Frau in Athen unter Kyrieia steht, betrifft nur ihre Geschäftsfähigkeit, nicht aber ihre Vermögensfähigkeit; für diese bringen *Foxhall* und *Mossé* eine Reihe von Belegen. Damit ist aber die Frage nicht gelöst, ob der Mann ohne Zustimmung der Frau Gegenstände der Proix wirksam veräußern kann; Isai. 5,27 ist trotz *Wolff* (1957), 148 f. ein Sonderfall. Das Problem bleibt offen.

[12] Reichsrecht und Volksrecht in den östlichen Provinzen des römischen Kaiserreichs (Leipzig 1891) 236 f., mit Hinweis auf Plat. Nom. 923 d.

[13] *Wolff* (1961 [1944]) 187 [62]; *Foxhall*, 32 f. nähert sich wieder *Mitteis*, jedoch mit der unhaltbaren Behauptung, Töchter seien in Athen ebenso wie in Gortyn erbberechtigt gewesen (s. dazu weiter unten); auch daß der Wert der Proix üblicherweise dem Erbteil entsprochen habe, ist unrichtig, s. die Angaben bei *Wolff* (1957), 139 f. (wieder ist Isai. 5,27, worauf *Foxhall* sich stützt, als Sonderfall auszuscheiden).

Ich möchte demgegenüber eine einheitliche Erklärung vorschlagen, die an der Unterhaltsfunktion ansetzt. Kehrt die Frau nach Auflösung der Ehe in ihren väterlichen Oikos zurück, steht ihrem Kyrios die Dike Proikos wegen Vorenthaltes der Mitgift zu. Daneben gibt es eine Dike Sitou (Getreide- oder Brotklage) auf den Betrag von jährlich 18% (oder monatlich 1,5%) des Wertes der Mitgift. Wer die Mitgift in Händen hat, ist also zum Unterhalt der Frau verpflichtet. Eine mittelständische Proix von 20 Minen (2000 Drachmen)[14] bringt also 30 Drachmen im Monat. Von einer Drachme am Tag kann im 4. Jahrhundert eine Person bequem leben. Aus dem Namen Sitou ergibt sich, daß der geschiedenen Frau ihr Unterhalt ursprünglich *in natura* zu leisten war, höchstwahrscheinlich aus dem Ertrag eines eigens als Proix bestellten Grundstücks. Aus dieser kleinlichen Regelung kann man schließen, daß es in manchen Familien problematisch gewesen sein mußte, einen zusätzlichen Esser, wie die zum Fortbestand der Familie notwendige Schwiegertochter, zu verkraften. Ebenso konnte die Rückkehr einer Tochter in das Haus des Vaters oder Bruders die übrige Familie in Verlegenheit bringen. So betrachtet ist die Proix in einer am unteren Ende des Nahrungsspielraums lebenden, seßhaften Ackerbaugesellschaft die nötige Konsequenz der agnatisch-patriarchalischen Familienverfassung: Die Proix sichert die systemerhaltende Beweglichkeit der Frauen von einem Oikos in den anderen – und notfalls auch wieder zurück. Bleibt die Frau jedoch plangemäß im Oikos ihres Mannes, so besteht auch über ihren Tod hinaus ein Bedarf an der zusätzlichen Nahrungsquelle. Denn aller Wahrscheinlichkeit nach hat die Familie einmal eine Tochter zu verheiraten. Das kostet ein Grundstück, während die Heirat eines Sohnes wieder eines einbringt. Würde jede Kleinfamilie nur einen Sohn und eine Tochter großziehen, könnte man sich das Hin und Her der Güter ersparen. Da trotz Familienplanung die Natur diesen Zustand des Gleichgewichts niemals erreicht, scheint das athenische System der Proix eine angemessene Lösung zur Sicherung des Existenzminimums der Kleinfamilien gewesen zu sein. Erbrechtliche Gründe für das Verbleiben der Proix in der Familie des Mannes muß man also nicht suchen[15].

Daß die Bevölkerung Athens bittere Notzeiten erlebte, beweisen die Verhältnisse zur Zeit Solons. Die Schuldknechtschaft von Kindern, niemals aber der Ehefrau, zeigt, daß das Existenzminimum in einzelnen Familien oft genug unterschritten war[16]. Zur Verarmung hatte vielleicht auch die Erbteilung geführt, die in Athen, soweit ersichtlich, niemals verboten war. Die krassen sozialen Gegensätze im 7. und 6. Jahrhundert erwecken deshalb Zweifel daran, daß die Ideologie des Oikos sich damals auf die gesamte Bevölkerung erstreckte. Gewiß, das Geben und Nehmen von Mitgift mag auch in bescheidensten Verhältnissen noch funktioniert haben. Doch wer kümmerte sich darum, die Familie eines überschuldeten Kleinbauern fortzusetzen? Die kunstvollen

[14] S. *Schaps*, 99, Appendix I; *Wolff* (1957), 139 f.

[15] Daß ein Sohn in einem Antidosis-Verfahren erwägt, die Proix seiner im Hause lebenden Mutter von seinem eigenen Vermögen abzuziehen (Dem. 42,27), zeigt deutlich, daß man sich der getrennten Vermögensmassen stets voll bewußt war.

[16] Athen dürfte zur Zeit Solons noch nicht regelmäßig Getreide eingeführt haben, s. *Garnsey*, 110 f., der aber, wie *Peter Herz*, Rezension in: Gnomon 61 (1989) 138, einwendet, den „subatlantischen Klimasturz“ um 600 v. Chr. nicht berücksichtigt. Beides zusammen könnte die sozialen Probleme Athens gut erklären.

Mittel wie testamentarische oder posthume Adoption und Erbtochterrecht scheinen der Aristokratie, und damit den Reichen, vorbehalten gewesen zu sein. Solon hat auch mit dem „Familienrecht" seiner Gesetzgebung politischen Zündstoff beseitigt. Unter der Aufsicht des Archon eröffnete er jedem Bürger sämtliche Möglichkeiten des Familienrechts, um sich den sakralen Fortbestand der eigenen Person durch legitime Nachkommen zu sichern. Wie andere Maßnahmen Solons trug auch diese zum sozialen Frieden bei, der die weitere, gedeihliche Entwicklung Athens kennzeichnete. Mit der Ideologie des Oikos trägt die Demokratie Athens aristokratische Züge. Auch der Kleinbürger hebt sich durch seine Abstammung von allen Nichtathenern ab, und er zeigt es ihnen, wenn er in der Volksversammlung oder zu Gericht sitzt. Ohne die von *Armut* (und Proix) mitgeprägte Organisation des Oikos wären freilich auch die unsterblichen Leistungen Athens, wäre seine *Anmut* nicht denkbar. Mit dem Ende der Demokratie – das hat schon Wolff (1952/1968) 163/654 vermutet – verschwindet diese ganz spezielle Ausprägung einer griechischen Familienverfassung.

Das Recht Athens darf man nicht einfach verallgemeinern. Aus anderen, politisch unbedeutenden Städten sind uns auf Inschriften Splitter von Regelungen erhalten, die aber keine Schlüsse auf ein Gesamtkonzept zulassen. Am ehesten, jedoch noch weit mehr auf Hypothesen gestützt als meine Vermutungen zu Athen, lassen sich für die dorischen Staaten allgemeine Prinzipien des Familiengüterrechts erkennen. Hierzu muß man die lückenhaften, in sich oft widersprüchlichen Quellen aus Sparta mit den Aussagen der großen Gesetzesinschrift aus dem kretischen Gortyn aus der Mitte des 5. Jahrhunderts v. Chr. kombinieren.

Kennzeichen der dorischen Staaten ist es, daß eine dünne Erobererschicht über eine zahlenmäßig überlegene einheimische Bevölkerung herrscht. Sparta lebte theoretisch mit seinen Heloten in ständigem Kriegszustand. Sowohl die politische wie auch die Familienverfassung tragen dem dauernden militärischen Einsatz Rechnung. Vollberechtigter Spartiate und Mitglied der Männergemeinschaften, der Syssitien, war nur ein Besitzer eines der 9000 Landlose, eines Klaros. Dieses Los brachte 70 Medimnen für den Mann und 12 für die Frau[17]. Konsequenterweise war unter diesen Verhältnissen die Proix nicht nur überflüssig, sondern sogar verboten[18]. Ebenso konsequent dienten die Rechtseinrichtungen der Erbtochter und der Adoption dazu, für jeden Klaros stets mindestens einen waffenfähigen Inhaber zu stellen. Unter diesen Voraussetzungen hatte die Rechtseinrichtung der Erbtochter einen konkret faßbaren Zweck. Für die Zuteilung der Erbtöchter, für die Staatsstraßen und für Adoption seien die beiden Könige zuständig, schreibt Herodot[19] ganz beiläufig. Selbstverständlich war der Klaros nach der Rhetra, der mündlich überlieferten, von dem sagenhaften Gesetzgeber Lykurg erlassenen „Verfassung", unteilbar, unveräußerlich und unbelastbar. Das alles konnte aber den Niedergang des aristokratischen, in sich aber streng egalitären Systems nicht aufhalten. Vermutlich bereits vor 404 v. Chr., also vor dem Ende des Peloponnesischen Krieges, hob Epitadeus das Veräußerungsverbot des Klaros auf; im

[17] Plut. Lyk. 8,1,5–7; s. dazu *MacDowell* (1986), 89 f., dem ich in diesem Abschnitt weitgehend folge.
[18] Plut. Eth. 227 f.; *MacDowell* (1986), 81.
[19] 6,57,4–5; *MacDowell* (1986), 96 f.

4. Jahrhundert seien, schreibt Plutarch[20], von den 9000 Spartiaten nicht mehr als 700 übriggeblieben, von diesen hätten aber nur noch etwa 100 Land und Klaros besessen. In diesen Zusammenhang gehört die Bemerkung des Aristoteles[21]: „Fast zwei Fünftel des Landes gehört Frauen, weil die Epikleroi so viele geworden sind und weil man große Proikes gibt." Festzuhalten ist zunächst, daß hier die spartanischen Verhältnisse durch die Brille der athenischen Terminologie gesehen werden. Die Erbtochter heißt in Sparta nicht Epikleros, sondern Patroiouchos; auch der Ausdruck Proix ist im Dorischen unbekannt.

Um diese berüchtigte Aristoteles-Stelle und den Niedergang der spartanischen Familienverfassung zu deuten, scheint mir der Vergleich mit dem Gesetz von Gortyn hilfreich, der wichtigsten Rechtsquelle aus einer dorischen Stadt[22]. Die Bestimmungen enthalten auf den ersten Blick drei Paradoxa. Das erste: Eine Tochter kann einerseits *erben*, andererseits aber auch *Erbtochter* (Patroiokos) sein, d.h., sie vermittelt die Erbenstellung lediglich dem Enkel ihres Vaters. Das geht natürlich nicht an ein und derselben Vermögensmasse: Nicht erben kann die Tochter den Klaros, der die Mitgliedschaft in den Andreia (Speisegemeinschaften der Männer) garantiert. Diese Stellung kann sie als Erbtochter nur vermitteln[23]. Eigenartigerweise ist im Gesetz die Nachfolge in den Klaros nicht direkt geregelt. Die erb- und familiengüterrechtlichen Bestimmungen sind nämlich alle auf das frei verfügbare Vermögen zu beziehen, das ein Bürger neben dem Klaros haben konnte. Dieses erben die Kinder folgendermaßen: Häuser und Vieh bekommen die Söhne, alles übrige wird dergestalt aufgeteilt, daß ein Sohn jeweils den doppelten Anteil einer Tochter bekommt (IV 31–38). Eine Erbtochter müßte demnach alleinige Erbin des freien Vermögens ihres Vaters werden. Verschmäht sie den nächsten Verwandten, der sie heiraten will, muß sie ihm das halbe Vermögen abtreten (VII 52 – VIII 8); daraus kann man schließen, daß es ihr, wenn sie plangemäß heiratet, zur Gänze verbleibt. Aber es steht dann in der Nutzung ihres Mannes (VI 10), und ihre Kinder haben ein latentes Recht daran (IV 22–27).

Ein zweites Paradoxon liegt darin, daß man in Gortyn – wie auch in Sparta – wegen des Klaros zwar auf eine Proix nicht angewiesen war, das Gesetz aber gleichwohl eheliche Zuwendungen genau regelt. Die Frau kann anläßlich der Eheschließung mit Vermögen „ausgesteuert" werden, das aber ihren Erbteil aus dem freien Vermögen ihres Vaters nicht übersteigen darf (IV 48–51). Diese Zuwendung nimmt in der Tat die Erbschaft vorweg. Das Vermögen, das Matroion, bleibt stets Eigentum der Frau und fällt mit ihrem Tod (wieder im Verhältnis zwei zu eins) an die Söhne und Töchter aus dieser Ehe. Allerdings steht dem Ehemann über den Tod seiner Frau hinaus die lebenslängliche Kratesis (Nutzung) daran zu (VI 34). Nur wenn sich der Vater wiederverheiratet, geht die Kratesis schon vor dessen Tod auf die Kinder über (VI 44f.).

[20] Agis 5.
[21] Politik 1270a; beide Stellen sind ausführlich diskutiert von *Christien*, *Karabelias* (1982), *MacDowell* (1986), 99–110, *Hodkinson*.
[22] Text und (mit Vorbehalt zu benützender) Kommentar bei *Willetts*.
[23] S. die spezielle Darstellung von *Maffi* mit reicher Bibliographie; s.a. *Monika Lavrencic*, Andreion, in: Tyche 3 (1988) 146–161.

Wird die Ehe beendet, bekommt die Frau ihr Vermögen, die Hälfte der im letzten Jahr hieraus gezogenen Früchte und die Hälfte ihrer Webarbeiten heraus (II 45–52).

Eine derartige Aussteuer war jedoch, anders als in Athen, nicht geradezu zwangsläufiges Kennzeichen einer gültigen Ehe. Das beweist die Übergangsvorschrift V 1–9: Frauen, die vor einem bestimmten Datum ohne „Kremata" (Vermögen) geheiratet haben, haben auch jetzt keinen Anspruch darauf; die aber später geheiratet haben, können nun auf die Aussteuer klagen. Der frühere Rechtszustand erinnert an die Konzeption in Sparta: Der Klaros kann auch die Ehefrau mit ernähren. Offenbar reichten aber manche Klaroi in Gortyn nicht mehr aus, weshalb der Tochter ein vorweggenommener Erbanspruch am freien Vermögen ihres Vaters eingeräumt wurde. Möglicherweise eine dorische Spielart, *Armut* zu bewältigen.

Als drittes Paradoxon kann man anführen, daß es in Gortyn, ebenso wie in Sparta, keine Kyrieia über die Frau gab. Doch nützte ihr das nicht allzu viel: Das Vermögen, mit dem die Ehefrau vom Vater ausgesteuert wurde, stand, wie schon ausgeführt, in der Kratesis ihres Ehemannes; starb dieser vor ihr, trat ihr Sohn an dessen Stelle. Frei verfügen durfte sie nur über Kleinigkeiten (III 35). Immerhin konnte die Erbtochter sich weigern, den nächsten Verwandten zu heiraten. Die freie Wahl des Ehemannes mußte sie aber, wie bereits erwähnt, vom Anspruchsberechtigten teuer erkaufen.

Nach diesem gedrängten Überblick über das relativ gut dokumentierte Regelwerk Gortyns kehren wir zurück in das dunkle Sparta. Möglicherweise hilft uns auch dort die Unterscheidung von Klaros und freiem Vermögen weiter. Wenn Aristoteles im 4. Jahrhundert sagt, Grund und Boden seien in der Hand von Erbtöchtern, so mag das wegen des Schwundes der männlichen Bevölkerung stimmen. Diesen alleinstehenden, ohne Chance auf einen ebenbürtigen Ehemann lebenden Frauen sind nicht nur – systemwidrig – die Klaroi ihrer Väter endgültig zugefallen, sondern ganz regulär auch deren freies Vermögen. Mißverständlich durch den attischen Sprachgebrauch ist vielleicht der Hinweis auf die Proix in Sparta. Aller Wahrscheinlichkeit nach handelt es sich dabei um Töchter jener reichsten Spartiaten, denen ihre Väter einen entsprechend hohen Erbteil vom freien Vermögen in die Ehe mitgegeben hatten.

Rückblickend kann man sagen, daß die Idee des dorischen Klaros und die darauf aufgebaute Familienverfassung vom Gang der Geschichte ebenso überholt wurden wie der Oikos Athens. Vor allem die Erbtochter verschwindet in der Folgezeit und macht im griechischen Kulturbereich einem allgemeinen Erbrecht der Tochter Platz[24].

Nun komme ich allmählich in die Epoche, die als Vorstufe des byzantinischen Familienvermögens besonders interessant wäre, in die hellenistische Zeit, die im griechischen Osten des Reiches ohne großen Bruch in die römische übergeht. Doch muß ich mich hier auf eine knappe Zusammenfassung der eingangs erwähnten Vorarbeiten beschränken. Klammert man die gut dokumentierte Praxis in Ägypten aus, bleibt nicht viel übrig. Bekanntlich wird die Mitgift, die den Charakter einer Abfindung des Tochtererbrechts erhält, in den Papyri bis in die römische Zeit hinein Phernê genannt, bis sich als Übersetzung von *dos* der Terminus Proix wieder einbürgert. Welche griechi-

[24] Für die Papyri hat das bereits *Hans Kreller,* Erbrechtliche Untersuchung aufgrund der graecoaegyptischen Papyrusurkunden (Leipzig 1919) 143 ff., festgestellt.

sche Rechtsordnung den Ausgangspunkt für die seit dem 2.Jahrhundert v. Chr. in den Papyri feststellbaren „Verfügungsgemeinschaften" bildete, ist nicht geklärt. Es gibt zwar Untersuchungen über Pherné, Parapherna und Prosphora[25], aber noch nicht über gemeinsame Verfügungen oder Mitberechtigungen am Familienvermögen, wovon etwa das Edict des Mettius Rufus aus dem Jahre 89 n. Chr. ausgeht[26].

Aus dem Terminus Proix, der auf den Pfandsteinen (Horoi) von den Inseln Amorgos, Naxos und Syros und in den Mitgiftregistern von Mykonos und Tenos gebraucht wird, geht für das Ehegüterrecht genausowenig hervor wie aus dem aus Ephesos überlieferten Ausdruck Pherné[27]. Mehr Erfolg versprechen große Urkundenserien mit einheitlichen Geschäften, die zu Tausenden überlieferten Freilassungsurkunden. Üblicherweise wird der Sklave von einer Person oder mehreren an die Gottheit „verkauft", manchmal stimmen weitere Personen zu, oft werden noch Dienste vereinbart (Paramone) oder bei Sklavinnen die Stellung eines Ersatzkindes, schließlich wird noch das Erbrecht nach dem Freigelassenen geregelt. Aus der Beteiligung von Ehegatten, Kindern, Eltern an all diesen Geschäften und Berechtigungen kann man Schlüsse auf das Ehe- und Familiengüterrecht ziehen. So hat Cromme für Phokis aus den delphischen Inschriften der Jahre 200 v. Chr. bis 100 n. Chr. auf vertragliches kollektives Familieneigentum oder Gütergemeinschaft geschlossen. Babakos (1966) behandelte zunächst Thessalien, wo die Quellen bis in das 3.Jahrhundert n. Chr. fließen. Er stellt dort bei den Freilassungen ein eigenartiges Einspruchsrecht der Söhne, Töchter und Ehegatten fest, das er nicht als Miteigentum deutet, sondern als Paramone *ex lege,* den Rest einer personenrechtlichen Bindung des Sklaven an die gesamte Familie. Aus den ca. 60 Freilassungsinschriften der Insel Kalymnos aus dem 1.Jahrhundert n. Chr. leitet Babakos (1973) die volle Verfügungsfähigkeit der Frau ab, die keinen Kyrios brauchte. Wie in den Papyri konnte zwischen Eheleuten Verfügungsgemeinschaft vereinbart werden. Röll schließt aus den bötischen Texten auf die Erbberechtigung der Frau; Kinder hätten erbrechtliche Beispruchrechte, Ehegatten lebten eher in Güter- als in Verfügungsgemeinschaften, aber es gebe mütterliches und väterliches Sondervermögen.

Den Leser dieser Arbeiten beschleicht Unbehagen. Sind die Quellen nicht überfordert? Wird uns mehr Material aus anderen Landschaften weiterbringen? Jedenfalls sind die epigraphischen Zeugnisse noch durch die vom Rechtshistoriker bisher kaum bearbeitete hellenistisch-kaiserzeitliche Literatur anzureichern. Nützlich werden für diese Zeit auch die Ergebnisse der byzantinischen Rechtsgeschichte sein. Bis zum Beweis des Gegenteils würde ich davon ausgehen, daß sich die praktischen Probleme und die Versuche der Parteien, sie durch Vereinbarungen zu lösen, im griechischen Bereich durch die Jahrhunderte nicht grundlegend geändert haben. Vielleicht sollte man auch den Gesichtspunkt, den ich an die Spitze dieses Beitrags gestellt habe, mit berücksichtigen: *Armut.* Ehegüterrecht kann, wie auf dem Symposion immer wieder betont wurde, für die Witwe, die geschiedene Frau, die Kinder von existentieller Be-

[25] Zuletzt *Häge, Modrzejewski* (1970).

[26] Les lois des Romains, Bd. 2, Hrsg. *P. F. Girard, F. Senn* (Napoli [7]1977), Nr. VII 9, Z. 34f: Kratesis der Frau, Chresis der Kinder (Komm. *Joseph Modrzejewski*).

[27] Die Quellen sind bei *Wolff* (1957) am vollständigsten gesammelt.

deutung sein. An die Stelle der globalen Lösungen der agnatischen Verwandtschaft, wie sie die klassische Polis bot, sind ab der hellenistischen Zeit vielschichtige Einzelvereinbarungen getreten. Die Inschriften belegen wenigstens das eine, daß in der Kleinfamilie selbstverständlich mehrere Vermögensmassen mit jeweils unterschiedlichen Bindungen existierten. Es wäre ein grober Fehler, vorschnell griffige dogmatische Lösungen anzubieten.

Spyros N. Troianos

Zölibat und Kirchenvermögen in der früh- und mittelbyzantinischen kanonischen Gesetzgebung

I. Allgemeines

Noch mehrere Jahrzehnte nach der Zeit der Missionstätigkeit der Apostel gab es nur vereinzelte, ausschließlich durch den gemeinsamen Glauben und die Überlieferung zusammengehaltene Kirchen. Hinsichtlich der Leitung dieser urchristlichen Gemeinden sind unsere Kenntnisse eher unvollständig. In den Quellen des ersten Jahrhunderts treten neben Diakonen, deren Befugnisse genau bestimmt waren, auch Presbyter und Bischöfe auf; doch wurden diese Amtsträger nicht scharf voneinander geschieden[1].

Erst etwas später, seit dem Beginn des 2. Jahrhunderts, wird der monarchische Episkopat im Rahmen einer sich herausbildenden hierarchischen Organisation allmählich erkennbar. Der Bischof wird mit der Zeit der einzige Leiter der Gemeinde – der Diözese – sowohl im Bereich des Glaubens als auch auf dem Gebiet der Verwaltung. Nicht nur das Bischofsamt selbst, sondern auch das Verfahren zur Ernennung der Kirchenfürsten weisen in den ersten Jahrhunderten gewisse Schwankungen auf, eine Folgeerscheinung ihrer zunehmenden Macht. Die Funktionen des Bischofs im allgemeinen, besonders aber diejenige als oberster Verwalter des Kirchenvermögens in seinem Sprengel[2], haben die Gestaltung der Voraussetzungen für die Erteilung der Bischofsweihe in mancher Hinsicht entscheidend beeinflußt[3].

II. Bischofsamt und Familie

Nach den kanonischen Quellen lassen sich die einzelnen Phasen dieser Entwicklung folgendermaßen nachvollziehen. Ursprünglich waren die Voraussetzungen für die Aufnahme in den (höheren) Klerus einheitlich, nämlich unabhängig davon, ob es sich

[1] Vgl. *Hans Lietzmann*, Geschichte der alten Kirche, Bd. 2 (Berlin $^{3/4}$1961, Ndr. Berlin–New York 1975) 47 ff.

[2] Vgl. das einschlägige Schrifttum bei *Hans-Georg Beck*, Kirche und theologische Literatur im byzantinischen Reich (Byzantinisches Handbuch 2.1, München 1959) 71 Anm. 7. Vgl. zuletzt auch *Giorgio Barone-Adesi*, Il sistema giustinianeo delle proprietà ecclesiastiche, in: La Proprietà e le proprietà, Pontignano 30 sett.–3 ott. 1985 (Mailand 1988) 75–120 (hier 79 f.).

[3] Vgl. *Antonios Mompherratos*, Κληρονομικὸν δίκαιον τῶν κληρικῶν καὶ μοναχῶν ἐν Ἑλλάδι καὶ Τουρκίᾳ (Athen 1890) 27; im folgenden zitiert: *Mompherratos*, Erbrecht.

um die Ordination eines Diakons, eines Presbyters oder eines Bischofs handelte. Folglich war auch der Familienstand der Bischöfe von demjenigen der anderen Kleriker nicht unterschieden. Es gab also sowohl verheiratete als auch unverheiratete Bischöfe. Es ist ferner anzunehmen, daß die verheirateten Bischöfe dieselben familienrechtlichen Verpflichtungen hatten wie alle anderen verheirateten Kleriker.

Diese Gleichstellung ergibt sich aus den apostolischen Kanones, einer apokryphen, an das 8. Buch der Apostolischen Konstitutionen angehängten Kodifikation der Beschlüsse vorangegangener Synoden in Übereinstimmung mit der Überlieferung und der kirchlichen Praxis[4]. Der 17. Apostelkanon schließt nämlich alle diejenigen aus der Kirche aus, die nach der Taufe eine *zweite* Ehe eingingen oder im Konkubinat lebten, wobei neben Diakonen und Presbytern ausdrücklich auch Bischöfe erwähnt werden[5]. Folglich durften die Bischöfe ein normales Eheleben führen, allerdings unter der Voraussetzung, daß sie sich auf *eine* Ehe beschränkten. Sehr aufschlußreich ist in dieser Hinsicht Kanon 5 derselben Sammlung: „Ein Bischof, ein Presbyter und ein Diakon darf seine Ehefrau nicht unter dem Vorwand der Frömmigkeit verstoßen; wenn er dies tut, soll er exkommuniziert bzw. – falls er sein unkanonisches Verhalten nicht einstellt – abgesetzt werden“[6]. Diese Vorschrift steht in engem Zusammenhang mit den Kanones 1, 9 und 10 der Synode von Gangra, die sich gegen die häretische Anschauung richten, die Ehe sei als Zugeständnis an die menschliche Schwachheit unrein[7].

Daß den Bischöfen die Fortführung einer bereits bestehenden ehelichen Verbindung nicht untersagt war[8], ergibt sich ferner aus den Apostolischen Konstitutionen 6.17.1: „Wir ordneten an, als Bischöfe, Presbyter oder Diakone Männer einzusetzen, die nur *eine* Ehe eingingen, und zwar unabhängig davon, ob ihre Frauen noch leben oder ob sie mittlerweile gestorben sind. Nach der Weihe dürfen sie weder heiraten, falls sie in Ehelosigkeit lebten, noch sich mit einer anderen Frau verbinden, falls sie verheiratet waren, sondern sie sollen sich mit derjenigen begnügen, die sie zur Zeit der Ordination hatten“[9].

[4] Vgl. *Marcel Metzger*, Les Constitutions Apostoliques, Bd. 1 (Sources chrétiennes 320, Paris 1985) 22 ff.; im folgenden zitiert: *Metzger*, Constitutions.

[5] „Ὁ δυσὶ γάμοις συμπλακεὶς μετὰ τὸ βάπτισμα ἢ παλλακὴν κτησάμενος οὐ δύναται εἶναι ἐπίσκοπος, ἢ πρεσβύτερος, ἢ διάκονος, ἢ ὅλως τοῦ καταλόγου τοῦ ἱερατικοῦ“. Nach der Ausgabe von *Périclès-Pierre Joannou*, Discipline générale antique (IVe–IXe s.) Bd. I,2: Les canons des Synodes Particuliers (Rom 1962) 16; im folgenden zitiert: *Joannou*, Discipline.

[6] „Ἐπίσκοπος ἢ πρεσβύτερος ἢ διάκονος τὴν ἑαυτοῦ γυναῖκα μὴ ἐκβαλλέτω προφάσει εὐλαβείας· ἐὰν δὲ ἐκβάλλῃ, ἀφοριζέσθω, ἐπιμένων δέ, καθαιρείσθω“. *Joannou*, Discipline Bd. I,2, 10. Vgl. auch C. 1.3.19.1 (a. 420).

[7] *Elias Patsabos*, Ἡ εἴσοδος εἰς τὸν κλῆρον κατὰ τοὺς πέντε πρώτους αἰῶνας (Athen 1973) 220 f.; im folgenden zitiert: *Patsabos*, Eintritt.

[8] *Joseph Zhishman*, Das Eherecht der orientalischen Kirche (Wien 1863 bzw. 1864) 453 ff.; im folgenden zitiert: *Zhishman*, Eherecht.

[9] „Ἐπίσκοπον καὶ πρεσβύτερον καὶ διάκονον εἴπομεν μονογάμους καθίστασθαι, κἂν ζῶσιν αὐτῶν αἱ γαμεταί, κἂν τεθνήκασιν, μὴ ἐξεῖναι δὲ αὐτοῖς μετὰ τὴν χειροτονίαν ἢ ἀγάμοις οὖσιν ἔτι ἐπὶ γάμον ἔρχεσθαι, ἢ γεγαμηκόσιν ἑτέραις συμπλέκεσθαι, ἀλλ᾽ ἀρκεῖσθαι ᾗ ἔχοντες ἦλθον ἐπὶ τὴν χειροτονίαν“. *Metzger*, Constitutions, Bd. 2, 346.

Es handelt sich hierbei um eine Anspielung auf die Worte des Apostels Paulus im 1. Brief an Timotheus 3.2 und im Brief an Titus 1.6, wo die erforderlichen Eigenschaften eines Bischofs aufgezählt werden. Unter anderem wird dort vorgeschrieben, daß der Bischof „eines einzigen Weibes Mann“ sein soll[10]. Es muß aber darauf hingewiesen werden, daß hier das Wort ἐπίσκοπος nicht als terminus technicus (in der späteren Bedeutung) verstanden werden darf, da der Apostel damit den Vorsteher der Gemeinde im allgemeinen im Sinne hatte.

Indessen wurde während des Konzils von Nikaia der Versuch unternommen, die Ehelosigkeit der Kleriker verbindlich anzuordnen, stellte doch die Enthaltsamkeit nach christlicher Ethik einen moralisch höheren Lebenswandel und eine Vorwegnahme der künftigen engelsgleichen Existenz dar. Diese Tendenz setzte sich aber nicht durch[11]. In der patristischen Literatur des 4. und 5. Jahrhunderts wird zwar das Ideal der Jungfräulichkeit gepriesen[12]; ein generelles Gebot der Ehelosigkeit für Kleriker ist jedoch nirgends zu finden – auch nicht für Bischöfe.

III. Bischof und Kirchenvermögen

Dieses Fehlen eines Gebotes der Ehelosigkeit konnte zu einer Gefährdung des Kirchenvermögens führen, sei es, daß der Bischof zu seinen Lebzeiten dieses Vermögen eigennützig bzw. zugunsten seiner Familie mißbrauchte, sei es, daß nach seinem Tode seine Erben Ansprüche erhoben.

Vermutlich unter dem Druck der bei der Verwaltung des Kirchenvermögens vorkommenden Mißbräuche und Unterschlagungen sahen sich die Teilnehmer der Synoden des 4. und 5. Jahrhunderts gezwungen, Maßnahmen zu treffen, die dieser Gefahr entgegenwirken sollten. An erster Stelle ist hier Kanon 24 der Synode von Antiocheia zu nennen, der die absolute Trennung des Privatvermögens des Bischofs und des Bistumsvermögens anordnete. Von der Verpflichtung zur Erstellung eines förmlichen Inventars ist im Kanon allerdings nicht die Rede[13]. Es wird nur verlangt, daß Presbyter und Diakone, die dem Kathedralklerus angehören, über die Eigentumsverhältnisse informiert sein sollen, so daß sie nach dem Ableben des Bischofs Auskunft darüber geben können, welche Gegenstände der Kirche und welche den Erben des Bischofs zustehen. Zur Begründung dieser Regelung werden im Kanon folgende Argumente angeführt: Der Kirche darf kein Schaden zugefügt werden. Ebensowenig darf das Vermögen des Bischofs zugunsten der Kirche konfisziert werden. Es soll auch verhindert

[10] 1. Tim. 3.2: „Δεῖ οὖν τὸν ἐπίσκοπον ἀνεπίλημπτον εἶναι, μιᾶς γυναικὸς ἄνδρα, (...)“. – Tit. 1.6: „(...) εἴ τίς ἐστιν ἀνέγκλητος, μιᾶς γυναικὸς ἀνήρ, τέκνα ἔχων πιστά, (...)“. Vgl. dazu *Patsabos*, Eintritt, 208 (m. Lit.).

[11] Vgl. *Klaus Mörsdorf*, Zölibat, in: Lexikon für Theologie und Kirche 10 (1965) 1396.

[12] *Patsabos*, Eintritt, 204 ff.

[13] So wurde die Vorschrift aber im 12. Jahrhundert verstanden; vgl. die Aussagen des Alexios Aristenos und Theodoros Balsamon bei *Georgios A. Rhalles* und *Michael Potles*, Σύνταγμα τῶν θείων καὶ ἱερῶν κανόνων, Bd. 3 (Athen 1853, Ndr. 1966) 168 bzw. 506; im folgenden zitiert: *Rhalles–Potles*, Syntagma. Vgl. ferner *Mompherratos*, Erbrecht, 45 f.

werden, daß die Erben des Verstorbenen in Schwierigkeiten geraten und er selbst nach seinem Tode in einen schlechten Ruf gerät[14].

Den Bischöfen wird durch den Kanon ausdrücklich das Recht zuerkannt, durch letztwillige Verfügung ihre Erben zu bestimmen[15]. Da die Verfasser der Kanones von Antiocheia nicht beabsichtigten, die Erbfolge der Bischöfe erschöpfend zu regeln, beschränkten sie sich auf eine Anordnung über das Testament, was sicherlich keineswegs bedeutet, daß die Angehörigen eines verstorbenen Bischofs keinen Zugang zu seinem Nachlaß im Wege der *Intestat*erbfolge hatten. Von erbrechtlichen Ansprüchen der Kirche auf das Privatvermögen der Bischöfe kann hier (noch) keine Rede sein.

Die Vorschriften des Kanons 24 von Antiocheia sind in den Kanon 40 der Apostel übernommen worden[16]. Die beiden Texte stimmen fast wörtlich überein; nur an zwei Stellen gibt es Abweichungen in dem Apostelkanon: Erstens haben die Bischöfe das Recht, die Erbschaft, „wem sie wollen und wie sie wollen", zu hinterlassen; zweitens wird als Grund für die Sicherstellung des bischöflichen Privatvermögens angegeben, daß der Verstorbene möglicherweise Ehefrau, Kinder, Verwandte oder Sklaven hinterließ. Dadurch wird der Schutz der Familieninteressen sehr deutlich zum Ausdruck gebracht.

Von besonderer Bedeutung sind Vermögensgegenstände, die der Bischof nach der Ordination erwarb. Kauft nämlich ein Geistlicher (Bischof, Presbyter oder Diakon), der zur Zeit der Weihe nichts besaß, danach Ländereien oder andere Besitzungen[17] im eigenen Namen, so soll er – gemäß Kanon 32 von Karthago – die erworbenen Gegenstände der Kirche übertragen, weil man davon ausgehen kann, daß dieser Erwerb durch Mißbrauch des Bistumsvermögens zustande kam. Ein entgegen diesem Gebot

[14] „Τὰ τῆς ἐκκλησίας τῇ ἐκκλησίᾳ καλῶς ἔχειν καὶ φυλάττεσθαι δεῖν μετὰ πάσης ἐπιμελείας καὶ ἀγαθῆς συνειδήσεως καὶ πίστεως τῆς εἰς τὸν πάντων ἔφορον καὶ κριτὴν θεόν, καὶ διοικεῖσθαι προσήκει μετὰ πάσης κρίσεως καὶ ἐξουσίας τοῦ ἐπισκόπου τοῦ ἐμπεπιστευμένου πάντα τὸν λαὸν καὶ τὰς ψυχὰς τῶν συναγομένων. Φανερὰ δὲ εἶναι τὰ διαφέροντα τῇ ἐκκλησίᾳ μετὰ γνώσεως τῶν περὶ αὐτὸν πρεσβυτέρων καὶ διακόνων, ὥστε τούτους εἰδέναι καὶ μὴ ἀγνοεῖν, τίνα πότερά ἐστιν τὰ ἴδια τῆς ἐκκλησίας, ὥστε μηδὲν αὐτοὺς λανθάνειν, ἵνα εἰ συμβαίη τὸν ἐπίσκοπον μεταλλάττειν τὸν βίον, φανερῶν ὄντων τῶν διαφερόντων τῇ ἐκκλησίᾳ πραγμάτων, μήτε αὐτὰ διαπίπτειν καὶ ἀπόλλυσθαι, μήτε τὰ ἴδια τοῦ ἐπισκόπου ἐνοχλεῖσθαι προφάσει τῶν ἐκκλησιαστικῶν πραγμάτων· δίκαιον γὰρ καὶ ἀρεστὸν παρά τε τῷ θεῷ καὶ ἀνθρώποις τὰ ἴδια τοῦ ἐπισκόπου οἷς ἂν αὐτὸς βούλεται καταλιμπάνεσθαι, τὰ μέντοι τῆς ἐκκλησίας αὐτῇ φυλάττεσθαι, καὶ μήτε τὴν ἐκκλησίαν ὑπομένειν ζημίαν τινά, μήτε τὸν ἐπίσκοπον προφάσει τῆς ἐκκλησίας δημεύεσθαι, ἢ καὶ εἰς πράγματα ἐμπίπτειν τοὺς αὐτῷ διαφέροντας, μετὰ τοῦ καὶ αὐτὸν μετὰ θάνατον δυσφημίᾳ περιβάλλεσθαι". *Joannou,* Discipline, Bd. 1,2, 123f.

[15] Auch als Hauskinder können die Geistlichen (einschließlich der Bischöfe) beerbt werden; vgl. C. 1.3.33(34) vom Jahre 472, wo kein Unterschied zwischen vor und nach der Ordination erworbenen Gütern gemacht wird. Zu dieser Konstitution vgl. *J. L. Murga,* Sobre la anómala „peculiaridad" de la constitución C. 1.3.33(34) del emperador León, in: Iura 19 (1968) 33–66.

[16] „Τὰ ἴδια τοῦ ἐπισκόπου πράγματα, ἃ ἔχει, ἔστω φανερά, εἴ γε καὶ ἴδια ἔχει, καὶ φανερὰ τὰ κυριακά, ἵνα ἐξουσίαν ἔχῃ τῶν ἰδίων τελευτῶν ὁ ἐπίσκοπος ὡς βούλεται καὶ οἷς βούλεται καταλεῖψαι, καὶ μὴ προφάσει τῶν ἐκκλησιαστικῶν πραγμάτων διαπίπτει τὰ τοῦ ἐπισκόπου, ἔσθ' ὅτε γυναῖκα καὶ τέκνα κεκτημένου ἢ συγγενεῖς ἢ οἰκέτας· (...)". *Joannou,* Discipline, Bd. I,2, 27f.

[17] Oder auch bewegliche Sachen; vgl. *Mompherratos,* Erbrecht, 35.

errichtetes Testament zugunsten der Angehörigen des Bischofs ist zwar gültig, es werden aber vermutlich kirchliche Strafen verhängt. Stammen hingegen die Gegenstände selbst oder die Mittel, mit denen sie gekauft wurden, aus einer Schenkung oder aus der Erbschaft eines Verwandten des Klerikers, so hat dieser keine Verpflichtungen der Kirche gegenüber; es steht ihm frei, ihr einen Teil des erworbenen Vermögens weiterzuschenken. Diese Vorschrift enthält selbstverständlich keine Einschränkung hinsichtlich der Testierfähigkeit der Kleriker oder der Einsetzbarkeit ihrer Verwandten.

Für die Erbfolge der Bischöfe einschlägig sind ferner noch zwei Kanones derselben Synode von Karthago. Es handelt sich um die Kanones 22 und 81, durch welche eine wesentliche Einschränkung bezüglich der Erbeinsetzung eingeführt wurde. Häretiker oder Heiden dürfen von Bischöfen nicht testamentarisch bedacht oder beschenkt werden[18]. Auch hier werden für den Fall der Nichtbeachtung des Verbots lediglich *kirchliche* Strafen angedroht – abgesehen von den Fällen, in welchen die Kaisergesetze Erbunfähigkeit vorsehen[19]. Der Verstorbene wird dann noch post mortem mit dem Anathem belegt, und zwar nicht nur, wenn er solche Personen als Erben einsetzte, sondern selbst dann, wenn er es unterließ, häretische oder heidnische Verwandte, die ab intestato erbberechtigt waren, ausdrücklich durch ein Testament zu enterben[20].

Die Verwaltung des Kirchenvermögens durch den Bischof wird durch den Kanon 25 von Antiocheia geregelt. Der Bischof hat die Verwaltung mit Frömmigkeit und Gottesfurcht zu führen. Er darf zwar aus den dem Kirchenvermögen zufließenden Einkünften seinen notwendigen Lebensunterhalt bestreiten, aber vor übermäßiger Inanspruchnahme der kirchlichen Geldmittel wird im Kanon ausdrücklich gewarnt. Bei der Verwaltung soll der Bischof von den Klerikern seiner Kirche unterstützt werden, nicht aber von seinen Angehörigen, etwa Brüdern, Söhnen oder sonstigen Verwandten, die den Interessen der Kirche unauffällig zuwiderhandeln könnten. Wenn ein Bischof diese Vorschrift mißachtet, soll er von der Provinzialsynode zur Rechenschaft gezogen werden[21].

Weitere einschlägige Bestimmungen finden sich auch in den apostolischen Kanones. Neben Kanon 41, der den oben erwähnten Kanon 25 von Antiocheia teilweise

[18] Vgl. die Ausführungen von *Mompherratos*, Erbrecht, 31 ff.

[19] Vgl. C. Th. 16.5.40.3 (= C. 1.5.4.2, vom Jahre 407) und 16.5.65.3 (= C. 1.5.5.1, vom Jahre 428).

[20] „Ὁμοίως ὡρίσθη, ἵνα, ἐάν τις ἐπίσκοπος κληρονόμους συγγενεῖς ἢ ἐκτὸς τῆς ἰδίας συγγενείας αἱρετικοὺς ἢ ἕλληνας προτιμήσῃ τῆς ἐκκλησίας, καὶ μετὰ θάνατον ἀνάθεμα τῷ τοιούτῳ λεχθείη, καὶ τὸ ὄνομα αὐτοῦ μηδαμῶς παρὰ τοῖς τοῦ θεοῦ ἱερεῦσιν ἀνενεχθῇ. Μηδὲ δυνηθῇ ἀπολογηθῆναι, ἐὰν ἀδιάθετος ἀπογένηται, ἐπειδὴ γενόμενος ἐπίσκοπος, εἰκότως ὀφείλει τῶν πραγμάτων αὐτοῦ τὴν διατύπωσιν ἁρμοδίαν τῷ ἑαυτοῦ ἐπαγγέλματι ποιήσασθαι". *Joannou*, Discipline, Bd. I,2, 321 f.

[21] „Ἐπίσκοπον ἔχειν τῶν τῆς ἐκκλησίας πραγμάτων τὴν ἐξουσίαν, ὥστε διοικεῖν εἰς πάντας τοὺς δεομένους μετὰ πάσης εὐλαβείας καὶ φόβου θεοῦ, μεταλαμβάνειν δὲ καὶ αὐτὸν τῶν δεόντων, εἴ γε δέοιτο, εἰς τὰς ἀναγκαίας αὐτοῦ χρείας καὶ τῶν παρ' αὐτῷ ἐπιξενουμένων ἀδελφῶν, (...). Εἰ δὲ μὴ τούτοις ἀρκοῖτο, μεταβάλλοι δὲ τὰ πράγματα εἰς τὰς ἑαυτοῦ χρείας, καὶ τοὺς πόρους τῆς ἐκκλησίας ἢ τοὺς τῶν ἀγρῶν καρποὺς μὴ μετὰ γνώμης πρεσβυτέρων ἢ διακόνων χειρίζοι, ἀλλ' οἰκείοις αὐτοῦ καὶ συγγενέσιν ἢ ἀδελφοῖς ἢ υἱοῖς παρέχοιτο τὴν ἐξουσίαν εἰς τὸ διὰ τῶν τοιούτων λεληθότως βλάπτεσθαι τοὺς λόγους τῆς ἐκκλησίας, τοῦτον εὐθύνας παρέχειν τῇ συνόδῳ τῆς ἐπαρχίας. (...)". *Joannou*, Discipline, Bd. I,2, 125 f.

wiederholt, verbietet Kanon 38 Zuwendungen an Verwandte des Bischofs – mit Ausnahme von Almosen an Bedürftige. Ferner schließt Kanon 76 die Verwandten des Bischofs von der Nachfolge in das Bischofsamt aus, da dieses nicht Bestandteil seiner Erbschaft sei[22]. Die Unvererblichkeit des Amtes stellt – allerdings ohne ausdrückliche Erwähnung von Verwandten – auch Kanon 23 der Synode von Antiocheia fest.

IV. Der Oikonomos

Einen entscheidenden Schritt zur besseren Organisation der kirchlichen Finanzverwaltung stellt die durch Kanon 26 der Synode von Chalkedon eingeführte Verpflichtung der Bischöfe bzw. Metropoliten dar, einen Oikonomos einzusetzen, der für sämtliche wirtschaftliche Angelegenheiten des Bistums bzw. der Kirchenprovinz zuständig sein soll. Wie dem Text des Kanons zu entnehmen ist, wurde diese Institution nicht erst von den Vätern des Konzils von Chalkedon geschaffen. Ihre Entstehung geht nämlich auf das 4. Jahrhundert zurück[23]. Damit bezweckte man erstens eine Entlastung der Bischöfe, deren Aufgaben immer umfangreicher geworden waren, und zweitens die Schaffung einer kirchlichen Instanz, die bei der Vermögensverwaltung mitverantwortlich sein sollte. Durch die gegenseitige Kontrolle sollte die Finanzverwaltung der Kirche fortan nicht mehr „ohne Zeugen" (so der Kanon) gehandhabt werden, was früher zu einer Vergeudung des Kirchenvermögens geführt habe[24].

Die Tätigkeit des Oikonomos beschränkte sich nicht auf die Amtszeit eines Bischofs, sondern wurde noch wichtiger im Falle der Sedisvakanz. Da nämlich das Amt des Oikonomos mit dem Tod des Bischofs nicht erlosch, war er derjenige, der für die Sicherstellung des kirchlichen Vermögens bis zur Ordination des neuen Bischofs zu

[22] Kanon 38: „Πάντων τῶν ἐκκλησιαστικῶν πραγμάτων ὁ ἐπίσκοπος ἐχέτω τὴν φροντίδα καὶ διοικείτω αὐτά, ὡς θεοῦ οἰκονόμος. Μὴ ἐξεῖναι δὲ αὐτῷ τι σφετερίζεσθαι ἐξ αὐτῶν ἢ συγγενέσιν ἰδίοις τὰ τοῦ θεοῦ χαρίζεσθαι· εἰ δὲ πένητές εἰσιν, ἐπιχορηγείτω ὡς πένησιν, ἀλλὰ μὴ προφάσει τούτων τὰ τῆς ἐκκλησίας ἀπεμπολείτω". Kanon 76: „Ὅτι μὴ χρὴ τὸν ἐπίσκοπον τῷ ἀδελφῷ ἢ τῷ υἱῷ ἢ ἑτέρῳ συγγενεῖ χαριζόμενον τὸ ἀξίωμα τῆς ἐπισκοπῆς, χειροτονεῖν οὓς ἂν αὐτὸς βούλοιτο· κληρονόμους γὰρ τῆς ἐπισκοπῆς ποιεῖσθαι οὐ δίκαιον, τὰ τοῦ θεοῦ χαριζόμενον πάθει ἀνθρωπίνῳ (...). Εἰ δέ τις τοῦτο ποιήσει, ἄκυρος μὲν ἔστω ἡ χειροτονία, αὐτὸς δὲ ἐπιτιμάσθω ἀφορισμῷ". *Joannou*, Discipline, Bd. I,2, 26 f. bzw. 46 f.

[23] Vgl. die Kanones 7 und 8 der Synode von Gangra. Vgl. ferner *Basilike Leontaritu*, Ἐκκλησιαστικὰ ἀξιώματα καὶ ὑπηρεσίες κατὰ τὴν πρώιμη καὶ μέση βυζαντινὴ περίοδο (Forschungen zur byzantinischen Rechtsgeschichte. Athener Reihe 6, im Druck).

[24] „Ἐπειδὴ ἔν τισιν ἐκκλησίαις, ὡς περιηχήθημεν, δίχα οἰκονόμων οἱ ἐπίσκοποι τὰ ἐκκλησιαστικὰ χειρίζουσι πράγματα, ἔδοξε πᾶσαν ἐκκλησίαν ἐπίσκοπον ἔχουσαν καὶ οἰκονόμον ἔχειν ἐκ τοῦ ἰδίου κλήρου, οἰκονομοῦντα τὰ ἐκκλησιαστικὰ κατὰ γνώμην τοῦ ἰδίου ἐπισκόπου, ὥστε μὴ ἀμάρτυρον εἶναι τὴν οἰκονομίαν τῆς ἐκκλησίας, καὶ ἐκ τούτου σκορπίζεσθαι τὰ τῆς ἐκκλησίας πράγματα, καὶ λοιδορίαν τῇ ἱερωσύνῃ προστρίβεσθαι. Εἰ δὲ μὴ τοῦτο ποιήσει ὑποκεῖσθαι αὐτὸν τοῖς θείοις κανόσιν". *Joannou*, Discipline, Bd. I,1, 89 f.

sorgen hatte (Kanon 25 von Chalkedon)[25]. Hatte ein Bistum keinen Oikonomos, so mußten die Kleriker des Bistums oder der vorgesetzte Metropolit dieser Verpflichtung nachkommen (Kanon 22 von Chalkedon[26] in Zusammenhang mit Kanon 35 des Trullanum; vgl. unten).

V. Die justinianische Gesetzgebung

Vielen dieser kanonischen Vorschriften wurde zur Zeit Justinians Gesetzeskraft verliehen; so z.B. jenen über die Befugnisse der Oikonomoi[27] sowie der Erbunfähigkeit der Heiden und der Häretiker im allgemeinen[28]. Darüber hinaus wurde die Testierfähigkeit der Bischöfe wesentlich eingeschränkt. Nach einer Konstitution vom Jahre 528 können sie nur noch über diejenigen Gegenstände testamentarisch verfügen, welche sie zur Zeit ihrer (Bischofs-)Weihe bereits besaßen oder welche sie danach von ihren nächsten Verwandten (Eltern, Brüdern oder Onkeln) erwarben[29]. Diese Bestimmung wurde 17 Jahre später in die Novelle 131.13 (pr. und 1) aufgenommen[30].

Auch die Intestaterbfolge der Bischöfe erfuhr gewisse Modifikationen. In der die Intestaterbfolge der Kleriker und Mönche betreffenden Konstitution vom Jahre 430[31]

[25] „(...). Τὴν μέντοι πρόσοδον τῆς χηρευούσης ἐκκλησίας σώαν παρὰ τῷ οἰκονόμῳ τῆς αὐτῆς ἐκκλησίας φυλάττεσθαι". *Joannou*, Discipline, Bd. I,1, 89.

[26] „Μὴ ἐξεῖναι κληρικοῖς μετὰ θάνατον τοῦ ἰδίου ἐπισκόπου διαρπάζειν τὰ διαφέροντα αὐτῷ πράγματα, καθὼς καὶ τοῖς πάλαι κανόσιν ἀπηγόρευται, ἢ τοὺς τοῦτο ποιοῦντας κινδυνεύειν εἰς τοὺς ἰδίους βαθμούς". *Joannou*, Discipline, Bd. I,1, 86.

[27] Vgl. die einschlägigen Bestimmungen bei *August Knecht*, System des justinianischen Kirchenvermögensrechtes (Kirchenrechtliche Abhandlungen 22, Stuttgart 1905 [Ndr. Amsterdam 1963]) 109.

[28] Nov. 115.3–4.

[29] C. 1.3.41(42).5–6: „Τοὺς δὲ νῦν ὄντας ἐπισκόπους ἢ μέλλοντας γίνεσθαι θεσπίζομεν μηδαμῶς ἔχειν ἐξουσίαν διατίθεσθαι ἢ δωρεῖσθαι ἢ καθ' ἑτέραν οἱανδήποτε περίνοιαν ἐκποιεῖν τι τῆς ἑαυτῶν περιουσίας, ἣν μετὰ τὸ γενέσθαι ἐπίσκοποι ἐκτήσαντο ἢ ἀπὸ διαθηκῶν ἢ ἀπὸ δωρεῶν ἢ καθ' ἕτερον οἱονδήποτε τρόπον, πλὴν εἰ μὴ μόνα, ἃ πρὸ τῆς ἐπισκοπῆς ἐξ οἱασδήποτε αἰτίας ἔσχον ἢ μετὰ τὴν ἐπισκοπὴν ἀπὸ γονέων καὶ θείων καὶ ἀδελφῶν εἰς αὐτοὺς περιῆλθεν ἢ καὶ περιελεύσεται. Πάντα δέ, ὅσα μετὰ τὴν χειροτονίαν ἐξ οἱασδήποτε αἰτίας, καθὰ εἴρηται, χωρὶς τῶν εἰρημένων προσώπων εἰς αὐτοὺς περιῆλθε, τῇ παρ' αὐτῶν ἐπισκοπουμένῃ ἁγιωτάτῃ ἐκκλησίᾳ διαφέρειν κελεύομεν καὶ ἐκδικεῖσθαι παρ' αὐτῆς, οὐδενὸς ἑτέρου προσώπου δυναμένου ἐκ τούτου εἰς οἰκεῖον ἀπενεγκεῖν κέρδος".

[30] „Ἀπαγορεύομεν δὲ τοῖς ὁσιωτάτοις ἐπισκόποις πράγματα κινητὰ ἢ ἀκίνητα ἢ αὐτοκίνητα, ὅσα μετὰ τὴν ἐπισκοπὴν εἰς αὐτοὺς οἰῳδήποτε τρόπῳ περιέλθοι, εἰς ἰδίους συγγενεῖς ἢ ἄλλα οἱαδήποτε πρόσωπα οἰῳδήποτε τρόπῳ μεταφέρειν. (...) Καὶ εἴ τι ἐκ τῶν τοιούτων πραγμάτων μετὰ τελευτὴν αὐτῶν εἰς τὴν αὐτῶν περιουσίαν μείνῃ, κελεύομεν τοῦτο τῇ δεσποτείᾳ τῶν ἁγιωτάτων ἐκκλησιῶν ὧν τὴν ἱερωσύνην εἶχον διαφέρειν. Ἐπ' ἐκείνοις γὰρ μόνον τοῖς πράγμασιν ἄδειαν αὐτοῖς τοῦ ἐκποιεῖν ἢ καταλιμπάνειν οἷς ἂν βουληθείησαν συγχωροῦμεν, ἅπερ πρὸ τῆς ἐπισκοπῆς ἀποδειχθῶσιν ἐσχηκότες, ἢ μετὰ τὴν ἐπισκοπὴν ἀπὸ τῶν κατὰ γένος αὐτοῖς συνημμένων εἰς αὐτοὺς περιέλθοι, οὓς ἐξ ἀδιαθέτου δύνανται μέχρι τετάρτου βαθμοῦ διαδέχεσθαι".

[31] C. Th. 5.3.1: „Si quis episcopus aut presbyter aut diaconus aut diaconissa aut subdiaconus vel cuiuslibet alterius loci clericus aut monachus aut mulier, quae solitariae vitae dedita est, nullo

kommen nach der unter Justinian erfolgten Bearbeitung[32] die Bischöfe nicht mehr vor. Diese Auslassung ist nach Ansicht Kasers[33] auf die Tatsache zurückzuführen, daß ihr Vermögen gemäß der oben erwähnten Konstitution vom Jahre 528[34] mit der Bischofsweihe auf ihre Kirche überging. Diese Erklärung ist aber nicht sehr überzeugend, da die Kirche auf das zur Zeit der Weihe vorhandene Privatvermögen des Bischofs gerade *kein* Anrecht hatte; infolgedessen müßte die Nichterwähnung der Bischöfe im Prinzip bedeuten, daß die gesetzliche Erbfolge uneingeschränkte Anwendung auf dieses Vermögen finden sollte. Justinian traf jedoch mit Nov. 131 (aus dem Jahre 545) eine Spezialregelung für die Intestaterbfolge in das Vermögen eines Bischofs: Stirbt ein Bischof ohne Testament, so wird er nach der Neuregelung von seinen Verwandten bis zum vierten Grad beerbt. Wenn keine Personen vorhanden sind, die in die Erbschaft berufen werden dürfen, fällt diese Vermögensmasse an die Kirche des Verstorbenen[35]. Da die Bischöfe nach justinianischem Recht in Ehelosigkeit leben sollen (s. unten), wird die überlebende Ehefrau nicht unter den Intestaterben erwähnt.

Mehrfach äußerte Justinian sein Interesse daran, das Kirchenvermögen gegen Mißbräuche aller Art zu schützen und auf seine Mehrung hinzuwirken. In dieser Hinsicht war die Gestaltung der finanziellen Verhältnisse des Bischofs von großer Bedeutung, weil er der oberste Verwalter des Kirchenvermögens war. Die unmittelbaren Eingriffe des Gesetzgebers in die Regelung seiner Erbfolge haben wir bereits behandelt. Darüber hinaus aber versuchte der Gesetzgeber, auf diese Erbfolge auch indirekt Einfluß zu nehmen, indem er den Kreis der Personen, die als Erben berufen werden konnten, drastisch einschränkte.

Als erste der diesbezüglichen Maßnahmen kann eine Konstitution vom Jahre 528 genannt werden, durch welche die Weihe von dem Familienstand der Kandidaten abhängig gemacht wurde. Nach dieser Konstitution[36] sind sowohl von der Presbyter- als

condito testamento decesserit nec ei parentes utriusque sexus vel liberi vel si qui agnationis cognationisve iure iunguntur vel uxor extiterit, bona, quae ad eum pertinuerint, sacrosanctae ecclesiae vel monasterio, cui fuerat destinatus, omnifariam socientur, exceptis his facultatibus, quas forte censibus adscripti vel iuri patronatus subiecti vel curiali condicioni obnoxii clerici monachive cuiuscumque sexus relinquunt (...)". Vgl. dazu *Giorgio Barone-Adesi*, Il ruolo sociale dei patrimoni ecclesiastici nel Codice Teodosiano, in: Bullettino dell'Istituto di diritto romano 83 (1980) 221–245 (hier 240 ff.).

[32] Vgl. C. 1.3.20.

[33] *Max Kaser*, Das römische Privatrecht, Bd. 2 (Handbuch der Altertumswissenschaft X. 3.3.2, München [2]1975) 510 Anm. 101.

[34] Vgl. oben Anm. 29.

[35] Nov. 131.13.3: „Εἰ δέ τις ἐπίσκοπος ἢ κληρικὸς ἢ οἱουδήποτε ἐκκλησιαστικοῦ βαθμοῦ ὑπηρέτης ἢ ἐκκλησίας διακόνισσα τελευτήσει ἄνευ διαθηκῶν καὶ νομίμων διαδόχων, ἡ τούτων διαδοχὴ τῇ ἐκκλησίᾳ διαφερέτω ἐν ᾗ ἔτυχον κεχειροτονημένοι". Den 1. Absatz des Kapitels s. oben Anm. 30.

[36] C. 1.3.41(42): „2. Ὥστε προσήκει τοιούτους ἐπιλέγεσθαι καὶ χειροτονεῖσθαι ἱερέας, οἷς οὐκ ἔστιν οὔτε τέκνα οὔτε ἔγγονοι, ἐπειδὴ οὐχ οἷόν τέ ἐστι τὸν περὶ τὰς βιωτικὰς ἠσχολημένον φροντίδας, ἃς οἱ παῖδες μάλιστα τοῖς γονεῦσι παρέχουσι, τὴν πᾶσαν σπουδήν τε καὶ εὔνοιαν περὶ τὴν θείαν λειτουργίαν καὶ τὰ ἐκκλησιαστικὰ ἔχειν πράγματα. (...). 4. Χρὴ γὰρ καὶ τὸν ἐπίσκοπον μὴ ἐμποδιζόμενον προσπαθείᾳ σαρκικῶν

auch von der Bischofsweihe alle diejenigen ausgeschlossen, die Abkömmlinge haben. Als Grund des Verbots wird angegeben, daß die Sorge um ihre Kinder die Kleriker an der Erfüllung ihrer Pflichten hindern könnte[37]. Mit Nachdruck wird das Verbot drei Jahre später (531) erneuert[38]. Darüber hinaus wird nun angeordnet, daß der Bischof keine Ehefrau haben darf. Das heißt nicht, daß nur unverheiratete Kleriker zum Bischofsamt zugelassen sind, sondern es sollen sich die Kandidaten vor der Wahl und der Weihe von ihren Ehefrauen trennen. Dieselben Weihehindernisse finden sich auch in den Novellen. Durch die Novellen 6.1 (vom Jahre 535), 123.1 (vom Jahre 546) und 137.2 (vom Jahre 565) wurde mit nahezu gleichem Wortlaut angeordnet, daß von den zu ordinierenden Bischöfen ein Zeugnis vorgelegt werden muß, daß sie weder eine Ehefrau noch gesetzliche oder natürliche Kinder haben noch eine Konkubine besaßen bzw. besitzen. War ein Kandidat verheiratet, so muß bezeugt werden, daß er nur eine Frau hatte, die ihm zudem als Jungfrau angetraut worden war[39].

Da die das Scheidungsrecht betreffenden Gesetze Justinians nirgends die Bischofsweihe des Mannes als Grund zur Auflösung der Ehe vorsehen, könnte man in Erwägung ziehen, daß die oben erwähnten Novellenbestimmungen nur bei verwitweten Klerikern Anwendung finden konnten oder bei solchen, deren Ehe aus anderen Gründen (etwa durch einen Klostereintritt der Frau) bereits geschieden war.

Angesichts der Tatsache, daß nach Novelle 131.13 nur Verwandte bis zum vierten Grad als Intestaterben berufen werden konnten, verringerte Justinian somit den Kreis der potentiellen Erben ganz erheblich, insbesondere auch in bezug auf die jüngeren Generationen, bei denen die Wahrscheinlichkeit, den Erblasser zu überleben, wesentlich größer ist.

τέκνων πάντων τῶν πιστῶν πνευματικὸν εἶναι πατέρα. Διὰ ταῦτα τοίνυν ἀπαγορεύομεν τὸν ἔχοντα τέκνα ἢ ἐγγόνους χειροτονεῖσθαι ἐπίσκοπον".

[37] Hinsichtlich der Beförderung zum Bischof eines Klerikers mit Ehefrau und Kindern vgl. die abweisende Stellungnahme des Papstes Pelagius, in: *P. M. Gassó – C. M. Batlle,* Pelagii I papae epistulae quae supersunt (556–561) (Scripta et Documenta 8, Montserrat 1956) 89ff., insbes. 91, Z. 19–21. Diesen Hinweis verdanke ich dem Kollegen Fausto Goria (Turin).

[38] C. 1.3.47(48): „Θεσπίζομεν μηδένα εἰς ἐπισκοπὴν προχειρίζεσθαι, πλὴν εἰ μὴ τά τε ἄλλα χρηστὸς καὶ ἀγαθὸς εἴη καὶ μήτε γυναικὶ συνοικοίη μήτε παίδων εἴη πατήρ, ἀλλ' ἀντὶ μὲν γυναικὸς προσκαρτεροίη τῇ ἁγιωτάτῃ ἐκκλησίᾳ, ἀντὶ δὲ παίδων ἅπαντα τὸν χριστιανικὸν καὶ ὀρθόδοξον ἔχοι λαόν, (...)".

[39] Nov. 137.2: „(...) ὁσάκις χρεία γένηται ἐπίσκοπον χειροτονηθῆναι, συνιέναι τοὺς κληρικοὺς καὶ τοὺς πρώτους τῆς πόλεως ἧς μέλλει ἐπίσκοπος χειροτονεῖσθαι, καὶ προκειμένων τῶν ἁγίων εὐαγγελίων ἐπὶ τρισὶ προσώποις ψηφίσματα ποιεῖν, καὶ ἕκαστον αὐτῶν ὀμνύναι κατά τῶν θείων λογίων, καὶ ἐγγράφειν ἐν αὐτοῖς, ὅτι οὔτε διὰ δόσιν οὔτε διὰ ὑπόσχεσιν (...) τούτους ἐπελέξαντο, καὶ ὅτι οὔτε γαμετὴν οὔτε παῖδας ἴσασί τινα ἐξ αὐτῶν ἔχειν ἢ παλλακὴν ἢ παῖδας φυσικοὺς γινώσκουσιν αὐτοὺς ἐσχηκέναι ἢ ἔχειν, ἀλλ' εἰ καὶ πρότερόν τις ἐξ αὐτῶν γαμετὴν εἶχε, καὶ αὐτὴν μίαν καὶ οὐδὲ χήραν οὐδὲ ἀνδρὸς ἀποζευχθεῖσαν οὐδὲ τοῖς ἱεροῖς κανόσιν καὶ νόμοις ἀπηγορευμένην, (...)".

VI. Die nachjustinianische Entwicklung

Inwieweit die justinianischen Regelungen in der Praxis respektiert wurden, vermag ich nicht zu beurteilen; jedenfalls stellte das Trullanische Konzil im ausgehenden 7. Jahrhundert (691/692) fest, daß viele Bischöfe in Afrika, Libyen und anderswo nach ihrer Ordination weiterhin mit ihren Ehefrauen zusammenlebten. Deshalb ordneten die Konzilsväter im Kanon 12 an, daß dieser Mißstand aufhören müsse; wer in Zukunft bei einem solchen Tun ertappt werde, werde abgesetzt[40].

Daß die vorausgegangene einschlägige Kaisergesetzgebung im Text des Kanons nicht zitiert wird, ist nicht auffällig. Sonderbar dagegen ist, daß die Kanonisten des 12. Jahrhunderts in ihrem Kommentar zum Kanon 5 der „Apostel" das Gebot der Ehelosigkeit der Bischöfe dem Quinisextum zuschreiben, als ob es die justinianischen Verbote gar nicht gegeben hätte[41].

Das Konzil in Trullo beschränkte sich im übrigen nicht auf das erwähnte Verbot, sondern befaßte sich auch mit dem Schicksal der Frauen, deren Männer zu Bischöfen geweiht wurden. Nach Kanon 48 des Konzils „soll die Ehefrau eines Klerikers, der zum Vorsteher eines Bistums befördert wird, nachdem sie sich vorher von ihrem Mann im Einverständnis mit ihm scheiden ließ, in ein Kloster gehen, das sehr weit vom bischöflichen Wohnsitz liegt, und sich der materiellen Unterstützung des Bischofs erfreuen; und wenn sie sich als tüchtig erwiesen hat, kann sie auch zur Diakonisse geweiht werden"[42].

Hinsichtlich der im Kanon vorgesehenen „Fürsorge" des Bischofs für seine ehemalige Ehefrau vertreten sowohl Zonaras als auch Balsamon die Ansicht, daß diese Pflicht nur dann bestehe, wenn die Frau nicht in der Lage sei, sich selbst zu ernähren[43]. Die Richtigkeit dieser Auslegung erscheint jedoch ziemlich zweifelhaft. Da die Verfasser des Kanons die Bedürftigkeit der Ehefrau gerade nicht als Voraussetzung der Fürsorgepflicht erwähnten, hat man eher den Eindruck, daß es sich dabei um eine

[40] „Καὶ τοῦτο δὲ εἰς γνῶσιν ἡμετέραν ἦλθεν, ὡς ἔν τε τῇ Ἀφρικῇ καὶ Λιβύῃ καὶ ἑτέροις τόποις, οἱ τῶν ἐκεῖσε θεοφιλέστατοι πρόεδροι συνοικεῖν ταῖς ἰδίαις γαμεταῖς, καὶ μετὰ τὴν ἐπ' αὐτοῖς προελθοῦσαν χειροτονίαν οὐ παραιτοῦνται, πρόσκομμα τοῖς λαοῖς ἐντεῦθεν τιθέντες καὶ σκάνδαλον. Πολλῆς οὖν ἡμῖν σπουδῆς οὔσης τοῦ πάντα πρὸς ὠφέλειαν τῶν ὑπὸ χεῖρα ποιμνίων διαπράττεσθαι, ἔδοξεν, ὥστε μηδαμῶς τὸ τοιοῦτον ἀπὸ τοῦ νῦν γίνεσθαι. (…) Εἰ δέ τις φωραθείη τὸ τοιοῦτον πράττων, καθαιρείσθω". *Joannou,* Discipline, Bd. I,1, 138 f. Vgl. auch Kanon 13, der im letzten Satz den 5. Apostelkanon unter Auslassung des Passus „τῶν ἐπισκόπων" wiederholt.

[41] Vgl. Balsamons Kommentar zum 5. Apostelkanon bei *Rhalles–Potles,* Syntagma, Bd. 2, 8: „Πρὸ τῆς ς' συνόδου τῆς ἐν τῷ Τρούλλῳ τοῦ παλατίου γενομένης, ἐξῆν τοῖς ἐπισκόποις ἔχειν γυναῖκας καὶ μετὰ τὸ ἐπισκοπικὸν ἀξίωμα, ὥσπερ ἔχουσιν αὐτὰς καὶ οἱ μετὰ τὸν γάμον χειροτονούμενοι ἱερεῖς ἢ διάκονοι". Vgl. auch *Nikodemus Milasch,* Das Kirchenrecht der morgenländischen Kirche (Mostar ²1905) 267, im folgenden zitiert: *Milasch,* Kirchenrecht.

[42] „Ἡ τοῦ πρὸς ἐπισκοπῆς προεδρίαν ἀναγομένου γυνή, κατὰ κοινὴν συμφωνίαν τοῦ οἰκείου ἀνδρὸς προδιαζευχθεῖσα, μετὰ τὴν ἐπ' αὐτῷ τῆς ἐπισκοπῆς χειροτονίαν ἐν μοναστηρίῳ εἰσίτω πόρρω τῆς τοῦ ἐπισκόπου καταγωγῆς ᾠκοδομημένῳ, καὶ τῆς ἐκ τοῦ ἐπισκόπου προνοίας ἀπολαυέτω· εἰ δὲ καὶ ἀξία φανείη, καὶ πρὸς τὸ τῆς διακονίας ἀναβιβαζέσθω ἀξίωμα". *Joannou,* Discipline, Bd. I,1, 186. Vgl. *Zhishman,* Eherecht, 778 ff.

[43] *Rhalles–Potles,* Syntagma, Bd. 2, 419 ff.

spätere „Erfindung" kirchlicher Behörden handelt, durch die man die Rechte der Ehefrauen einzuschränken versuchte.

Ebenso zweifelhaft ist, wie sich die Konzilsväter den Klostereintritt der Frau vorstellten: als einfaches Wohnen im Kloster oder auch als Verpflichtung, durch die Ablegung der Profeß und durch die Tonsur Nonne zu werden. Das Problem wurde eindeutig erst viel später durch ein Semeioma des Kaisers Isaak Angelos vom 20. September 1186 gelöst: Die Frauen von neugewählten Bischöfen sollen unverzüglich Frauenklöstern zugeführt werden und dort als Nonnen ihr Leben verbringen[44]. Aber auch unabhängig von dieser durch kaiserliche Entscheidung (allerdings in Zusammenarbeit mit der kirchlichen Obrigkeit[45]) erfolgten Klärung der Frage plädierte Balsamon für die obligatorische Tonsur der Frauen von Bischöfen, wobei er mehrere recht stichhaltige Argumente vorbrachte; z. B. daß die Frauen auf die Idee kommen könnten, sich auch außerhalb des Klosters aufzuhalten oder gar wieder zu heiraten[46]. Davon abgesehen hatte die Einweisung der Frau in ein Kloster aus kirchlicher Sicht noch einen Vorteil, dessen Bedeutung nicht unterschätzt werden darf: Das Versorgungsgebot des trullanischen Kanons wurde dadurch gegenstandslos.

Auffallend ist, daß im Kanon 48 des Konzils von Trullo nicht von Kindern (des Bischofs) die Rede ist. Dieses Schweigen kann zweierlei bedeuten: Entweder wurde das justinianische Verbot konsequent beachtet, so daß es also tatsächlich keine Bischöfe mit Kindern gab (was vielleicht nicht sehr wahrscheinlich ist), oder das Schicksal eventuell vorhandener Kinder erschien als nicht regelungsbedürftig, so daß sie weiter bei ihrem (mittlerweile zum Bischof beförderten) Vater bleiben konnten.

Zuletzt sei hier noch erwähnt, daß das Konzil von Trullo im Kanon 35 die Vorschrift der Synode von Chalkedon über die Verpflichtung des Kathedralklerus und

[44] *Johannes* und *Panagiotes Zepos,* Jus graecoromanum, Bd. 1 (Athen 1931, Ndr. Aalen 1962) 436; im folgenden zitiert: *Zepos,* JGR: „(...) ἡ βασιλεία μου παρ' αὐτὰ διωρίσατο, (...) ἐν γυναικείοις μοναστηρίοις ἀνυπερθέτως εἰσαγαγεῖν τὰς πρὸ τῆς χειροτονίας συναφθείσας γαμετὰς τοῖς χειροτονηθεῖσιν ἀρχιερεῦσι, πόῤῥω τῆς τῶν ἀρχιερέων ᾠκοδομημένοις καταμονῆς, καὶ ἀποκείρεσθαι ταύτας, καὶ κανονικῶς κατὰ μοναχὰς διάγειν ἑκάστην αὐτῶν ἐν ᾗ μονῇ καὶ τὴν τρίχα ἀπέθετο· ἢ μὴ βουλομένων τῶν γυναικῶν ἑκουσίως τὴν απόκαρσιν δέξασθαι, τοὺς πρὸ τῆς χειροτονίας συναφθέντας αὐταῖς ἀπογεγυμνωμένους εἶναι τοῦ ἀρχιερατικοῦ θρόνου καὶ ἀξιώματος, καὶ ἑτέρους ἀντ' αὐτῶν ἐπὶ ταῖς λαχούσαις αὐτοὺς ψηφίζεσθαι· (...)". (= *Franz Dölger,* Regesten der Kaiserurkunden des oströmischen Reiches [München 1925] Nr. 1573). Zu dieser Urkundenform vgl. *Franz Dölger – Johannes Karayannopulos,* Byzantinische Urkundenlehre (Handbuch der Altertumswissenschaft XII.3.1.1, München 1968) 82, 85 f.

[45] „Ὁ ἱερώτατος μητροπολίτης Κυζίκου καὶ τὴν σήμερον εὑρίσκων τὴν βασιλείαν μου θεμιστεύουσαν, συνεδριαζόντων αὐτῇ τοῦ τε ἁγιωτάτου μου δεσπότου καὶ οἰκουμενικοῦ πατριάρχου καὶ τῶν ἑτέρων ἁγιωτάτων πατριαρχῶν, τοῦ Θεουπόλεως Ἀντιοχείας, καὶ τοῦ Ἱεροσολύμων, μηδὲ τῶν ἐν τῇ μεγάλῃ πόλει ἐνδημούντων ἱερωτάτων ἀρχιερέων ἀπολιμπανομένων, (...)" (*Zepos,* JGR, 435). (...) προτρεψαμένων τοῦτο καὶ τῶν ἁγιωτάτων πατριαρχῶν, (...) (ebenda, 436).

[46] *Rhalles–Potles,* Syntagma, Bd. 2, 420 ff. Vgl. ferner die kanonische Antwort Nr. 29 des Demetrios Chomatianos auf eine Anfrage des Metropoliten Konstantinos von Dyrrhachion, in: *Ioannes Baptista Pitra,* Analecta sacra et classica spicilegio solesmensi parata. VI. Iuris ecclesiastici Graecorum selecta paralipomena (Paris–Rom 1891, Ndr. Farnborough 1966 bzw. 1967) 679–686.

des Metropoliten, das Vermögen sowohl des gestorbenen Bischofs als auch seiner Kirche bis zur Einsetzung seines Nachfolgers in Verwahrung zu nehmen, einschärfte[47].

In den folgenden Jahrhunderten wurden die einschlägigen Fragen nur unter den Makedonen behandelt. In der Eisagoge und dem Procheiros Nomos, Gesetzbüchern, die unter Basileios I. und Leon VI. verfaßt wurden, kommen die justinianischen Regelungen wieder vor: in Eisagoge 9.7 = Prochiron 24.1 die Beschränkung der Testierfreiheit des Bischofs auf diejenigen Gegenstände, die er vor seiner Weihe besaß[48], und in Eisagoge 8.3 ~ Prochiron 28.1 der Ausschluß aller derjenigen Kleriker vom Bischofsamt, die mit Ehefrauen zusammenleben und Abkömmlinge haben[49]. Die justinianischen Novellen 131.13 und 137.2 fanden in die „Basiliken" 5.3.15 bzw. 3.1.8 Eingang. Allerdings weist letztere Stelle unter Umständen eine sehr aufschlußreiche Interpolation auf, auf die sogleich einzugehen sein wird.

Eine Neuregelung wurde erst von Leon VI. vorgenommen. Durch eine Novelle, die in der Sammlung der 113 Novellen unter Nummer 2 aufgenommen wurde[50], hob der Kaiser das Verbot der Bischofsweihe von Kandidaten, die Deszendenten hatten, auf. In der Novelle wird sogar der Initiator des Verbots[51] getadelt, weil er es wagte, ein den heiligen Kanones widersprechendes Ordinationshindernis einzuführen. Seine weitere

[47] „Μὴ ἐξέστω τινὶ τῶν ἀπάντων μητροπολιτῶν, τελευτῶντος ἐπισκόπου τελοῦντος ὑπὸ τὸν κατ' αὐτὸν θρόνον, τὰ αὐτοῦ πράγματα ἢ τῆς κατ' αὐτὸν ἐκκλησίας ἀφαιρεῖσθαι ἢ σφετερίζεσθαι· ἀλλ' ὑπὸ παραφυλακὴν ἔστωσαν τοῦ κλήρου τῆς ἐκκλησίας, ἧς ὁ τελευτήσας ἐτύγχανε πρόεδρος μέχρι τῆς ἑτέρου ἐπισκόπου προαγωγῆς. Ἐκτὸς εἰ μὴ κληρικοὶ ἐν τῇ αὐτῇ ἐκκλησίᾳ οὐχ ὑπελείφθησαν· τηνικαῦτα γὰρ ὁ μητροπολίτης ταῦτα παραφυλάξει ἀμείωτα, τῷ χειροτονηθησομένῳ ἐπισκόπῳ πάντα ἀποδούς". *Joannou*, Discipline, Bd. I,1, 169.

[48] „Ὅσα πράγματα ἔσχεν ὁ ἐπίσκοπος πρὸ τῆς ἐπισκοπῆς, δωρεῖται καὶ ἐκποιεῖται ὡς θέλει, οὐ μὴν ἀλλὰ καὶ διατίθεται εἰς αὐτά. Ὅσα δὲ ἐκτήσατο μετὰ τὴν ἐπισκοπήν, τῇ ἐκκλησίᾳ αὐτοῦ διαφέρει, καὶ οὐδὲ διατίθεται εἰς αὐτά, εἰ μὴ ἄρα ἀπὸ γονέων ἢ θείων ἢ ἀδελφῶν αὐτοῦ εἰς αὐτὸν περιῆλθον" (*Zepos*, JGR, Bd. 2, 254f. bzw. 172).

[49] Eis. 8.3: „Κελεύομεν, εἰ μέλλει ἐπίσκοπος χειροτονεῖσθαι, συνεληλυθέναι τοὺς κληρικοὺς καὶ τοὺς πρώτους τῆς πόλεως, καὶ ἐπὶ τρισὶ προσώποις ψηφίσματα ποιεῖν, καὶ ἕκαστον αὐτῶν χειρογραφεῖν, ὅτι οὐδὲ διὰ δόσιν οὔτε ὑπόσχεσιν ἢ φιλίαν ἢ χάριν ἢ ἄλλην οἱανδήποτε προσπάθειαν, ἀλλ' εἰδότες αὐτοὺς τῆς ὀρθῆς καὶ καθολικῆς πίστεως (...) εἶναι ἐπελέξαντο, καὶ ὅτι οὐδὲ γαμετὴν οὐδὲ παῖδας ἴσασί τινας ἐξ αὐτῶν ἔχειν ἢ παλλακὴν ἢ παῖδας φυσικούς, ἀλλ' εἰ καὶ πρότερόν τις ἐξ αὐτῶν γαμετὴν εἶχεν, καὶ αὐτὴν μίαν καὶ οὐδὲ χήραν οὐδὲ ἀνδρὸς ἀποζευχθεῖσαν οὐδὲ τοῖς ἱεροῖς κανόσιν ἀπηγορευμένην". Proch. 28.1: „Οἱ κληρικοὶ καὶ οἱ πρῶτοι τῆς πόλεως προκειμένων τῶν ἁγίων εὐαγγελίων ἐπὶ τρισὶ προσώποις τὸ ψήφισμα ποιείτωσαν τῶν ἐπισκόπων, ὀμνύοντες ὡς οὐ διὰ δόσιν, οὐδὲ δι' ἄλλην τινὰ προσπάθειαν ἐπελέξαντο αὐτούς, ἀλλ' ὡς εἰδότες αὐτοὺς ὄντας τῆς καθολικῆς ἐκκλησίας καὶ σεμνοῦ βίου (...) καὶ ὡς οὔτε γαμετὴν οὔτε παῖδας ἔσχον, ἀλλ' ὅτι καὶ εἰ ἔσχον γαμετήν, μίαν μόνον ἐκ παρθενίας οἴδασι, καὶ οὐ χήραν οὐδὲ διαζευχθεῖσαν ἀνδρός, ἀλλὰ καὶ τοῖς κανόσιν ἢ τοῖς νόμοις μὴ ἀπηγορευμένην" (*Zepos*, JGR, Bd. 2, 250f. bzw. 182). Zur abweichenden Formulierung beider Texte vgl. *Andreas Schminck*, Studien zu mittelbyzantinischen Rechtsbüchern (Forschungen zur byzantinischen Rechtsgeschichte 13, Frankfurt a.M. 1986) 67 und Anm. 45; im folgenden zitiert: *Schminck*, Studien.

[50] *Pierre Noailles – Alphonse Dain*, Les novelles de Léon VI le Sage (Paris 1944) 17–19. Vgl. ferner *Bernhard F. Deutsch*, Ecclesiastical Law in the Novels of Leo the Philosopher, in: The Jurist 21 (1961) 141–169, 311–361 (hier 154f.).

[51] Nach Ansicht von *Schminck*, Studien, 85 und Anm. 178 ist hier Photios gemeint.

Argumentation ist folgende: Wenn der frühere Gesetzgeber hätte konsequent sein wollen, so hätte er nicht nur Kleriker mit Abkömmlingen vom Bischofsamt ausschließen müssen, sondern auch alle diejenigen, die Brüder und andere Verwandte haben, denn es bestünde ja auch dann die Gefahr, daß die Bischöfe wegen ihrer Angehörigen ihre Pflichten verletzten[52]. Fragt man sich nach dem Leitgedanken des Kaisers, so gewinnt man den Eindruck, daß es ihm nicht so sehr um die Einhaltung der kanonischen Vorschriften, nämlich der Kanones 5, 17, 18 und 19 der „Apostel" sowie 3 und 12 des Trullanum, ging; vielmehr war ihm aus kirchenpolitischen Gründen daran gelegen, daß die Bischöfe nicht ausschließlich aus Mönchskreisen rekrutiert wurden. Leons Neuregelung hinsichtlich der Deszendenten ist insofern in die „Basiliken" (3.1.8) aufgenommen, als dort Justinians Novelle interpoliert wurde; die Kinder sind nämlich im Basilikentext gestrichen[53].

Trotz dieser Änderung findet sich das justinianische[54] Verbot in den meisten Rechtskompendien des 10.–14. Jahrhunderts[55]. Das heißt aber keineswegs, daß es in der Praxis der Ostkirche respektiert wurde. Vielmehr vertritt Balsamon in seinem Kommentar zum Kanon 48 des Trullanum die Auffassung, daß die diesbezüglichen Bestimmungen der justinianischen Novelle 137 unwirksam seien, „obwohl sie in die Basiliken Eingang gefunden hätten"[56]. Maßgebend seien nur der Kanon 48 des Trullanum und die erwähnte leontische Novelle[57].

[52] „Καὶ γὰρ ἐν οἷς τὰ περὶ χειροτονίας ἐπισκόπων διατάττουσι τῶν ἱερῶν θεσπιζόντων κανόνων τὸν ὃς ἐκ νομίμου γάμου παῖδας ἔχει, (...) εἰς ἀρχιερωσύνην προάγεσθαι, οὗτοι ἀντιθεσπίζοντές φασι μὴ εἶναι πρὸς ἐπισκόπου ἀξίωμα τοῖς ἔχουσι παῖδας, κἂν δῶρον ὦσι γάμου νομίμου, ἀναβαίνειν ἀκώλυτον, ἴσως μὲν (...) ἐκεῖνο ἐπὶ νοῦν λαβόντες ὡς τῇ πρὸς τέκνα διαθέσει ταῖς ἱεραῖς ὑπάρξεσι λυμανεῖται ὁ χειροτονούμενος· πλὴν οὐκ ἔχει καλῶς ἡ αἰτία. Οὕτω γὰρ ἂν καὶ ἀδελφῶν ἢ συγγενῶν ἑτέρων προσόντων οὐχ ἕξει τις χώραν πρὸς ἐπισκόπου χειροτονίαν· ἡ γὰρ συγγενὴς διάθεσις καὶ πρὸς τούτους ὁρᾷ".

[53] Vgl. die Bemerkungen von *Marie Theres Fögen,* Legislation und Kodifikation des Kaisers Leon VI., in: Subseciva Groningana 3 (1989) 23–35 (hier 24f.). Allerdings wird auch die Meinung vertreten, daß es sich hierbei nicht um eine Interpolation, sondern um eine versehentliche Auslassung der legitimen Kinder handelt; vgl. in diesem Sinne *Schminck,* Studien 85, Anm. 178.

[54] Nach Ansicht von *Schminck,* Studien (vgl. oben Anm. 49 und 51) führte Leon VI. das Verbot auf Photios zurück.

[55] Vgl. Epitome legum 8.22 (*Zepos,* JGR, Bd. 4, 327), Eisagoge aucta 6.3 (ebenda, Bd. 6, 66f.), Prochiron auctum 28.3 (ebenda, Bd. 7, 208), Hexabiblos App. 4.1 (*Gustav Ernst Heimbach,* Manuale legum sive Hexabiblos [Leipzig 1851, Ndr. Aalen 1969] 806).

[56] Balsamon behauptet dies, obwohl ihm bekannt war, daß nach dem Basilikentext, den er in der interpolierten Fassung in seinem Scholion zum Nomokanon in 14 Titeln Kap. 1.23 (*Rhalles–Potles,* Syntagma, Bd. 1, 59) zitiert, das Vorhandensein von (ehelichen) Kindern kein Hindernis für die Bischofsweihe darstellte.

[57] „Ἐπεὶ δὲ ἐν πολλοῖς τῶν νομοκανόνων εὑρίσκεται νεαρὰ ἰουστινιάνειος, διοριζομένη, μὴ ἀνάγεσθαι εἰς ἀξίωμα ἐπισκοπικὸν τὸν ἔχοντα γυναῖκα ἢ τέκνα, ἢ μὴν τὸν παρὰ ταῦτα χειροτονηθησόμενον καθαιρεῖσθαι (κεῖται δὲ ἡ τοιαύτη νεαρὰ καὶ εἰς βιβλίον γ′ τῶν βασιλικῶν τίτλ. α′ κεφ. ζ′, ...), λέγομεν ὡς τὰ τῆς τοιαύτης νεαρᾶς ἠπράκτησαν, κἂν ἐτέθησαν εἰς τὰ βασιλικά, καὶ ἐνεργοῦσι τὰ τοῦ παρόντος κανόνος καὶ ἡ δευτέρα νεαρὰ τοῦ βασιλέως κυροῦ Λέοντος τοῦ φιλοσόφου, (...)" (*Rhalles–Potles,* Syntagma, Bd. 2, 422). Vgl. auch das Scholion desselben Kanonisten zum Nomokanon in 14 Titeln Kap. 1.23: „Σημείωσαι, εἰ καὶ ἀπὸ τῆς παρούσης ρλζ′ ἰουστινιανείου νεαρᾶς, ἤτοι τοῦ ζ′ κεφ. τοῦ α′ τίτ. τοῦ γ′ βιβλίου τῶν βασιλικῶν, κωλύεται τὸ ψηφίζεσθαί τινα εἰς ἐπισκοπὴν ἔχοντα

Zielten die trullanischen Kanones auf eine Stabilisierung der Voraussetzungen zur Bischofsweihe ab, so löste die Regelung hinsichtlich der aufzulösenden Ehe der Bischofskandidaten doch eine gewisse Reaktion aus. Durch die narratio des schon erwähnten Semeioma vom Jahre 1186 wird die mangelnde Bereitschaft mancher Bischöfe bezeugt, sich von ihren Frauen zu trennen. Auch die Ehefrauen waren offensichtlich nicht bereit, auf das Zusammenleben mit ihren Männern zu verzichten. Dies führte schließlich dazu, daß man – wenn auch nicht aufgrund einer konkreten kanonischen Vorschrift – die Bischöfe in der Regel aus den Reihen der Priestermönche (Hieromonachoi) wählte[58].

So wurden die die Bischöfe betreffenden Weihehindernisse teils durch die Kanones der Synoden und die Kaisergesetze festgelegt, teils durch die Praxis der Kirche unter Berücksichtigung der christlichen Morallehre und der sozialen und wirtschaftlichen Verhältnisse geprägt. Der finanzielle Faktor spielte dabei zwar keine ausschließliche, jedoch eine erhebliche Rolle[59]. Bei der Bewertung der Beziehungen zwischen dem Familienvermögen eines Bischofs und dem Vermögen der Kirche darf man nicht übersehen, daß sie als „Einbahnstraße" gestaltet waren. Da der Bischof zwar seine Verwandten uneingeschränkt beerben durfte, andererseits aber nur von Verwandten bis zu einem bestimmten Grad beerbt werden konnte und da sein erbloser Nachlaß an die Kirche fiel, war die Bereicherung der Kirche durch das Familienvermögen der Bischöfe jederzeit möglich, der umgekehrte Fall aber absolut ausgeschlossen, bildeten doch die nach der Ordination erworbenen Güter eine hermetisch abgeschlossene, den Erben des Bischofs unzugängliche Vermögensmasse.

γαμετὴν νόμιμον, ἀλλὰ σὺ μὴ προσσχῇς ταύτῃ, πρόσσχες δὲ μᾶλλον τῷ μη' κανόνι τῆς ἐν τῷ Τρούλλῳ συνόδου, ὃν καὶ ἀνάγνωθι καὶ λέγε καὶ ἀπὸ τούτου προτιμᾶσθαι τῶν νόμων τοὺς κανόνας" (*Rhalles–Potles*, Syntagma, Bd. 1, 60).

[58] *Milasch*, Kirchenrecht, 268.

[59] So auch *Nikolaos Mpugatsos*, Ἀγαμία τοῦ Κλήρου, in: Θρησκευτικὴ καὶ Ἠθικὴ Ἐγκυκλοπαιδεία 1 (Athen 1962) 118–124. – *Patsabos*, Eintritt, 214.

Eleftheria Papagianni

Vorkaufsrecht und Verwandtschaft

Eine präzise und erschöpfende Regelung des Vorkaufsrechts findet sich in einer wahrscheinlich im Jahre 922 beziehungsweise 928 promulgierten Novelle des Kaisers Romanos I.[1] Es heißt dort: Wenn jemand ein Grundstück verkaufen (oder verpachten) möchte, ist er verpflichtet, zuvor diejenigen, denen das Vorkaufsrecht zusteht, davon in Kenntnis zu setzen, damit diese gegebenenfalls, und zwar innerhalb eines Monats, ihr Vorkaufsrecht geltend machen können. Fünf Kategorien von Personen steht das Vorkaufsrecht zu, und zwar in folgender Reihenfolge: 1) blutsverwandten Mitbesitzern pro diviso oder pro indiviso, 2) Mitbesitzern aus Gesellschaftsvertrag, 3) bloßen Mitbesitzern, 4) Nachbarn, welche ihre steuerrechtlichen Abgaben an dieselbe Stelle entrichten, 5) Personen, denen angrenzende Grundstücke gehören[2].

Diese Kategorien ergeben sich nicht unmittelbar aus einer wörtlichen Übersetzung der betreffenden Stelle der Novelle, sondern aus den Interpretationen moderner Autoren[3], die auch auf einem (von Zachariä von Lingenthal edierten) anonymen Kom-

[1] *Franz Dölger,* Regesten der Kaiserurkunden des oströmischen Reiches von 565–1453, Bd. 1 (München 1924, Ndr. Hildesheim 1976) Nr. 595. Zu den verschiedenen Versionen der Novelle, ihrer Authentizität und ihrem Datum s. *Nicolas Svoronos,* La Synopsis Major des Basiliques et ses Appendices (Bibliothèque byzantine-Études 4, Paris 1964) 199 (index); im folgenden zitiert: *Svoronos,* Synopsis; *ders.,* Histoire des institutions de l'empire byzantin, in: Annuaire de l'École Pratique des Hautes Études, IVe section, Sciences historiques et philologiques (Paris 1969–1970) 331–346; im folgenden zitiert: *Svoronos,* Histoire; *Paul Lemerle,* The Agrarian History of Byzantium from the Origins to the Twelfth Century (Galway 1979) 85–87; im folgenden zitiert: *Lemerle,* History.

[2] *Johannes* und *Panagiotes Zepos,* Jus Graecoromanum, Bd. 1 (Athen 1931, Ndr. Aalen 1962) 202^{2-19}: „... οὓς καλοῦμεν κατὰ τάξιν πρὸς τὴν προτίμησιν· ἵνα πρῶτοι κληθῶσιν οἱ ἀναμὶξ συγκείμενοι συγγενεῖς· εἶτα οἱ οὕτως συμπεπλεγμένοι κοινωνοί· μεθ 'οὓς οἱ μόνον ἀναμεμιγμένοι, εἰ καὶ ξένοι πάντη τῷ ἐκχωροῦντι τυγχάνοιεν· ἔπειτα καὶ οἱ συμπαρακείμενοι ὁμοτελεῖς· μετέπειτα οἱ ἁπλῶς ἔν τινι μέρει συναπτῶς ἡνωμένοι. Ὁμοτελεῖς δέ φαμεν πάντας τοὺς ὑπὸ τὸν αὐτὸν ὑποτεταγμένον ἀναγραφομένους, κἂν ἐν διαφόροις τόποις τὰ ἴδια τελέσματα καταβάλλωνται. Πολλῶν δὲ πέριξ τοῦ ἐκχωρουμένου κτήματος ὁμορούντων, κατὰ τὴν αὐτὴν τάξιν ἑκάστῳ ἡ προτίμησις διὰ μαρτυρίας τελείσθω, ἵνα τῶν προτιμωμένων ἴσως παραιτουμένων, οἱ ἐφεξῆς καλούμενοι, εἴγε βούλοιντο, συναλλάξαιεν. Εἰ μέντοι πάντες ἐκ τῶν ἴσων ἔρχονται προνομίων, ὥστε κατὰ μηδὲν ἀλλήλων προκεκρίσθαι ἐπὶ τῇ τοιαύτῃ προκλήσει, ἡ αὐτὴ πᾶσιν ὁμοίως γινέσθω προφώνησις, ἵνα ἐντὸς λ΄ ἡμερῶν τὸ ἄξιον τίμημα ἢ ὅπερ ἀρρᾳδιουργήτως ὁ ἀληθὴς δίδωσιν ἀγοραστής, αὐτοὶ ἀνυπερθέτως καταβαλόντες ἀναλόγως ἀφ'ἑαυτῶν ἢ ἔκ τινος ἀρχῆς τοῦτο ἐπιμερίσωνται, ὅσοι δὲ μὴ ἐμπροθέσμως τὴν ἐπιβάλλουσαν αὐτοῖς παράσχοιεν ἀποτίμησιν, οὐκέτι δίκαιον ἕξουσι προτιμήσεως ...“; im folgenden zitiert: *Zepos,* Jus I.

[3] Z. B. *Francesco Schupfer,* Romano Lecapeno e Federico II a proposito della προτίμησις, in: Atti

mentar im Codex Paris.gr.1355[4] basieren. Im folgenden werde ich mich mit der ersten Kategorie beschäftigen, denen, die in der Novelle „οἱ ἀναμὶξ συγκείμενοι συγγενεῖς“ genannt werden. Die oben erwähnte Interpretation dieses Ausdruckes ist nicht zu beanstanden[5]. Ich bezweifle aber die Behauptung des anonymen Kommentators, daß nur „ignorante“, „bäurische“, „barbarische“ und „uneingeweihte“ Menschen oder solche, die auf einen Profit abzielten, den Ausdruck anders verstünden und glaubten, daß damit Blutsverwandte gemeint seien[6]. Mit anderen Worten: Ich werde versuchen zu zeigen, daß es für die Byzantiner nicht ganz einfach zu verstehen war, daß sich das Vorkaufsrecht der ersten Kategorie eher auf den Mitbesitz als auf die Verwandtschaft stützte[7].

della R. Accademia dei Lincei 287 (1890), Serie Quarta/Memorie (Rom 1891) 252–254; im folgenden zitiert: *Schupfer,* Romano Lecapeno; *Karl Eduard Zachariä von Lingenthal,* Geschichte des griechisch-römischen Rechts (Berlin ³1892, Ndr. Aalen 1955) 239ff.; im folgenden zitiert: *Zachariä,* Geschichte; *Georges Platon,* Observations sur le droit de προτίμησις en droit byzantin (Paris 1906) 8ff.; im folgenden zitiert: *Platon,* Observations; *Georg Ostrogorsky,* Die ländliche Steuergemeinde des byzantinischen Reiches im X. Jahrhundert, in: Vierteljahresschrift für Sozial- und Wirtschaftsgeschichte 20 (1927) 33ff.; im folgenden zitiert: *Ostrogorsky,* Steuergemeinde; *Lemerle,* History, 92ff.

4 Zepos, Jus I, 198–200.

5 Vgl. dazu Syn.Min. N 42: „... εἰσὶν οἱ προτιμώμενοι τῶν ἄλλων εἰς τὸ ἀγοράζειν αὐτούς· πρῶτοι οἱ ἀναμὶξ καὶ συγγενεῖς, ἤγουν ἡνωμένοι εἰς τὴν δεσποτείαν τοῦ τόπου, καὶ συγγενεῖς ἀλλήλων τε καὶ τῶν τοῦ τόπου κυρίων ...“ – Harm. 3.3.104: „Ἵνα πρῶτοι κληθῶσιν οἱ ἀναμὶξ κείμενοι συγγενεῖς ἤτοι οἱ ἔχοντες μεμιγμένην κοινότητα πρός τι πρᾶγμα ἢ οἶκον ἢ ἀγρὸν ἢ ἀμπελῶνα ἢ πρὸς ἄλλο τι τοιοῦτον· τοὺς τοιούτους γὰρ συγγενεῖς προτιμᾶται ὁ νόμος· ὅπου δὲ κοινότητα οἱ συγγενεῖς οὐκ ἔχουσι, προτιμῶνται οἱ ἔχοντες κοινότητα“. Vgl. auch das Gesetz Friedrichs II., das die Novelle des Romanos wiedergibt, *Schupfer,* Romano Lecapeno, 262. Für die weitere Überlieferung der Novelle s. auch Att. App. I 10 – Syn.Min. A Schol. λθ' – Pr.A. 40.92,93.

6 *Zepos,* Jus I, 199^{9-16}, 200^{47-53}: „... οὗτοι μὲν οὖν εἰσὶν οἱ ἀναμεμιγμένοι συγγενεῖς. Εἰ γὰρ λέγοντες τὸ ἀναμεμιγμένον διὰ τὴν συγγένειαν εἶναι, ἢ ἐξ ἀγνωσίας λέγουσι καὶ ἀμαθείας ἢ ὡς χρησιμεῦον αὐτοῖς μὴ αἰσχυνόμενοι διὰ τὸ θέλημα αὐτῶν τὴν τοσαύτην χωρικίαν. Τίς γάρ ποτε γράμματα μαθὼν καὶ τῆς ἡμετέρας διαλέκτου γινώσκων τὴν ἔννοιαν τοσοῦτο βαρβαρικῶς νοήσει τὸν τὴν νεαρὰν ἐκδόντα σοφώτατον νομοθέτην καὶ ὑπογραφέα τοῦ βασιλέως ὅτι συμπεπλεγμένους ἐκάλεσεν ἢ ἀναμεμιγμένους τοὺς συγγενεῖς διὰ τὴν ἀναμιγὴν τοῦ αἵματος ...“ – „... καὶ εἰ μὲν ἡ συγγένεια μόνη ἤρκει εἰς τὴν προτίμησιν καθὼς ἄρα τινὲς τῶν ἀμυήτων δοξάζουσιν, ἀνόητος καὶ περιττὴ ἡ τοῦ ἐπικοίνου ἀνάμνησις. Διά τοι τοῦτο παρὰ πολλῶν καὶ ἐντεῦθεν βεβαιότερον μανθανέτωσαν, ὅτι οἱ ἀναμὶξ συγκείμενοι συγγενεῖς οἳ τὸ πρᾶγμα ἀναμεμιγμένον ἔχουσιν. Εἰ δὲ καὶ ἐγγύτεροι τῶν ἄλλων εἰσὶν οὗτοι, τῶν πάντων προτιμάσθωσαν, ὡς παρὰ τοῦ νόμου τὴν προτέραν τάξιν ἐσχηκότες καὶ βαθμὸν τὸν ἐγγύτερον“.

7 Vgl. dazu *Zachariä,* Geschichte, 248, der eine Änderung der Grundlage der Protimesis in diese Richtung annahm. Da er (Geschichte 236–238) aber glaubte, daß das Vorkaufsrecht mit dem Zuschlag (ἐπιβολή) eng verbunden sei, meinte er, daß diese Änderung auf die Abschaffung des Steuerzuschlags nach dem 11. Jahrhundert zurückzuführen sei. Diese Abschaffung ist aber umstritten, vgl. dazu *Franz Dölger,* Das Fortbestehen der Epibole in mittel- und spätbyzantinischer Zeit, in: Studi in memoria di A. Albertoni, Bd. II (Padova 1934) 5–11; *ders.,* Besprechung von *Germaine Rouillard,* L'épibolé au temps d'Aléxis Comnène, in: Byzantion 10 (1935) 81–89, in: BZ 36 (1936) 157–161; *Nicolas Svoronos,* L'épibolé à l'époque des Comnènes, in: Travaux et

Sogar im Text der Novelle gibt es Hinweise darauf, daß solche Vorstellungen nicht völlig unbegründet sind. Sie beginnt nämlich mit einer Schilderung der damals bezüglich der Protimesis existierenden Probleme. Das Vorkaufsrecht war schon Gegenstand der römischen Kaisergesetzgebung gewesen[8]. Wie Romanos sagt, existierten auf diesem Gebiet zwei einander widersprechende Gesetze. Das eine, welches bestimmte, daß Bauern ein Grundstück nur Bewohnern derselben „metrokomia" verkaufen dürften, interessiert uns im Rahmen dieser Untersuchung nicht[9]. Das andere Gesetz aber (das von Romanos als „altes Gesetz" bezeichnet wird) bestimmte, daß jedermann sein Gut frei verkaufen dürfte, ohne von seinen Verwandten oder Gesellschaftern dabei gestört zu werden[10]. Welches ist aber dieses Gesetz? Es ist sehr wahrscheinlich, daß es sich hierbei um eine Bestimmung der Kaiser Gratian, Valentinian und Theodosios vom Jahre 391 (C.Th. 3.1.6) handelt. Über diese Bestimmung erfahren wir aber, daß sie ein älteres Gesetz abschaffte, dem zufolge „proximi" und „consortes" des Verkäufers das Recht hatten, das verkaufte Gut für sich zu beanspruchen und „extranei" zurückzuweisen[11]. Dieses ältere Gesetz ist leider nicht erhalten. Nach der Ansicht von Gothofredus[12] (die von jüngeren Autoren übernommen wurde[13]) handelte es sich um ein Gesetz Kaiser Konstantins I. Hier ist es vor allem wichtig zu klären, welchen Personen nach dem abgeschafften Gesetz das Vorkaufsrecht zustand, und dazu bedarf es einer Analyse der Bestimmung C.Th.3.1.6. Im Text dieser Bestimmung werden die Ausdrücke „proximi" und „consortes", in ihrer „interpretatio" die Ausdrücke „consortes" und „propinqui"[14] verwendet. Der Terminus „consors" läßt sich durch „Gesellschafter" übersetzen, und darunter kann man die Bewohner eines und desselben Dorfes und vielleicht auch die Mitbesitzer verstehen. Hingegen kann man unter „proximi"

Mémoires 3 (1968) 375–395. Wie dem auch sei, jedenfalls ermangelt die von Zachariä vertretene Meinung der Dokumentation.

8 Dazu *Manlio Bellomo*, Il diritto di prelazione nel basso impero, in: Annali di storia del diritto 2 (1958) 187–228; im folgenden zitiert: *Bellomo*, Prelazione.

9 Wahrscheinlich ist hier von dem Gesetz C.11.56(55).1 = B.55.5.1 die Rede. Zu diesem Gesetz s. *Bellomo*, Prelazione, 204–206.

10 *Zepos*, Jus I, 201$^{5-6}$: „Παλαιὸς νόμος ἐστίν, ἵνα μηδεὶς παρὰ συγγενῶν ἢ κοινωνῶν ἐμποδίζηται πωλεῖν οἷς ἂν ἐθελήσειεν ...".

11 C.Th. 3.1.6: „Dudum proximis consortibusque concessum erat, ut extraneos ab emptione removerent neque homines suo arbitratu vendenda distraherent. Sed quia gravis haec videtur iniuria, quae inani honestatis colore velatur, ut homines de rebus suis facere aliquid cogantur inviti, superiore lege cassata unusquisque suo arbitratu quaerere vel probare possit emptorem". Interpretatio: „Prior ordinatio legis fuerat, ut, si unus ex consortibus pro quacumque necessitate rem vendere voluisset, extraneus emendi licentiam non haberet. Sed hoc melius probatur indultum, ut quicumque de suis rebus libero utatur arbitrio et praetermissis consortibus vel propinquis cui voluerit vendendi habeat liberam potestatem".

12 *Johann Daniel Ritter*, Codex Theodosianus cum Perpetuis Commentariis Iacobi Gothofredi, Bd. I (Leipzig 1736, Ndr. Hildesheim, New York 1975) 286–287.

13 Vgl. *Zachariä*, Geschichte, 237; *Platon*, Observations, 4–7; *Ostrogorsky*, Steuergemeinde, 33; *Svoronos*, Histoire, 337.

14 S. oben Anm. 11.

oder „propinqui“ sowohl Verwandte als auch Nachbarn verstehen[15]. Die genaue Interpretation ist hier aber besonders wichtig. Wenn die „proximi“ die *Nachbarn* gewesen wären, hätte das Gesetz Konstantins einen ähnlichen Gegenstand geregelt wie die Novelle des Romanos (nämlich das Vorkaufsrecht der Nachbarn und Mitbesitzer); versteht man unter „proximi“ dagegen die Verwandten, so scheint es, daß das Gesetz des Jahres 391 ein Vorkaufsrecht von Verwandten, die nicht unbedingt auch Mitbesitzer waren, abschaffte.

Diese Überlegungen betreffen die spätantike Epoche. Leider ist über die Interpretation des Gesetzes C.Th. 3.1.6 (und besonders des Wortes „proximi“) in byzantinischer Zeit nur wenig bekannt. Es wurde zwar in den Codex Justinianus aufgenommen[16], aber eine entsprechende Basilikenstelle existiert nicht mehr[17]. Nur indirekt berichten darüber zwei griechische Quellen: Die Novelle des Romanos und der Tipukeitos. Danach zu urteilen, wie der von Zachariä edierte Text der Novelle den Inhalt der Bestimmung C.Th. 3.1.6. wiedergibt[18], ist anzunehmen, daß der Terminus „proximi“ als „Verwandte“ (συγγενεῖς) interpretiert wurde, und zwar ohne einen Hinweis auf einen eventuellen Mitbesitz. Leider ist diese Quelle nicht besonders zuverlässig, weil die griechische Fassung des Inhalts von C.Th. 3.1.6 vom lateinischen Original erheblich abweichen kann und weil wir außerdem auch über keinen unbestritten authentischen Text der Novelle selbst verfügen[19]. Andererseits begegnet man im Tipukeitos einer interessanteren Fassung, weil hier der Terminus „proximi“ zwar ebenfalls durch „συγγενεῖς“ wiedergegeben wird, aber doch mit einem Zusatz, der zeigt, daß es wahrscheinlich um Mitbesitzer geht. Da der Tipukeitos erst im 11. Jahrhundert verfaßt wurde, ist es möglich, daß sein Verfasser diesen Zusatz unter dem Einfluß der (ihm bekannten) kaiserlichen Gesetzgebung des 10. Jahrhunderts machte[20]. Aus dem Vergleich der genannten Texte kann man wohl den Schluß ziehen, daß möglicherweise bis zu der Novelle Romanos' I. ein besonderes Vorkaufsrecht kraft Verwandtschaft anerkannt wurde, daß aber nach der Promulgation der Novelle von 922 beziehungsweise 928 noch eine weitere Voraussetzung als erforderlich angesehen wurde, nämlich die sa-

[15] Vgl. *Zachariä*, Geschichte, 237 Anm. 770; *Schupfer*, Romano Lecapeno, 249; *Bellomo*, Prelazione, 197–206, 222–228; *Svoronos*, Histoire, 337–338.

[16] C. 4.38.14: „Dudum proximis consortibusque concessum erat, ut extraneos ab emptione removerent neque homines suo arbitratu vendenda distraherent. Sed quia gravis haec videtur iniuria, quae inani honestatis colore velatur, ut homines de rebus suis facere aliquid cogantur inviti, superiore lege cassata unusquisque suo arbitratu quaerere vel probare possit emptorem, nisi lex specialiter quasdam personas hoc facere prohibuerit“.

[17] In der Basilikenedition von Scheltema-van der Wal ist der 5. Titel des 19. Buches „restitutus“, und die Bestimmung selbst fehlt, vgl. *Zepos*, Jus I, 201 Anm. 6. In der alten Edition von Heimbach ist die Tipukeitos-Version als B. 19.5.20 in den Text aufgenommen.

[18] S. oben Anm. 10.

[19] S. die Verweise oben Anm. 1.

[20] M. Κριτοῦ τοῦ Πατζῆ Τιπούκειτος Librorum LX Basilicorum Summarium Libros XIII–XXIII ed. *Franz Dölger* (Studi e Testi 51, Rom 1929) 109^{13-16}: „Καὶ ὅτι οὐδεὶς δύναται οὐδὲ παρὰ συγγενῶν, οὐδὲ παρὰ κοινωνῶν κωλύεσθαι, εἰ βούλεται τὸ ἴδιον μέρος ἐκποιῆσαί τινι. Τοῦτο ἀνῃρέθη παρὰ τῆς νε(α)ρ(ᾶς) τοῦ Κω(νσταντίνου) τῆς περὶ προτιμή(σεως) διαλεγομένης“ (= Lib. XIX tit. V cap. 20). Über diese Zuschreibung der Novelle an Konstantinos s. *Svoronos*, Synopsis, 151–152.

chenrechtliche Beziehung zu dem zu verkaufenden Grundstück. Deswegen ist es nicht auszuschließen, daß das Vorkaufsrecht der Verwandten auf einer alten Tradition beruhte. Die Annahme, daß diese Tradition gebildeten Leuten durchaus geläufig war, kann man durch ein Beispiel belegen.

Im 11. Jahrhundert paraphrasierte Michael Psellos in seiner „Synopsis legum" die Novelle des Romanos in interessanter Weise. Obwohl er bei der Darstellung der Kategorien von Personen, denen das Vorkaufsrecht zustand, beachtenswerterweise dem Wortlaut der Novelle treu blieb, benutzte er, die erste Kategorie referierend, den Ausdruck „οἱ κείμενοι τῶν συγγενῶν πλησίον" statt des Terminus „οἱ ἀναμὶξ συγκείμενοι συγγενεῖς" der Novelle[21]. Daß es für den ausgezeichneten Philologen Psellos besonders schwierig gewesen wäre, auch in diesem Fall einen Vers zu bilden, der das für die Interpretation so wichtige Wort „ἀναμίξ"[22] enthielt, ist kaum anzunehmen. Genauso unwahrscheinlich ist es aber, daß er bewußt eine Änderung des Gesetzes vornehmen wollte, war er doch auch kein hochqualifizierter Jurist und ist sein Werk doch eher mittelmäßig[23]. Das Fehlen des entscheidenden Terminus „ἀναμίξ" ist meiner Meinung nach ein Indiz für das Verständnis der Novelle ein Jahrhundert nach ihrer Promulgation, und zwar für das Verständnis eines Gebildeten, der gewiß kein „Barbar" war, der nicht Griechisch lesen konnte, selbst wenn er nur beschränkte Fachkenntnisse besaß. Für Psellos ist der Terminus „ἀναμίξ" gar nicht erwähnenswert. Es scheint, daß seiner Ansicht nach ein Verwandter, der bloß Nachbar war, das stärkste Vorkaufsrecht hatte: Ihm zufolge war für die Protimesis die Verwandtschaft also wichtiger als die sachenrechtliche Beziehung.

Interessantere Zeugnisse für die Interpretation der Novelle bietet aber die byzantinische Rechtspraxis. Konstantinos Krateros, ein Bewohner von Korfu, schrieb dem Ohrider Erzbischof Demetrios Chomatianos wegen des folgenden Falls[24]. Der Dux von Korfu[25] hatte ein Gut des Michael Serriotes, der ein Verwandter des Krateros war,

[21] *Günter Weiß*, Die „Synopsis legum" des Michael Psellos, in: Fontes Minores II (Frankfurt am Main 1977) 212^{1368}–213^{1378}:
καὶ τοῖς πωλῆσαι μέλλουσι τῶν χωριτῶν ἐνίων
τὴν κτῆσιν τὴν ἀκίνητον, ἣν ἔσχον ἐν χωρίοις,
δέδωκεν εἰς ἐξώνησιν τοὺς συμπαρακειμένους,
ὧν πρῶτοι μὲν οἱ κείμενοι τῶν συγγενῶν πλησίον,
μεθ'οὓς εἰσιν οἱ κοινωνοὶ οὕτω συμπεπλεγμένοι,
μεθ'οὓς οἱ μόνον ἀναμὶξ τούτοις συμβεβλημένοι
καὶ μετ'αὐτοὺς ὁμοτελεῖς συμπαρατεθειμένοι,
μεθ'οὓς οἱ μέρει συναπτοί· οὗτοι γὰρ τελευταῖοι,
τυγχάνουσι δ'ὁμοτελεῖς, ὡς ἤρεσε τοῖς νόμοις,
ὁμοῦ πάντες οἱ τῆς αὐτῆς ὑποταγῆς τυχόντες,
κἂν διαφόρων ἔχωσι τελέσματα τοπίων.

[22] S. oben Anm. 7, 8.

[23] Vgl. dazu *Dieter Simon*, Besprechung von *Günter Weiß*, Oströmische Beamte im Spiegel der Schriften des Michael Psellos, in: Zeitschrift der Sav.-Stift. Rom. Abt. 92 (1975) 483; *Günter Weiß*, Die juristische Bibliothek des Michael Psellos, in: JÖB 26 (1977) 102.

[24] Ed. *Jean Baptiste Pitra*, Analecta sacra et classica Spicilegio Solesmensi parata, Bd. 6 (Paris–Rom 1891, Ndr. Farnborough 1967) Nr. 71, 307–314; im folgenden zitiert: *Pitra*.

[25] S. dazu *Dieter Simon*, Byzantinische Provinzialjustiz, in: BZ 79 (1986) 311 Anm. 4; im folgenden zitiert: *Simon*, Provinzialjustiz.

gekauft. Der Kauf war gesetzwidrig, weil das Gut von Liegenschaften des Krateros umschlossen war und der Käufer gegen die Regeln des Vorkaufsrechts verstoßen hatte. Die Familie des Krateros ließ aber kein Wort verlauten, weil sie Angst vor der Obrigkeit hatte[26]. Ihre Probleme mit dem Dux gingen jedoch weiter. Die Mutter des Konstantinos Krateros hatte von ihrem Bruder Theocharis ein Grundstück als Schenkung erhalten. Konstantinos als ihr Erbe nahm das Grundstück in Besitz. Unterdessen bat ihn seine Kusine Maria, ihr die Hälfte dieses Landgutes zu verkaufen, und Krateros willigte aus Dankbarkeit gegenüber seinem Onkel ein[27]. Als der Dux von dem Verkauf erfuhr, machte er sein Vorkaufsrecht geltend, weil er meinte, daß ihm durch den Kauf des Gutes des Serriotes das Näherrecht zustehe[28].

Da ließ Krateros seine Beklommenheit beiseite und wandte sich an Chomatianos[29]. Das Gutachten des Erzbischofs war für den Dux ganz ungünstig: Zunächst erklärte Chomatianos den Kauf des Grundstücks des Serriotes für ungültig und betonte, daß der Dux nur scheinbar das Eigentum erworben habe, und zwar nicht nur deshalb, weil die Regeln des Vorkaufsrechts nicht beachtet worden waren, sondern auch deswegen, weil er als Dux kein Gut in seinem Amtsbezirk hatte kaufen dürfen[30] (falls es sich

[26] *Pitra* Nr. 71, 309^{31}–310^{9}: „Ὁ νῦν ἐνεργῶν ἐν τῇ καθ'ἡμᾶς νήσῳ τῶν Κορυφῶν, θέλων ἐξωνήσασθαι κτήματα ἐν τῇ νήσῳ ταύτῃ, εὐθέτου καιροῦ τῆς ἐνταῦθα δουκικῆς αὐτοῦ ἐξουσίας δραξάμενος, ἐξωνήσατο ἀπό τινος συγγενοῦς ἡμῶν τοῦ Σερριώτου Μιχαὴλ κτῆμα, μέσον τῶν ἡμετέρων κτημάτων κείμενον, μηδεμίαν ἔχων μετοχὴν οὔτε ἀπὸ πλησιασμοῦ, οὔτε ἐξ ἑτέρου τινὸς κατὰ τόπον δικαίου· ποιούμενος δὲ τὴν τοιαύτην ἐξώνησιν, οὔτε ἐπιφώνησιν ἔθετο κατὰ νόμους πρὸς ἡμᾶς τοὺς πλησιάζοντας τῷ ἀγοραζομένῳ παρ'αὐτοῦ κτήματι καὶ τὴν τιμὴν αὐτοῦ κατὰ ῥᾳδιουργίαν ὑπερεκορύφωσεν, ὡς ἂν δηλονότι ἀνίσχυροι εὑρεθῶμεν ἡμεῖς οἱ πλησιασταί, ὥστε αὐτὸ ἐξωνήσασθαι· τῆς πράσεως δὲ ταύτης γινομένης, καὶ τοῦ πρακτηρίου συντελουμένου, ἡμεῖς οὐκ ἐτολμῶμεν λαλεῖν, οἷα τὴν ἐξουσίαν φοβούμενοι· ὅτι γὰρ καὶ ὑπεψιθυρίσαμεν πρός τινας, λέγοντες ἀδικεῖσθαι πρὸς τὸν πλησιασμὸν ἡμῶν καὶ ἐνωτίσατο τοῦτο ὁ πράκτωρ, τὰ πάνδεινα πάσχειν ἐκινδυνεύσαμεν".

[27] *Pitra* Nr. 71, 310^{13-26}: „Ὁ πρὸς μητρὸς δέ μου θεῖος ὁ κυρὸς Θεοχάρις ἐκεῖνος, ἀδελφικῷ σπλάχνῳ κινούμενος, ἀπεχαρίσατο τῇ αὐταδέλφῃ αὐτοῦ, μητρὶ δὲ ἐμῇ, τὸ κτῆμα τὸ παρ'ἐμοῦ σήμερον κατεχόμενον καὶ νεμόμενον. Ἐγὼ δὲ μεμνημένος τῆς τοῦ θείου μου ἐκείνου χάριτος, ἠθέλησα ποιῆσαι ἀντίχαριν πρὸς τὴν θυγατέρα ἐκείνου καὶ ἐξαδέλφην μου κυρίαν Μαρίαν, αἰτησαμένην διαπωλῆσαι πρὸς αὐτὴν τὴν ἥμισυ τοῦ πατρῴου μὲν ταύτης κτήματος· ἐμοὶ δὲ ἁρμόσαντος ἐκ τῆς διαδοχῆς τῆς μητρός μου, ὡς εἴρηται, ἣν δὴ χάριν καὶ ἐποίησα".

[28] *Pitra* Nr. 71, 310^{30-36}: „Ἐπὶ τούτοις ὁ αὐτὸς πράκτωρ ἡμῶν, μὴ ἀρκούμενος ταῖς προλαβούσαις καθ'ἡμᾶς ἐπηρίαις αὐτοῦ, προστίθησι καὶ ταύτην. Ἀπωθεῖται γὰρ τὴν εἰρημένην ἐξαδέλφην μου ἐκ τῆς τοιαύτης πράσεως, δίκαιον προτιμήσεως δῆθεν ἀπὸ πλησιασμοῦ τοῦ κτήματος τοῦ Σερριώτου προβαλλόμενος".

[29] Da Krateros auf Korfu wohnte und die lange Reise vermeiden wollte, beauftragte er den Anagnost und Ekdikos Georgios damit, seine Bittschrift der Synode von Ohrid vorzulegen. Dazu s. *Simon*, Provinzialjustiz, 321–322.

[30] *Pitra* Nr. 71, 311^{30-42}: „Ἐντεῦθεν λοιπὸν καὶ ὁ τὴν δουκικὴν διεζωσμένος ἀρχὴν ἐν τῇ ἀναπεφωνημένῃ νήσῳ, ὡς τὸν νομικὸν τοῦτον ὑπερβὰς τειχισμὸν διὰ τῆς ἀρχοντικῆς δυναστείας, τοῖς ἀγορασθεῖσιν οὐκ ἐπιτερφθήσεται, ἀλλ'ὡς ἐν ὀνείροις ἀπολαύσει τῆς δεσποτείας αὐτῶν· ἀνατρέπει γὰρ καθόλου τὴν ἀγορασίαν αὐτοῦ, τό τε δίκαιον τῆς προτιμήσεως τὸ ἁρμόζον τῷ Κρατερῷ ἐπὶ τῷ κτήματι τοῦ Σερριώτου καὶ τὸ τῆς δουκικῆς τούτου ἀξίας ὀφφίκιον, ναὶ μὴν καὶ τὸ ἀμάρτυρον καὶ ἀκήρυκτον τῆς τοιαύτης ἀγορασίας πρὸς τὸν πλησιάζοντα Κρατερόν".

nicht um ehemaliges Familienvermögen gehandelt hatte). Um seine Meinung zu stützen, zitierte Chomatianos die Novelle des Romanos, und zwar gerade die Stelle über die Personen, denen das Vorkaufsrecht zusteht[31], sowie Basilikenstellen, die Beamten verbieten, bestimmte Immobilien zu kaufen[32].

Nachdem der Erzbischof so die Ungültigkeit des Kaufes durch den Dux nachgewiesen hatte, beschäftigte er sich mit den Rechten der Kusine Maria. Chomatianos meinte, daß ihr das Vorkaufsrecht zustand, weil sie Krateros' Kusine war, die einen Teil ihres ehemaligen väterlichen Vermögens kaufen wollte. Es lohnt sich, die Argumentation von Chomatianos wörtlich zu zitieren: „... da der vom Dux vorgenommene Kauf für ungültig erklärt wurde, und zwar aus den Gründen, die oben dargelegt wurden, und wegen der verwandtschaftlichen Beziehung der Kusine zu Krateros und außerdem wegen des väterlichen Rechts, das sie an dem von ihr verkauften Teil dieses Grundstückes hat, steht ihr auf jeden Fall auch das Vorkaufsrecht zu, das er (das heißt der Dux) wegen (des Kaufes) des Grundstückes des Serriotes zu haben behauptet. Denn, wenn sogar derjenige, dem die Gesetze den Kauf verbieten, immerhin das väterliche Gut kaufen darf, so hat erst recht die Person, die frei verkaufen und kaufen kann, die Erlaubnis, das väterliche Gut ungehindert zu kaufen, und aus diesem Grund wird sie stärker berechtigt als diejenigen, denen das Vorkaufsrecht zusteht. Hiervon und von den anderen Gründen abgesehen, kann einzig und allein die Tatsache, daß Maria das väterliche Gut kauft, ihren Kauf sicher machen, und von denjenigen, die das Vorkaufsrecht haben, kann der Kauf keinesfalls angegriffen und erschüttert werden"[33].

Demnach glaubte der Erzbischof von Ohrid, ein eminenter Jurist des 13. Jahrhunderts, der die Novelle des Romanos kannte und benutzte, daß Blutsverwandte zu den beim Kauf bevorrechtigten Personen zählten und daß das Recht auf Rückkauf des Familienvermögens stärker war als jede andere Art der Protimesis. Chomatianos benutzt in diesem Fall zusätzlich ein Argument, das ihm wahrscheinlich bei der Untersuchung des konkreten Sachverhaltes eingefallen war. Nach den Gesetzen könnten Personen,

[31] *Pitra* Nr. 71, 312^{33}–313^{20}.

[32] B. 19.1.46 = SBM A 3.12–B. 19.1.62 = SBM A 3.13–B. 56.2.46.2 = SBM A 3.22–B. 57.1.9 = SBM Σ 4.11. Im selben Zusammenhang führt Chomatianos auch ein nur aus dieser Quelle bekanntes Scholion an: *Pitra* Nr. 71, 312^{7-14}: „Ταῦτα τὸ λθ' διαλαμβάνει κεφάλ. τοῦ α' τίτλου τοῦ ιθ' βιβλ. τῶν βασιλικῶν, οὗ ἡ παραγραφὴ ἑρμηνεύουσα τὴν ὑπεξαίρεσιν τῶν ῥητῶς ἐπιτετραμμένων, οὕτω φησίν· Ἐὰν ὁ ἄρχων ἔχῃ τι πατρῷον ἐν τῇ χώρᾳ ᾗ ἄρχει, ἐπιτέτραπται ἀγοράζειν αὐτό, φθάσαν ποτὲ πρὸς ἕτερον διαπραθῆναι ἢ μέλλον". Zu diesem Scholion s. *Nikolaos Matses,* Νομικὰ ζητήματα ἐκ τῶν ἔργων τοῦ Δημητρίου Χωματιανοῦ (Athen 1961) 37.

[33] *Pitra* Nr. 71, 314^{19-40}: „... τῆς ἀγορασίας δὲ τοῦ δουκὸς ἀναιρουμένης ὑπὸ τῶν αἰτίων ἅπερ ὁ λόγος ἀνόπιν ἐδήλωσεν, ἔτι γε μὴν καὶ ὑπὸ τῆς συγγενικῆς πρὸς τὸν Κρατερὸν οἰκειότητος τῆς ἐξαδέλφης αὐτοῦ, καὶ πρός γε ὑπὸ τοῦ πατρικοῦ δικαίου ὅπερ αὕτη πρὸς τὸ παρ'αὐτῆς ἐξωνηθὲν μέρος ἀπὸ τοῦ κτήματος τούτου κέκτηται, συναιρεῖται ταύτῃ καθόλου καὶ ἡ προτίμησις, ἣν ἔχειν ἀπὸ τοῦ κτήματος τοῦ Σερριώτου οἴεται. Εἰ γὰρ αὐτὸς ὁ παρὰ τῶν νόμων ἀποτρεπόμενος ἀγοράζειν, τὸ πατρῷον μόνον ἐπιτρέπεται ἐξωνεῖσθαι, πολλῷ δὴ πλέον τὸ πρόσωπον τὸ συγκεχωρημένον πωλεῖν τε καὶ ἀγοράζειν, ἄδειαν ἔχει τὸ πατρῷον ἀνεμποδίστως ἐξωνεῖσθαι, καὶ κρεῖττον διὰ τοῦτο τῶν ἐχόντων τὴν προτίμησιν γίνεσθαι· οὐ μὴν ἀλλὰ καὶ τῶν ἄλλων αἰτίων χωρίς, αὐτὸ μόνον τὸ ἐξωνεῖσθαι τὴν Μαρίαν τὸ πατρῷον δύναται ἰσχυρὰν τὴν ἀγορασίαν ταύτης ποιεῖν, καὶ ἐκ τῶν ἐχόντων προτίμησιν, πάντῃ ἀνεπηρέαστόν τε καὶ ἀπερίτρεπτον".

die bestimmte Immobilien nicht kaufen durften (nämlich Beamte in ihren Amtsbezirken), trotzdem ehemaliges Familienvermögen kaufen. Dieses Recht sollte – nach Ansicht des Erzbischofs – erst recht solchen Personen zustehen, die keinen Verfügungsbeschränkungen unterliegen, und zwar so, daß das Recht nicht durch die Protimesisregeln gegenstandslos gemacht wird. Das bedeutet im vorliegenden Fall, daß eventuelle Nachbarn Maria den Vorrang lassen sollen und daß das Grundstück in Händen ihrer Familie bleiben soll.

Das heißt aber nicht, daß der Erzbischof von Ohrid das Vorkaufsrecht der Verwandten in jedem Fall anerkannte. In einem Urteil entschied er, daß der Cousin und der Onkel des Verkäufers kein Recht auf einen verkauften Weinberg hätten, weil dieser nicht zum Familienvermögen gehöre, sondern erst vom Verkäufer selbst erworben worden sei[34]. Einem anderen Aspekt dieses Problems begegnet man in einer Entscheidung des Patriarchatsgerichts aus dem Jahre 1400[35]. Die Nonne Martha reklamierte einen von Asannina verkauften Obstgarten, weil ihre Einsiedelei früher ebenfalls der Familie der Asannina gehört habe, die zwei Güter also συγγενικά gewesen seien[36]. Das Urteil fiel aber ungünstig für Martha aus, weil die Einsiedelei (die wirklich vor vielen Jahren den Vorfahren der Asannina gehört hatte) inzwischen drei- oder viermal verkauft und deswegen dem Familienvermögen völlig entfremdet worden war[37].

Bevor ich diese zwei Urkunden weiter untersuche und sie mit dem Gutachten des Chomatianos über das Vorkaufsrecht der Maria vergleiche, will ich kurz über die zwei zu der Grundlage der Protimesis geäußerten Meinungen berichten. Nach Zachariä von Lingenthal war das Vorkaufsrecht sehr eng mit dem System der Steuerveranlagung, das als „ἐπιβολή" (Zuschlag) bekannt ist, verbunden[38]. Andererseits meinte Platon, ohne diese Beziehung völlig abzulehnen[39], daß die Grundlage der „προτίμησις" die „ἀναμιγή" gewesen sei, das heißt jene Eigenschaft von Immobilien, die sich darin ausdrückt, daß die früheren Bestandteile einer wirtschaftlichen Einheit sich sogar noch nach der Teilung dieser Einheit weiterhin als deren Bestandteile verhielten. Nach Platon dienten Verwandtschaft und Gesellschaft für die Begründung eines Vorkaufs-

[34] *Pitra* Nr. 72, 317^{10-14}: „... ὡς ὁ ἀμπελών, περὶ οὗ διαμάχεται ὁ Ἱερακάρης, οὐκ οὐδόλως οὐδαμοῦ μέρος τῆς ὑποστάσεως, ἣν ὡς γονικὴν ὁ πενθερὸς αὐτοῦ ὁ Βρατωνᾶς νέμεται σήμερον ...".

[35] *Franz Miklosich/Joseph Müller,* Acta et diplomata graeca medii aevi sacra et profana, Bd. 1–6 (Wien 1860–1890, Ndr. Aalen 1961); im folgenden zitiert: *Miklosich/Müller,* 1–6; hier: *Miklosich/Müller,* 2, Nr. 599, 427–429. Vgl. *Jean Darrouzès,* Les Regestes des Actes du Patriarcat de Constantinople, Bd. 6 (Paris 1979) Nr. 3159; im folgenden zitiert: *Darrouzès,* Regestes.

[36] *Miklosich/Müller,* 2, Nr. 599, 428^{22-24}: „... προεβάλλετο, ὅτι τῶν αὐτῶν ἦσαν τό τε περιβόλιον καὶ τὸ κάθισμα, τῶν προγόνων τῆς Ἀσαννίνης, καὶ δίκαιον ἔχειν ἔλεγε προτιμᾶσθαι ὡς εἰς κτῆμα συγγενικόν ...".

[37] *Miklosich/Müller,* 2, Nr. 599, 428^{27-31}: „... πρὸς μὲν οὖν τὸ συγγενικὰ εἶναι τό τε κάθισμα καὶ τὸ περιβόλιον, ἀπεδείχθη, ὅτι εἰ καὶ ἦσάν ποτε, ἀλλὰ νῦν οὐκ εἰσίν, ἀπεκόπη γὰρ ἀπὸ τῶν γονέων τῆς Ἀσαννίνης τὸ κάθισμα παλαίποτε καὶ ἐξεδόθη πρὸς πρόσωπα ξένα, μοναχούς, οὓς διεδέξαντο ἄλλοι καὶ μετ'αὐτοὺς ἕτεροι ...".

[38] S. oben Anm. 7.

[39] Vgl. *Platon,* Observations, 3.

rechts wegen „ἀναμιγή“ als Nebenumstände[40]. Jüngere Autoren äußerten sich nicht ausdrücklich zugunsten der einen oder anderen Meinung[41]. Meines Erachtens ist es aber sicher, daß die von Platon beschriebene „ἀναμιγή“ in der Novelle des Romanos über das Vorkaufsrecht erkennbar ist[42]. Im Gegensatz dazu ist in dem Gutachten des Chomatianos von dieser „ἀναμιγή“ gar nicht die Rede. Wir wissen nicht, ob Maria weitere Grundstücke ihres Vaters geerbt hatte oder wo sich ihr eventuelles weiteres Vermögen befand. Den Erzbischof interessiert gar nicht, ob das Grundstück Teil einer wirtschaftlichen Gesamtheit ist, ihm kommt es nur darauf an, daß Maria die Tochter des früheren Eigentümers und die Kusine des Verkäufers ist; das allein begründet ihr Vorkaufsrecht. Meines Erachtens entschied Chomatianos hier nach Gerechtigkeitsvorstellungen, die wahrscheinlich einer das Vorkaufsrecht von Verwandten anerkennenden Tradition entsprachen, ohne daß eine sachenrechtliche Beziehung zu dem Grundstück verlangt wurde. Die Novelle wird also in dem Gutachten gar nicht angewendet, obwohl sie zitiert wird.

Genau das Gegenteil trifft bei der anderen Urkunde des Aktencorpus von Chomatianos zu. Es handelt sich hierbei um ein Urteil in einem Fall, dessen Entscheidung vom Kaiser direkt an Chomatianos verwiesen wurde[43]. Ioannes Hierakares war Schwiegersohn eines Bewohners des Dorfes Vlastus namens Vratonas. Er war vor verschiedenen Gerichten und Richtern erschienen[44], wobei es um einen Weinberg ging, den er von Gridos Drazes herausverlangte; jedesmal war er unterlegen gewesen[45]. Schließlich war er bis zum Kaisergericht vorgedrungen, doch fiel auch die kaiserliche Entscheidung ungünstig für ihn aus. Der unterlegene Hierakares weigerte sich aber, das kaiserliche Urteil zu respektieren. Nun sollte Chomatianos seine geistliche Macht ausüben. Zuerst wurde das kaiserliche Prostagma verlesen, dann wurden Zeugen vorgeladen, die (unter Exkommunikationsandrohung) das folgende aussagten: Der verstorbene Vater von Vratonas (Rados) hatte einen Bruder Sarakenos, dessen Tochter Stanna hieß. Stanna heiratete Velkanos aus dem Dorf Rompus und bekam als Mitgift

[40] *Platon,* Observations, 18, 20: „Mais partout, comme condition préalable essentielle de la προτίμησις, se retrouve l'ἀναμιγή, qui suffit seule à fonder un droit de préemption efficace, à la condition de n'être pas vaincue par un droit plus fort résultant de l'adjonction à l'ἀναμιγή d'une autre circonstance accessoire, la συγγένεια ou la κοινωνία“ – „L'ἀναμιγή c'est la propriété qu'ont certains immeubles en quelques mains qu'ils se trouvent, de former au point de vue juridique, un tout d'une certaine espèce, de se comporter, au moment où ils vont changer de mains, comme les parties d'un tout dont l'unité primitive réapparaît en quelque sorte sous le morcellement ultérieur et entraîne certains effets juridiques“.

[41] Vgl. z. B. *Panagiotes Zepos,* Τινὰ περὶ τῆς βυζαντινῆς προτιμήσεως, κατὰ τὸ δίκαιον τῶν παραδουναβείων χωρῶν, in: Μνημόσυνα Παππούλια (Athen 1934) 294 Anm. 10; im folgenden zitiert: *Zepos,* Protimesis, und *Bellomo,* Prelazione, 188–189.

[42] S. oben Anm. 2 und *Zepos,* Protimesis, 295.

[43] S. *Simon,* Provinzialjustiz, 325–326.

[44] S. ebda., 337.

[45] *Pitra* Nr. 72, 315^{7-19}: „Τοιοῦτός τις πέφηνεν ἄρτι καὶ Ἰωάννης ὁ ἐπιλεγόμενος μὲν Ἱερακάρης, γαμβρὸς δὲ τοῦ Βλαστηνοῦ Βρατωνοῦ τοῦ Ῥάδου, τὸ δὲ γένος ἕλκων ἐκ Μακεδόνων· παρὰ διαφόροις γὰρ δικαστηρίοις καὶ δικασταῖς, τῷ τοῦ Γρίδου Δράζῃ ἐπιφυείς, ὃς τὰς οἰκήσεις ἐν Ἀγχριδιωτικῷ χωρίῳ ποιεῖται, τῷ καλουμένῳ Ῥακίτᾳ, περὶ ἀμπελῶνος ἐξωνηθέντος μὲν παρὰ τοῦ Ἰωάννου· καὶ πανταχόθεν τὴν ἥττονα ψῆφον ἀπενεγκάμενος, τελευταῖον αὐτοῦ δὴ τοῦ βασιλικοῦ μετεποιήσατο βήματος“.

das ganze Vermögen ihres Vaters, das heißt die Hälfte des Familienvermögens von Rados und Sarakenos. Unterdessen kaufte Velkanos ein herrenloses Grundstück im Dorf Vlastus und wandelte es in einen Weinberg um. Da er aber unter der Steuerbelastung litt, hinterließ er das Vermögen seines Schwiegervaters denjenigen, die darauf ein „elterliches Recht“ hätten, und ließ sich im Dorf Gringarioi nieder. Dennoch behielt er seinen Weinberg und bearbeitete ihn weiter. Schließlich gab er den Weinberg seiner Tochter Irene als Mitgift; danach starb er. Irene heiratete einen Mann namens Konstantinos, bekam einen Sohn (Basileios) und starb. Konstantinos und Basileios verarmten und mußten den Weinberg an Drazes verkaufen[46]. Es war dieser Weinberg, den Hierakares als Cousin des Verkäufers herausverlangte. Diese Verwandtschaft wurde von Chomatianos aber gar nicht berücksichtigt. Da für ihn klar war, daß der Weinberg nicht zum Familienvermögen der Brüder Sarakenos und Rados gehörte, hatten Vratonas und Hierakares keine Rechte daran[47], so daß der Kauf gültig war.

Obwohl in diesem Urteil vom Vorkaufsrecht gar nicht die Rede ist, ist es selbstverständlich, daß es sich um einen Protimesisfall handelt. Hierakares meinte wahrscheinlich, daß ihm ein Vorkaufsrecht zustünde, weil er der Cousin von Konstantinos und der Onkel von Basileios war. Chomatianos interessierte sich aber nur für die Beziehung zwischen dem Familienvermögen und dem Weinberg, das heißt die „ἀναμιγή“ der Immobilien. Da es eine solche „ἀναμιγή“ nicht gab, spielte die Verwandtschaft keine Rolle. Der Erzbischof ging also nach der Novelle vor, obwohl er sie nicht zitierte. Dafür spricht auch seine Feststellung, daß der verkaufte Weinberg nicht derselben Steuereinheit angehörte wie das Familienvermögen des Vratonas[48]. Dem ist noch

[46] *Pitra* Nr. 72, 317^{11}–318^{7}: „... ἐξεῖπον ὡς ὁ ἀμπελών, περὶ οὗ διαμάχεται ὁ Ἱερακάρης, οὐκ οὐδόλως οὐδαμοῦ μέρος τῆς ὑποστάσεως, ἣν ὡς γονικὴν ὁ πενθερὸς αὐτοῦ ὁ Βρατωνᾶς νέμεται σήμερον, ὡς ἐκ τοῦ Ῥάδου καὶ τοῦ Σαρακηνοῦ, τῶν δύο αὐταδέλφων καταχθεῖσαν εἰς τοῦτον· ὧν ὁ μὲν Ῥάδος, φασί, ὁ πατὴρ τοῦ Βρατωνᾶ ἦν, θεῖος δὲ ὁ Σαρακηνός· ὁ μὲν γὰρ Σαρακηνὸς Στάνναν σχὼν θυγατέρα, ἤγουν ἐξαδέλφην τοῦ Βρατωνᾶ, καὶ ἀνδρὶ ταύτην ἁρμοσάμενος Βελκάνῳ τινὶ ἀπὸ τοῦ χωρίου ὁρμώμενος Ῥομποῦς, τὴν ἀνήκουσαν ἑαυτῷ ἡμίσειαν ἀπὸ τῆς εἰρημένης ὑποστάσεως πρὸς τὴν θυγατέρα τούτου τὴν Στάνναν παρέπεμψεν, ἣν καὶ νεμόμενος ἦν ὁ Βελκάνος χρόνους τινάς· μετὰ τόπον τινὰ ἐκ τοῦ χωρίου Βλαστοῦς ἀδεσπότου ὠνησάμενος, καὶ οἰνοφύτοις αὐτὸν καταπυκνώσας, ἀμπελῶνα τοῦτον δόκιμον ἀπετέλεσεν, συμπιεσθεὶς δὲ βάρεσι δημοσιακοῖς καὶ τὴν εἰς τὸ χωρίον Βλαστοῦς διὰ ταῦτα κατοίκησιν ἀπαρνησάμενος, μέτοικος ἐκεῖθεν τελευταῖον εἰς τὸ χωρίον Γριντζαρίους γεγένηται· πλὴν καὶ ἐκεῖσε παροικῶν ὡς οἰκεῖον ἐμπόνημα τὴν φυτείαν ἐνέμετο· οἷα τὴν μὲν πενθερικὴν αὐτοῦ ἡμίσειαν τοῖς ἐγχωρίοις Βλαστηνοῖς καταλελοιπώς, ἤγουν τοῖς δικαιουμένοις ἀπὸ γονικοῦ δικαίου, εἰς τὸ κατέχειν αὐτήν, μόνην δὲ ἀγορασίαν αὐτοῦ παρακατασχών, ἔκτοτε τῇ θυγατρὶ αὐτοῦ Εἰρήνῃ τὴν τοιαύτην ἐκπροικίσας φυτείαν· ἐκεῖνος μὲν τὸν βίον ἐξέλιπεν. Ἡ Εἰρήνη δὲ τῷ συναφθέντι αὐτῇ Κωνσταντίνῳ συμβιοτεύσασα, τῷ χρεὼν καὶ αὐτὴ ἐλειτούργησεν, υἱὸν καταλιποῦσα Βασίλειον· ὁ Βασίλειος δὲ σὺν τῷ πατρὶ αὐτοῦ Κωνσταντίνῳ δυστυχίᾳ χρησάμενοι καὶ μὴ δυνάμενοι τὸν ἀμπελῶνα ἐργάζεσθαι, ὥστε εὐθαλῆ τοῦτον σώζεσθαι, κεχερσωμένον τοῦτον πρὸς τὸν Δράζην πεπράκασιν ...“.

[47] *Pitra* Nr. 72, 318^{24-29}: „... ὡς οὐδεμίαν μετουσίαν ἐν τῇ φυτείᾳ ταύτῃ, οὔτε ὁ Ἰωάννης, οὔτε ὁ πενθερὸς αὐτοῦ κέκτηται, οἷα μηδαμῶς οὔσῃ ἐκ τῆς ὑποστάσεως τῶν ἀναπεφωνημένων δύο αὐταδέλφων, τοῦ Ῥάδου καὶ τοῦ Σαρακηνοῦ ...“.

[48] *Pitra* Nr. 72, 319^{7}–320^{2}: „... ὡς μὴ κατέχοντά τι τῶν αὐτῷ διαφερόντων· ἔξωθεν γὰρ τῆς

hinzuzufügen, daß das „elterliche Recht", das die Erwerber des Vermögens des Sarakenos hatten, sich nicht auf die Verwandtschaft stützte, sondern eher sogar auf die „ἀναμιγή", weil diesen Erwerbern wahrscheinlich der andere Vermögensteil (derjenige des Rados) gehörte.

In der Patriarchatsentscheidung des Jahres 1400 ist von Vorkaufsrechten von Verwandten gar nicht die Rede. Vielmehr begegnet man einer „Verwandtschaft" unter Immobilien. Der Prozeß hatte zum Gegenstand einen Obstgarten, den der Protekdikos und Diakon Georgios Eugenikos und die Nonne Martha beanspruchten. Der Protekdikos hatte das stärkere Vorkaufsrecht, weil er den Obstgarten (der ein Grundstück von Asannina gewesen war) in Erbpacht besaß. Gleichzeitig besaß er (ebenfalls in Erbpacht) andere Immobilien von Asannina. Deswegen stand ihm das Vorkaufsrecht kraft Erbpacht und kraft Homoteleia zu[49]. Martha brachte das Argument vor, daß ihr ein Teil des früheren Vermögens von Asannina gehörte[50]. Dieses Argument wurde (wie gesagt) zurückgewiesen. Der Patriarch meinte, daß ihre Einsiedelei und der Obstgarten nicht mehr „συγγενικά" waren[51]. Wenn er aber nach den oben beschriebenen Regeln des Vorkaufsrechts hätte vorgehen wollen, so hätte er vielleicht dieses Argument nicht ohne weiteres beiseite geschoben. Zwischen der Einsiedelei der Martha und dem Obstgarten bestand – zumindest nach den Vorstellungen Platons – eine „ἀναμιγή"[52]. Der Patriarch betonte aber, daß Martha kein schwächeres Recht als der Protekdikos, sondern gar kein Recht an dem Obstgarten hätte. Diese Ansicht läßt sich nicht ganz einfach erklären. Eine mögliche Erklärung wäre, daß der Patriarch Marthas Ansprüche endgültig ablehnen wollte, um dem Protekdikos den ungehinderten Besitz des Obstgartens zu sichern. Es ist auch durchaus denkbar, daß in spätbyzantinischer Zeit nicht mehr selbstverständlich war, was sich aus der Novelle (zumindest mittelbar) ergibt, daß nämlich die „ἀναμιγή" auch noch nach der Teilung von Immobilien fortbestand[53]. Es gibt aber auch eine interessantere Erklärung. In dem Urteil ist die Rede von zwei Immobilien, die „συγγενικά" waren. Diese Eigenschaft der Immobilien existierte aber nicht mehr, und zwar nicht nur wegen der Teilung, sondern auch, weil die neuen Eigentümer mit den alten nicht verwandt waren. Nach Ansicht

δημοσιακῆς ὑποστάσεως, τῆς καὶ τελέσμασιν ὑποκειμένης, καὶ παρὰ τοῦ Βρατωνᾶ κατεχομένης, ὁ αὐτὸς ἀμπελὼν τυγχάνων εὑρίσκεται, ὡς ἄνωθεν μεμαρτύρηται …".

[49] *Miklosich/Müller*, 2, Nr. 599, 427$^{30-33}$: „… ὡς προτιμᾶται εἰς τὴν τοῦ περιβολίου ἐξώνησιν μόνος αὐτὸς κατὰ δύο τρόπους νομίμως, ἀπό τε τοῦ ὁμοτελὴς εἶναι τῷ τοιούτῳ περιβολίῳ, ἀπό τε τοῦ ἐπὶ ἐμφυτεύματι ἐπετείῳ διηνεκῶς κατέχειν αὐτό …". Die ὁμοτέλεια als Grundlage des Vorkaufsrechts ist in der Novelle des Romanos erwähnt (s. Anm. 2); über ein Vorkaufsrecht des Erbpächters gibt es keine Gesetze. Das Vorkaufsrecht stand aber dem Haupteigentümer zu, falls der Erbpächter sein Pachtrecht verkaufen wollte (s. C. 4.66.3; E. 12.2; B. 20.2.3). Es ist durchaus möglich, daß der Verkauf von Pachtland ziemlich selten war, und zwar wegen der Rechte des Erbpächters, die denjenigen eines Eigentümers nicht unterlegen waren (vgl. Epitome 7.42).

[50] S. oben Anm. 36.

[51] S. oben Anm. 37.

[52] S. oben Anm. 40; vgl. auch *Platon*, Observations, 14–17.

[53] S. *Zachariä*, Geschichte, 240 Anm. 782.

des Patriarchen sind also zwei Immobilien nur dann „συγγενικά", wenn ihre Eigentümer Verwandte sind.

Vergleicht man jetzt alle drei Urkunden miteinander, kann man zu folgendem Schluß kommen. Im Fall von Maria erkannte Chomatianos die Verwandtschaft als Protimesisgrund vielleicht nur deswegen an, weil Maria (als Kusine des Verkäufers) ein ehemaliges elterliches Grundstück kaufen wollte. Im zweiten Fall nahm der Erzbischof keine Rücksicht auf die Verwandtschaft, weil der Cousin des Verkäufers ein von diesem erworbenes Grundstück kaufen wollte, das nicht zum Familienvermögen gehörte. Der dritten Urkunde ist zu entnehmen, daß die Wiederherstellung eines Patrimoniums keinen Vorrang genoß, solange es keine verwandtschaftliche Beziehung zwischen dem Käufer und dem Verkäufer gab. Das bedeutet (zumindest meines Erachtens), daß in der spätbyzantinischen Rechtsprechung die Verwandtschaft nur dann als Grundlage eines Vorkaufsrechts angesehen werden konnte, wenn auf diese Weise das Familienvermögen in Händen von Familienangehörigen bleiben konnte. Ähnliches kann auch in Schenkungsurkunden der spätbyzantinischen Zeit beobachtet werden. In solchen Urkunden verschiedener Herkunft liest man, daß die Verwandten des Schenkers das geschenkte Gut zurückkaufen dürfen[54]. Es ist auch anzunehmen, daß die Herausforderung von Grundstücken durch Verwandte, die glaubten, daß ihnen das Vorkaufsrecht zustand, ziemlich häufig war, weil man in mehreren Vertragsurkunden der Klausel begegnet, daß nicht nur Mitbesitzer, Erben, Miterben oder Nachbarn, sondern auch Verwandte nicht in den Vertrag eintreten dürfen[55]. Da zu allen Zeiten Vorsorge das beste Rechtsmittel ist, liegt es nahe, daß auch die Byzantiner ihre Verträge in dieser Weise abzusichern versuchten.

Alle diese Zeugnisse und Nachrichten sowie die möglicherweise alte Tradition, auf der das Vorkaufsrecht der Verwandten beruhen könnte, dürfen als Indizien für den Einfluß des Prinzips „ein Fleisch, ein Gut" auf das Vorkaufsrecht gelten[56]. Es ist aber gewagt, daraus einen Schluß auf die Funktion der Protimesis im Rahmen des byzantinischen Familienvermögensrechtes zu ziehen. Immerhin ist bemerkenswert, daß das griechische Gewohnheitsrecht und die Rechte der Donaufürstentümer in der nachbyzantinischen Zeit ein Vorkaufsrecht von Verwandten anerkannten, ohne es mit dem

[54] S. z. B. *Feodor Uspenskij/Vladimir Beneševič*, Actes de Vazélon (Leningrad 1927) Nr. 16, 7 (aus dem Jahr 1245); im folgenden zitiert: *Uspenskij/Beneševič*, Vazélon; *Paul Lemerle/André Guillou/ Nicolas Svoronos/Denise Papachryssanthou*, Actes de Lavra III (Archives de l'Athos 10, Paris 1979) Nr. 153, 126–128 (aus dem Jahr 1392) – *Miklosich/Müller*, 2, Nr. 610, 443–444 (aus dem Jahr 1400). Über solche Urkunden in Süditalien s. *Schupfer*, Romano Lecapeno, 271, und *Francesco Brandileone*, Il diritto di prelazione nei documenti bizantini nell' Italia Meridionale, in: Onoranze centenarie della nascita di Michele Amari, Bd. 1 (Palermo 1910) 39 = *ders.*, Scritti di Storia del Diritto Privato Italiano, Bd. 2 (Bologna 1931) 4; im folgenden zitiert: *Brandileone*, Prelazione.

[55] S. z. B. *Miklosich/Müller*, 6, Nr. 45, 61, 68, 71; 151–153, 174–175, 187–188, 191–192 (aus den Jahren 1207, 1216, 1236, 1250) – 4, Nr. 86, 87; 158–160 (aus den Jahren 1263 und 1266) – *Uspenskij/Beneševič*, Vazélon, Nr. 49, 64, 75; 26, 38–39, 44–45 (aus den Jahren 1245, 1259, 1275). Über Süditalien vgl. *Brandileone*, Prelazione 39–45 = 5–11.

[56] Vgl. bezüglich einer ähnlichen Funktion der Protimesis bei den Germanen: *Schupfer*, Romano Lecapeno, 278–279.

Mitbesitz in Verbindung zu bringen[57]. Daß diese Entwicklung auf die byzantinische Protimesis zurückgeht, kann wohl angenommen werden. Allerdings handelt es sich dabei um eine deutliche Änderung der Grundlage des Vorkaufsrechts seit und gegenüber der Novelle des Romanos[58]. Im Rahmen dieser Untersuchung bin ich aber einer Quelle begegnet, die die Annahme nahelegt, daß diese Änderung schon in (spät)byzantinischer Zeit erfolgte[59].

Es handelt sich wiederum um ein Urteil des Patriarchatsgerichts aus dem Jahre 1400[60]. Da heißt es, daß das Ehepaar Palaiologos dem Georgios Gudelis einen Weinberg verkauft hatte. Die Erzählungen der beiden Parteien sind aber völlig verschieden. Gudelis trägt vor, daß Palaiologos ihn mindestens dreimal gebeten habe, das Gut zu kaufen, daß er aber nicht gewollt habe, weil es unfruchtbar war, und daß er dem Palaiologos immer wieder gesagt habe, daß er es ruhig einem anderen verkaufen könne. Schließlich habe er (Gudelis) Mitleid mit Palaiologos, der dringend Geld benötigte, gehabt und den Weinberg gekauft, und zwar wahrscheinlich zu einem niedrigen Preis[61]. Das Ehepaar warf ihm aber vor, daß er keine schriftliche Zustimmung (zum Verkauf an einen anderen) gegeben habe und sie deswegen gezwungen gewesen seien, ihm selbst das Gut billig zu verkaufen[62]. Der Patriarch meinte nun, daß Gudelis dazu nicht verpflichtet gewesen sei und sich jedenfalls kein „äußerer" Käufer gemeldet hätte, der den Weinberg zu einem besseren Preis hätte kaufen wollen[63]. Nach dieser Analyse ist es klar, daß Gudelis aus irgendwelchen Gründen ein Vorkaufsrecht hatte. Gudelis war mit Sicherheit ein naher Verwandter eines der Ehepartner. Er nennt den Palaiologos „Bruder", und ebenso bezeichnet ihn der Palaiologos, wenn er ihn anspricht[64]. Aber

[57] S. dazu *Zepos*, Protimesis, 292–296.

[58] Die Meinung von *Zepos*, Protimesis, 295, daß schon die Novelle des Romanos den Verwandten eine Priorität eingeräumt habe, ist zwar richtig, aber unvollständig, weil Zepos nicht erwähnte, daß das nachbyzantinische Recht einen Schritt weiter in diese Richtung ging.

[59] Vgl. dazu die Ansichten *Zachariäs*, oben Anm. 7.

[60] *Miklosich/Müller*, 2, Nr. 557, 361–366; *Darrouzès*, Regestes Nr. 3113.

[61] *Miklosich/Müller*, 2, Nr. 557, 362^{21-31}: „... εἶπεν, ὡς πρὸ χρόνων πολλῶν καὶ μίαν καὶ δύο καὶ τρεῖς ἐπετίθετό μοι ὁ αὐθέντης μου, ὁ ἀδελφός μου, ὁ Παλαιολόγος καὶ δι'ἑαυτοῦ καὶ διὰ τοῦ Ἀστρᾶ καὶ δι'ἑτέρων, ἵνα ἀγοράσω αὐτό, ἐγὼ δὲ πάντοτε πρὸς αὐτοὺς οὐδόλως βούλεσθαι διετεινόμην ἀγοράσαι αὐτό, ἀλλὰ μᾶλλον πρὸς ὃν ὁ Παλαιολόγος βούλεται, πωλησάτω αὐτό. Οἱ δέ μοι πολλάκις ἐπετίθεντο περὶ τούτου, καὶ αὐτὸς δὲ δι'ἑαυτοῦ ὁ Παλαιολόγος· ἀδελφέ, εἶπεν, ἀγόρασον τοῦτο, καὶ εἴ τι βούλει, ἀπόδος μοι. Ἐγὼ δ' αὖθις καὶ πρὸς ἐκεῖνον εἶπον τὰ ὅμοια, ὥστε πρὸς ὃν βούλεται, τοῦτο ἀπεμπωλῆσαι, οὐδὲ γὰρ δύνασθαι εἶπον χερσάμπελον ἀγοράσαι ἠρημωμένην παντάπασι ...".

[62] *Miklosich/Müller*, 2, Nr. 557, 362^{33}–363^{3}: „... μέχρι μὲν οὖν τινος τούτοις ἀπεωθούμην τοὺς ἐνοχλοῦντάς μοι περὶ τούτου. Εἶτα σφοδρότερον ἐπιτεθέντος μοι τοῦ Ἀστρᾶ καὶ τὴν ἔνδειαν τοῦ Παλαιολόγου γνωρίσαντος καὶ χάριν ἅμα καὶ δωρεὰν τὸ δοθησόμενον τῷ Παλαιολόγῳ διατεινομένου καὶ τοιούτοις τισὶν ἐπαγωγοῖς εἰς πειθὼ χρησαμένου, τέλος ἐστήσαμεν τὸ τούτου τίμημα ἐκ κοινῆς συμφωνίας ...".

[63] *Miklosich/Müller*, 2, Nr. 557, 365^{25-28}: „... τὸ δὲ ἑαυτῶν πωληθῆναι εἰς ὀλίγον ἀπὸ τοῦ μὴ θελῆσαι τὸν Γουδέλην ἔγγραφον δοῦναι τὴν ἰδίαν καταδοχήν, ἐπεὶ δὲ καὶ εἰς τοῦτο ἤκουσαν, ὡς οὐκ ὤφειλεν ὁ Γουδέλης δοῦναι καταδοχήν, οὐδ'ἠναγκάζετο τοῦτο ποιῆσαι μηδενὸς ἔξωθεν εὑρεθέντος ἀγοραστοῦ ...".

[64] S. oben Anm. 61.

Palaiologina benutzt auch das Wort „Bruder“, wenn sie von Gudelis spricht[65]. Da es unmöglich ist, daß alle drei Geschwister waren, muß Gudelis entweder der Bruder oder der Schwager des Palaiologos gewesen sein. Der Unterschied der Familiennamen der beiden Männer zeigt nun, daß sie Schwäger waren. Dies nahmen auch jüngere Autoren an, die glaubten, daß Gudelis eher der Bruder von Palaiologina gewesen war[66]. Da aber auch der Name Gudelis-Palaiologos in dieser Zeit belegt ist[67], kann man nicht ganz sicher sein. Die verwandtschaftliche Beziehung ist aber für die Untersuchung wichtig. Das verkaufte Grundstück gehörte zum Vermögen des Ehemannes[68]. Wenn Gudelis sein Bruder gewesen wäre, gäbe es kein Problem. Der Weinberg hätte dann wahrscheinlich zum Familienvermögen gehört, und so stünde ihm ein Vorkaufsrecht „erster Klasse“ zu. Wenn Gudelis aber der Bruder der Palaiologina gewesen wäre, gäbe es kein gemeinsames Patrimonium und hätte Gudelis ein Vorkaufsrecht nur kraft Schwägerschaft. So könnte man sagen – immer unter dem Vorbehalt, daß die Zeugnisse der byzantinischen Rechtspraxis nicht die besten Mittel sind, um allgemeine Normen zu erschließen –, daß 50 Jahre vor der Halosis die Protimesis so stark durch die privilegierte Stellung der Verwandten geprägt war, daß sogar Schwägern ein Vorkaufsrecht zustand. Das wäre natürlich hochinteressant; leider ist dieses Zeugnis aber fast unbrauchbar. Nicht nur, weil die familiären Verhältnisse eher unklar waren, sondern auch, weil diese Quelle ein vereinzelter Beleg ist. So kann man zum Beispiel auch nicht ausschließen, daß Gudelis zwar der Schwager des Palaiologos war, daß ihm das Vorkaufsrecht aber nicht deswegen zuerkannt wurde, sondern nur deshalb, weil er zufälligerweise auch der Nachbar des Palaiologos war.

[65] *Miklosich/Müller*, 2, Nr. 557, 362^{3-5}: „... ὑποτεθειμένον ἀντὶ τῆς καταφθαρείσης προικός μου, ὅπερ ἠγόρασεν ὁ αὐθέντης μου, ὁ ἀδελφός μου ὁ Γουδέλης ...“.

[66] Vgl. *Erich Trapp/Rainer Walther/Hans-Veit Beyer*, Prosopographisches Lexikon der Palaiologenzeit, 2. Fasz. (Wien 1977) Nr. 4334, 225; *Darrouzès*, Regestes Nr. 3113.

[67] S. *Spyridon Lampros*, Ὁ βυζαντιακὸς οἶκος Γουδέλη, in: Νέος Ἑλληνομνήμων 13 (1916) 218–219.

[68] *Miklosich/Müller*, 2, Nr. 557, 361^{27-28}: „... ὅπερ ἀνδρῷον μὲν εἶναι κτῆμα ἡ Ἀσανίνα διωμολόγει ...“.

Quellenregister

Schriften des Historischen Kollegs

Kolloquien 1 Heinrich Lutz (Herausgeber)
Das römisch-deutsche Reich im politischen System Karls V.
1982, XII, 288 S.
ISBN 3-486-51371-0

2 Otto Pflanze (Herausgeber)
Innenpolitische Probleme des Bismarck-Reiches
1983, XII, 304 S.
ISBN 3-486-51481-4

3 Hans Conrad Peyer (Herausgeber)
Gastfreundschaft, Taverne und Gasthaus im Mittelalter
1983, XIV, 275 S.
ISBN 3-486-51661-2

4 Eberhard Weis (Herausgeber)
Reformen im rheinbündischen Deutschland
1984, XVI, 310 S.
ISBN 3-486-51671-X

5 Heinz Angermeier (Herausgeber)
Säkulare Aspekte der Reformationszeit
1983, XII, 278 S.
ISBN 3-486-51841-0

6 Gerald D. Feldman (Herausgeber)
Die Nachwirkungen der Inflation
auf die deutsche Geschichte 1924–1933
1985, XII, 407 S.
ISBN 3-486-52221-3

7 Jürgen Kocka (Herausgeber)
Arbeiter und Bürger im 19. Jahrhundert.
Varianten ihres Verhältnisses im europäischen Vergleich
1986, XVI, 342 S.
ISBN 3-486-52871-8

8 Konrad Repgen (Herausgeber)
Krieg und Politik 1618–1648.
Europäische Probleme und Perspektiven
1988, XII, 454 S.
ISBN 3-486-53761-X

9 Antoni Mączak (Herausgeber)
Klientelsysteme im Europa der Frühen Neuzeit
1988, X, 386 S.
ISBN 3-486-54021-1

Schriften des Historischen Kollegs

Kolloquien 10 Eberhard Kolb (Herausgeber)
Europa vor dem Krieg von 1870.
Mächtekonstellation – Konfliktfelder – Kriegsausbruch
1987, XII, 220 S.
ISBN 3-486-54121-8

11 Helmut Georg Koenigsberger (Herausgeber)
Republiken und Republikanismus im Europa der Frühen Neuzeit
1988, XII, 323 S.
ISBN 3-486-54341-5

12 Winfried Schulze (Herausgeber)
Ständische Gesellschaft und soziale Mobilität
1988, X, 416 S.
ISBN 3-486-54351-2

13 Johanne Autenrieth (Herausgeber)
Renaissance- und Humanistenhandschriften
1988, XII, 214 S. mit Abbildungen.
ISBN 3-486-54511-6

14 Ernst Schulin (Herausgeber)
Deutsche Geschichtswissenschaft nach dem Zweiten Weltkrieg
1989, XI, 303 S.
ISBN 3-486-54831-X

15 Wilfried Barner (Herausgeber)
Tradition, Norm, Innovation.
Soziales und literarisches Traditionsverhalten in der Frühzeit der deutschen Aufklärung
1989, XXV, 370 S.
ISBN 3-486-54771-2

16 Hartmut Boockmann (Herausgeber)
Die Anfänge der Stände in Preußen und seinen Nachbarländern
(mit Beiträgen von R. Benl, M. Biskup, P. Blickle, H. Boockmann, B. Demel, G. Heinrich, J. Kejr, J. Kostrzak, J. Małłek, P. Moraw, K. Neitmann, Z. H. Nowak, St. Russocki, H. Samsonowicz, F. Šmahel, E. M. Wermter)
(in Vorbereitung)
ISBN 3-486-55840-4

17 John C. G. Röhl (Herausgeber)
Der Ort Kaiser Wilhelms II. in der deutschen Geschichte
(mit Beiträgen von M. Cattaruzza, V. Berghahn, T. F. Cole, W. Deist, F. Fellner, R. Fiebig-von Hase, F. Fischer, W. Gutsche, J. V. Hull, K. A. Lerman, K. Möckl, H. Pogge von Strandmann, Chr. Simon, B. Sösemann, P. Winzen, H. Zelinsky)
1991, XIV, 366 S.
ISBN 3-486-55841-2

Schriften des Historischen Kollegs

Kolloquien 18 Gerhard A. Ritter (Herausgeber)
Der Aufstieg der deutschen Arbeiterbewegung.
Sozialdemokratie und Freie Gewerkschaften im Parteiensystem und Sozialmilieu des Kaiserreichs
(mit Beiträgen von F. Boll, M. Cattaruzza, D. Fricke, D. Hertz-Eichenrode, B. Mann, M. Niehuss, G. A. Ritter, K. Rohde, A. v. Saldern, K. Schönhoven, W. H. Schröder, P. Steinbach, P. C. Witt)
1990, XXI, 461 S.
ISBN 3-486-55641-X

19 Roger Dufraisse (Herausgeber)
Revolution und Gegenrevolution 1789–1830.
Zur geistigen Auseinandersetzung in Frankreich und Deutschland
(mit Beiträgen von H. Berding, G. de Bertier de Sauvigny, P.-A. Bois, M. Botzenhart, H. Brandt, M. Bruguière, J. Clédière, R. Dufraisse, F. L'Huillier, J. Laspougeas, E. Riedenauer, W. Siemann, P. Stadler, J. Tulard, R. Vierhaus, J. Voss, J. B. Yvert)
1991, XIX, 274 S.
ISBN 3-486-55844-7

20 Klaus Schreiner (Herausgeber)
Laienfrömmigkeit in sozialen und politischen Zusammenhängen des späten Mittelalters
(mit Beiträgen von P. Bange, W. Brückner, H. Dormeier, K. Hoffmann. V. Honemann, E. Kovács, F. Machilek, A. Mischlewski, P. Ochsenbein, F. Rapp, M. Rubin, H. Rüthing, K. Schreiner, G. Steer, R. Trexler, A. G. Weiler)
(in Vorbereitung)
ISBN 3-486-55902-8

21 Jürgen Miethke (Herausgeber)
Das Publikum politischer Theorie im 14. Jahrhundert
(mit Beiträgen von J. Coleman, C. Fasolt, Chr. Flüeler, J.-Ph. Genet, M. Kerner, J. Krynen, R. Lambertini, B. Michael, J. Miethke, K. J. Pennington, D. Quaglioni, K.-V. Selge, F. Šmahel, T. Struve, K. Walsh, H. G. Walther)
1992, IX, 303 S.
ISBN 3-486-55898-6

22 Dieter Simon (Herausgeber)
Eherecht und Familiengut in Antike und Mittelalter
(mit Beiträgen von J. Beaucamp, L. Burgmann, M. Th. Fögen, F. Goria, V. Kravari, R. Macrides, E. Papagianni, A. Schminck, W. Selb, G. Thür, S. Troianos)
1992, IX, 168 S.
ISBN 3-486-55885-4

Schriften des Historischen Kollegs

Kolloquien 23 Volker Press (Herausgeber)
Alternativen zur Reichsverfassung in der Frühen Neuzeit?
(in Vorbereitung)

24 Kurt Raaflaub (Herausgeber)
Anfänge politischen Denkens in der Antike: Griechenland und die nahöstlichen Kulturen
(in Vorbereitung)

25 Shulamit Volkov (Herausgeber)
Deutsche Juden und die Moderne.
Wieder ein ‚Sonderweg'?
(in Vorbereitung)

26 Heinrich A. Winkler (Herausgeber)
Handlungsspielräume und Alternativen in der deutschen Staatskrise 1930–1933
(in Vorbereitung)

27 Johannes Fried (Herausgeber)
Dialektik und Rhetorik im früheren und hohen Mittelalter. Rezeption, Überlieferung und gesellschaftliche Wirkung antiker Gelehrsamkeit vornehmlich im 9. und 12. Jahrhundert
(in Vorbereitung)

28 Paolo Prodi (Herausgeber)
Glaubensbekenntnisse, Treueformeln und Sozialdisziplinierung zwischen Mittelalter und Neuzeit
(in Vorbereitung)

Sonderpublikation

Horst Fuhrmann (Herausgeber)
Die Kaulbach-Villa als Haus des Historischen Kollegs.
Reden und wissenschaftliche Beiträge zur Eröffnung,
1989, XII, 232 S.
ISBN 3-486-55611-8

Schriften des Historischen Kollegs

Vorträge

1 Heinrich Lutz
Die deutsche Nation zu Beginn der Neuzeit. Fragen nach dem Gelingen und Scheitern deutscher Einheit im 16. Jahrhundert, 1982, IV, 31 S.

2 Otto Pflanze
Bismarcks Herrschaftstechnik als Problem der gegenwärtigen Historiographie, 1982, IV, 39 S.

3 Hans Conrad Peyer
Gastfreundschaft und kommerzielle Gastlichkeit im Mittelalter, 1983, IV, 24 S.

4 Eberhard Weis
Bayern und Frankreich in der Zeit des Konsulats und des ersten Empire (1799–1815), 1984, 41 S.

5 Heinz Angermeier
Reichsreform und Reformation, 1983, IV, 76 S.

6 Gerald D. Feldman
Bayern und Sachsen in der Hyperinflation 1922/23, 1984, IV, 41 S.

7 Erich Angermann
Abraham Lincoln und die Erneuerung der nationalen Identität der Vereinigten Staaten von Amerika, 1984, IV, 33 S.

8 Jürgen Kocka
Traditionsbindung und Klassenbildung.
Zum sozialhistorischen Ort der frühen deutschen Arbeiterbewegung, 1987, 48 S.

9 Konrad Repgen
Kriegslegitimationen in Alteuropa.
Entwurf einer historischen Typologie, 1985, 27 S.

10 Antoni Mączak
Der Staat als Unternehmen.
Adel und Amtsträger in Polen und Europa in der Frühen Neuzeit, 1989, 32 S.

11 Eberhard Kolb
Der schwierige Weg zum Frieden.
Das Problem der Kriegsbeendigung 1870/71, 1985, 33 S.

12 Helmut Georg Koenigsberger
Fürst und Generalstände. Maximilian I. in den Niederlanden (1477–1493), 1987, 27 S.

13 Winfried Schulze
Vom Gemeinnutz zum Eigennutz.
Über den Normenwandel in der ständischen Gesellschaft der Frühen Neuzeit, 1987, 40 S.

Schriften des Historischen Kollegs

Vorträge 14 Johanne Autenrieth
„Litterae Virgilianae".
Vom Fortleben einer römischen Schrift, 1988, 51 S.

15 Tilemann Grimm
Blickpunkte auf Südostasien.
Historische und kulturanthropologische Fragen zur Politik,
1988, 37 S.

16 Ernst Schulin
Geschichtswissenschaft in unserem Jahrhundert. Probleme und
Umrisse einer Geschichte der Historie, 1988, 34 S.

17 Hartmut Boockmann
Geschäfte und Geschäftigkeit auf dem Reichstag im späten
Mittelalter, 1988, 33 S.

18 Wilfried Barner
Literaturwissenschaft – eine Geschichtswissenschaft?
1990, 42 S.

19 John C.G. Röhl
Kaiser Wilhelm II. Eine Studie über Cäsarenwahnsinn, 1989, 36 S.

20 Klaus Schreiner
Mönchsein in der Adelsgesellschaft des hohen und späten Mittelalters.
Klösterliche Gemeinschaftsbildung zwischen spiritueller Selbst-
behauptung und sozialer Anpassung, 1989, 68 S.

21 Roger Dufraisse
Die Deutschen und Napoleon im 20. Jahrhundert
1991, 43 S.

22 Gerhard A. Ritter
Die Sozialdemokratie im Deutschen Kaiserreich
in sozialgeschichtlicher Perspektive, 1989, 72 S.

23 Jürgen Miethke
Die mittelalterlichen Universitäten und das
gesprochene Wort
1990, 48 S.

24 Dieter Simon
Lob des Eunuchen
(in Vorbereitung)

Schriften des Historischen Kollegs

Vorträge 25 Thomas Vogtherr
Der König und der Heilige. Heinrich IV., der heilige Remaklus und die Mönche des Doppelklosters Stablo-Malmedy, 1990, 29 S.

26 Johannes Schilling
Gewesene Mönche. Lebensgeschichten in der Reformation, 1990, 36 S.

27 Kurt Raaflaub
Politisches Denken und Krise der Polis: Athen im Verfassungskonflikt des späten 5. Jahrhunderts v. Chr.
(in Vorbereitung)

28 Volker Press
Vom Alten Reich zum Deutschen Bund. Weichenstellungen in der deutschen Frage
(in Vorbereitung)

29 Shulamit Volkov
Die Erfindung einer Tradition. Zur Entstehung des modernen Judentums in Deutschland
1992, 25 S.

30 Franz Bauer
Das Problem von Gehalt und Gestalt in der Monumentalsymbolik. Zur Ikonologie des späten Nationalstaats: Deutschland und Italien 1860–1914
(in Vorbereitung)

31 Heinrich A. Winkler
Mußte Weimar scheitern? Das Ende der ersten Republik und die Kontinuität der deutschen Geschichte
1991, 32 S.

32 Johannes Fried
Kunst und Kommerz. Über das Zusammenwirken von Wissenschaft und Wirtschaft im Mittelalter
(in Vorbereitung)

33 Paolo Prodi
Der Eid in der europäischen Verfassungsgeschichte
(in Vorbereitung)

34 Jean-Marie Moeglin
Dynastisches Bewußtsein und Geschichtsschreibung. Zum Selbstverständnis der Wittelsbacher, Habsburger und Hohenzollern im Spätmittelalter
(in Vorbereitung)

Schriften des Historischen Kollegs

Dokumentationen

1 Stiftung Historisches Kolleg im Stifterverband für die Deutsche Wissenschaft
Erste Verleihung des Preises des Historischen Kollegs.
Aufgaben, Stipendiaten, Schriften des Historischen Kollegs, 1984, VI, 70 S., mit Abbildungen

2 Theodor-Schieder-Gedächtnisvorlesung
Horst Fuhrmann: Das Interesse am Mittelalter in heutiger Zeit. Beobachtungen und Vermutungen
Lothar Gall: Theodor Schieder 1908 bis 1984, 1987, 68 S.

3 Leopold von Ranke
Vorträge anläßlich seines 100. Todestages. Gedenkfeier der Historischen Kommission bei der Bayerischen Akademie der Wissenschaften und der Stiftung Historisches Kolleg im Stifterverband für die Deutsche Wissenschaft am 12. Mai 1986, 1987, 48 S.

4 Stiftung Historisches Kolleg im Stifterverband für die Deutsche Wissenschaft
Zweite Verleihung des Preises des Historischen Kollegs.
Aufgaben, Stipendiaten, Schriften des Historischen Kollegs, 1987, 100 S., mit Abbildungen

5 Theodor-Schieder-Gedächtnisvorlesung
Thomas Nipperdey: Religion und Gesellschaft: Deutschland um 1900, 1988, 29 S.

6 Theodor-Schieder-Gedächtnisvorlesung
Christian Meier, Die Rolle des Krieges im klassischen Athen, 1991, 55 S.

7 Stiftung Historisches Kolleg im Stifterverband für die Deutsche Wissenschaft
Dritte Verleihung des Preises des Historischen Kollegs.
Aufgaben, Stipendiaten, Schriften des Historischen Kollegs, 1991, 122 S.

8 Stiftung Historisches Kolleg im Stifterverband für die Deutsche Wissenschaft
Historisches Kolleg 1980–1990.
Vorträge anläßlich des zehnjährigen Bestehens und zum Gedenken an Alfred Herrhausen
1991, 63 S.

Die Vorträge und Dokumentationen erscheinen nicht im Buchhandel; sie können über die Geschäftsstelle des Historischen Kollegs (Kaulbachstraße 15, 8000 München 22) bezogen werden.

Bei Fragen zur Produktsicherheit wenden Sie sich bitte an:
If you have any questions regarding product safety,
please contact:

Walter de Gruyter GmbH
Genthiner Straße 13
10785 Berlin
productsafety@degruyterbrill.com